Bier für Dummies – Schummelseite

Zehn Marken, die man einmal probiert haben sollte:

Berliner Kindl Weisse

Spritzig, herbes und sehr helles Bier mit durststillendem säuerlichen Geschmack. Wegen seiner feinen, prikkelnden Art auch »Champagner der Biere« genannt. Unbedingt im Sommer probieren – mit Himbeer- oder Waldmeistersirup, oder auch einmal »pur« – natürlich aus einem kelchartigen Weissepokal.

Binding-Lager

The international Taste – den die Welt trinkt Lager! Nicht so bitter, dafür Sydney. Mild gehopftes, blankes, helles Bier. Erfrischend süffig und ein sehr ansprechender Anblick in der originalen Paradortulpe, dem Lagerglas.

Duckstein

Eine rotblonde, obergärige Bierspezialität, auf Buchenholz gereift, stilecht im Pokal. Malzig fruchtig mit herbem Nachgeschmack. Am besten frisch vom Faß.

Gaffel Kölsch

Obergärig, blank, hopfenbetont – und unbedingt vom Faß! Was bei dieser Marke mit 75% Fassbieranteil nicht allzu schwierig sein sollte. Am besten in einem schönen Brauhaus am Kölner Altermarkt. Unbedingt die Kölner Stange verwenden – das Glas für echtes Kölsch.

Holsten Festbock / Maibock

Echte Saisonbiere, die zur Weihnachtszeit bzw. am Sommeranfang gebraut werden. Vollmundiges, untergäriges Starkbier mit rund 7% Alkohol. Der Maibock ist hell, der Festbock wird mit dunklem Malz gebraut und daher dunkel.

Hövels Bitterbier

Eine echte Bierspezialität. Malziges, bronzefarbenes Bier, dessen Name ordentlich verwirrt. Stilecht nur in grüner Bügelflasche oder in Hövels Haus-Brauerei in Dortmund.

Schwarzer Steiger

Wie der Name bereits ankündigt, ein sehr dunkles, untergäriges Bier mit geschmeidigem, fast schokoladigem Geschmack. Aus dem Orginalglas wirklich köstlich.

Schoefferhofer Weizen

Ein obergäriges Weizen, erhältlich in kristall, hefetrüb oder als dunkles Weizen. Es kommt nicht aus Bayern hat aber alles, was ein echtes Weizen braucht.

Schlüssel Alt

Malzbraunes, klares Bier, aromatisch gehopft mit leichtem Malzaroma. Frisch vom Faß in der Hausbrauerei »Zum Schlüssel« in Düsseldorf.

EKU 28

Mit 12 bis 13% Alkohol eines stärksten Biere, bernsteinfarben, mit hohem Malzanteil. Kräftig malzig im Geschmack. Der Name stammt vom Firmennamen »Erste Kulmbacher Actienbrauerei« und dem Stammwürzegehalt von (mindestens) 28 Prozent.

Bier für Dummies – Schummelseite

Fünf Biersorten die man probiert haben sollte

Rauchbier

Das Malz zur Herstellung dieses Bieres wird mit Hilfe eines Holzfeuers getrocknet und gibt den rauchigen Geschmack an das Bier weiter.

Doppelbock

Stark, dunkel, untergärig mit leichtem Karamellgeschmack. Doppelt soviel Aroma für doppelten Genuß. Ein Muß!

Stout

Dieser »irische« Biertyp ist ein hopfenbitteres Bier mit starkem Röstgeschmack und dunkelbrauer Farbe. Der Alkoholgehalt variiert von 5 bis 7,5%.

Schwarzbier

Untergäriges Vollbier mit ca. 5% Alkohol. Die Geschmackscharakteristika sind uneinheitlich. Die dunkle Farbe erhält das Schwarzbier durch die Verwendung dunkler (Röst)Malze.

Dortmunder Export

Malzaromatisches, untergäriges Vollbier mit rund 5,5% Alkohol. Das Dortmunder Export gehört eigentlich zu den hellen Lagerbieren.

Ober- und untergärig

Biere kann man in zwei große Gruppen unterteilen: ober- und untergärigen Biere.

Die obergärige Brauart ist die »althergebrachte«, die Gärung findet sozusagen bei Zimmertemperatur statt. Obergärige Biere sind z.B. Kölsch, Alt, Ale und Weizen.

Untergärige Biere, wie das Pils, Lagerbier oder das Bockbier, benötigen niedrige Temperaturen für Gärung und Reife und konnten vor Erfindung der künstlichen Kühlung nur in der kälteren Jahreszeit gebraut werden.

Wichtigster Tag des Jahres

Der wichtigste Tag des Jahres ist der 23. April. Dieser Tag ist der Tag des Deutschen Bieres. Viele Brauereien bieten an diesem Tag besondere Veranstaltungen an. Erkundigen Sie sich bei Ihren lokalen Brauereien, ob und welche Aktivitaten angeboten werden.

Der Ursprung des Tag des Deutschen Bieres ist einmal mehr das Reinheitsgebot. Es wurde am 23. April 1516 erlassen.

Führen und Verführen

Viele Brauereien bieten bei entsprechender Voranmeldung Besichtigungen und Führungen an. Meist mit anschließender Bierprobe, frei nach dem Motto »Lassen Sie sich einmal (ver)führen«. In einigen Orten z.B. im rheinischen Köln gibt es sogar Bierführungen durch die städtische Brauhauslandschaft.

Umschauen ist angesagt

Ein geeigneter Ort für Bierproben sind die regelmäßig veranstalteten Bierfestivals, Biermessen und Bierbörsen, die landauf- landab immer mehr Zuspruch finden. Einfach einmal auf Plakatanschläge achten.

Bier
für Dummies

Autoren der Originalausgabe
Marty Nachel & Steve Ettlinger

Bier
für Dummies

Mehr Spaß am Bier

Deutsche Ausgabe
Dieter Kann, Herbert Latz-Weber
und Guido Mühlwitz

mitp

Die Deutsche Bibliothek – CIP-Einheitsaufnahme:

Nachel, Marty:
Bier für Dummies / Marty Nachel; Steve Ettlinger. Adaption und
Übers. aus dem Amerikan. von Dieter Kann, Herbert Latz-Weber,
Guido Mühlwitz. - Bonn : MITP-Verlag, 1998
   Einheitssacht.: Beer for Dummies <dt.>
   ISBN 3-8266-2811-X
NE: Steve Ettlinger

ISBN 3-8266-2811-X
1. Auflage 1998

Übersetzung der amerikanischen Originalausgabe:
Marty Nachel und Steve Ettlinger: Beer For Dummies

Printed in Germany

Ein Unternehmen der verlag moderne industrie AG, Landsberg

Lektorat: Martina Kempfle
Produktion: TYPisch Müller, München
Druck: Media-Print, Paderborn
Umschlaggestaltung: Sylvia Eifinger, Bornheim
Satz und Layout: Lieselotte und Conrad Neumann, München

Inhaltsverzeichnis

Kapitel 14
Wallfahrtsorte

Kapitel 15
Internationale Biertouren und Festivals

Willkommen

In diesem Buch führen wir Sie in die einige Geheimnisse des Gerstensaftes ein, und nehmen Sie in die riesige Gemeinde der Bierenthusiasten auf.

Als wir dieses Buch geschrieben haben, war uns klar, daß wir nur einen kleinen Einblick in die Welt des Bieres liefern können. Wir wollten versuchen weitestgehend auf Fachchinesisch zu verzichten und alles so einfach wie möglich zu erklären. Ob uns das gelungen ist? Entscheiden Sie selbst.

Wir nennen in diesem Buch einige Brauereien und Marken, hauptsächlich weil wir diese am besten kennen – wir gehen sogar soweit das ein oder andere Bier sogar zu empfehlen – einfach, weil es uns geschmeckt hat. Man kann nicht alle Biere probiert haben, sollte es aber zumindest versuchen.

Über dieses Buch

Betrachten Sie dieses Buch als freundlichen kleinen Bierführer. Dieses Buch hat keinen Anspruch auf Vollständigkeit, denn wenn man wirklich alle Facetten des Themas BIER ausführlich und vollständig behandeln wollte, wäre es kein Buch, sondern eine mehrere dutzend Bände umfassende Enzyklopädie. Grundlagen wollen wir vermitteln und Irrtümer aufklären. Ja, wir wollen Ihr (hoffentlich) gutes Verhältnis zum Bier noch verbessern. In diesem Buch geht es u.a. um

- ✔ Geschichte des Biers
- ✔ Biersorten und Biertypen
- ✔ Bierrohstoffe und Bierbrauen
- ✔ Deutschen, Europäischen und Amerikanischen Biermarkt
- ✔ Biergenuß und Stil
- ✔ Bierkultur
- ✔ und vieles mehr.

An die Vernunft

Natürlich wollen wir Sie zum maßvollen Bierkonsum (nicht »oa Maß voll«) anhalten, aber Sie als kritischer Verbraucher wissen am besten, wo und wann Ihre Grenzen erreicht sind. Auch wir trinken bei besonderen Anlässen einmal das ein oder andere Bier über den Durst – aber eins muß immer gewährleistet sein:

»Mit Auto *kein* Alkohol – Niemals!«

Angenommen

✔ Sie mögen Bier.

✔ Sie wissen wie man ein Bierglas richtig herum hält.

✔ Sie wissen wo sich in Ihrem Haushalt sich der Flaschenöffner befindet (Feuerzeug oder Zange gilt auch).

✔ Sie können in einer gastronomischen Einrichtung einer normalbegabten Bedienung auf irgendeine Art und Weise klarmachen, daß Sie gerne ein Bier, am besten ein bestimmtes, zu sich nehmen wollen.

✔ Sie möchten mehr über das kühle Blonde wissen, wie es hergestellt wird, und welche Unterschiede es gibt.

Wenn wenigstens ein paar dieser Aussagen auf Sie zutreffen, sind Sie bei *Bier für Dummies* genau richtig.

Die Autoren der deutschen Fassung

Bier für Dummies erschien bereits für den amerikanischen Markt. Für den deutschen Markt wurde jedoch eine umfassende Überarbeitung erforderlich, weil in Deutschland die Bieruhren grundlegend anders ticken. Die Bearbeitung erfolgte im Hause terramedia durch ein Team aus 3 Bierfans:

Herbert Latz-Weber

geboren 1953 in Köln. Ausbildung zum Diplom-Betriebswirt (FH) in Hagen und Köln. Mehrere Jahre tätig als Wirtschaftsredakteur. Nach einem kurzen Ausflug auf die PR-Seite, sechs Jahre Chefredakteur einer Getränkefachzeitschrift. Seit 1994 freiberuflicher Journalist mit dem Schwerpunkt Getränke. Seit Mitte 1996 erscheint der Getränke Newsletter ONLINE im Internet in enger Zusammenarbeit mit terramedia.

Dieter Kann

geboren 1967 in Köln. Jurastudium in Köln. Währenddessen erste Kontakte zur Welt der Datenübertragung und ausgiebiges Studium der Kölner Brauhäuser. Es folgte eine kaufmännische Ausbildung und – nach einem Ausflug in die Transportbranche – der Einstieg in die Welt des Internet mit dem Projekt Bier.de. Betreuung der Internetaktivitäten mehrerer Brauereien und Getränkefirmen. Seit 1995 Geschäftsführer von terramedia. Schimpft sich selbst Bierliebhaber.

Guido Mühlwitz

geboren 1970 in Köln. Studium der Informatik. Parallel als freiberuflicher Programmierer tätig. Mitbegründer des Hauses terramedia – inhaltliche und technische Betreuung des Projektes *Bier.de*

Einführung

Bier ist eines der beliebtesten Getränke und das weltweit. Und wenn so viele es trinken, heißt das, daß es für Sie nicht schlecht sein kann!

Wie in den meisten Familien entdeckt der Deutsche Bier im Elternhaus. Während es in der zarten Kindheit nur in Ausnahmefällen genossen wird, rinnt es während und nach der Pubertät nicht schnell genug den Schlund herunter. Erst dann findet man heraus, daß man Masse auch mit einem ß schreiben kann. Dabei übernimmt man – so schlecht sie auch sein mögen – die Trinkgewohnheiten seiner Eltern. Das Lieblingsbier, die Stammkneipe und das Glas ...

Erst im Laufe der Zeit, die durch Monotonie und Einseitigkeit des Biergenusses bestimmt ist, erkennt man im Getränkemarkt, daß dieser durchaus mehr als eine Biermarke führt. Auch Parties oder ein gutes Bier bei Freunden trägt zu der Erkenntnis bei, daß es in Deutschland über 5000 Biersorten gibt. Hat man erstmals ein neues Bier probiert, gibt es an und für sich nur zwei Möglichkeiten: das Bier schmeckt oder es schmeckt nicht. Im ersten Fall sind der Experimentierfreudigkeit keine Grenzen gesetzt, im zweiten Fall bleibt die Monotonie bestehen, bis man dann endlich zur, wenn auch späten, Einsicht kommt, daß man durchaus überleben kann, wenn man nicht immer das gleiche Bier trinkt.

Eine Löwenhitze! Historisches Plakat

Ist erst einmal die Einsicht vorhanden, steht man vor der Qual der Wahl. Es kann viel Spaß bereiten, neue Biersorten zu probieren und zu testen. Es kann durchaus zum Sport werden. Doch Sie sollten nicht vergessen: Fünf verschiedene Flaschen Bier sind immer noch fünf Flaschen Bier.

Zwar hat man Glück, denn Bier macht entgegen einem weit verbreiteten Volksglauben nicht dick, dennoch ist Alkohol enthalten. Bedenken Sie: Wenn Sie ein neues Bier probieren, sollten Sie geschmacklich dazu in der Lage sein, es von Apfelsaft zu unterscheiden.

Gutes Bier hat – im Gegensatz zu gutem Wein – die Angewohnheit, meist nicht mehr zu kosten als Ihr Lieblingsbier. Man braucht also keine Angst davor zu haben, daß man ein teures Bier kauft, das dann später nicht schmeckt. Doch welches Bier kaufen? Dieses Buch soll Ihnen helfen die Hintergründe zu erkennen und Hilfe bei alltäglichen Problem im Umgang mit Bier zu geben, es enthält allerdings keine Tips gegen Kater. Es spricht sowohl diejenigen an, die lediglich eine Kaufhilfe wünschen, als auch die, die sich tiefer in die Materie begeben wollen.

Wie man dieses Buch benutzen sollte

Die ersten Kapitel dieses Buches liefern die notwendigen Grundlagen für eine ordentliche Diskussion über Bier – auch wenn gute Diskussionen nur entstehen wenn die Diskussionspartner keine Ahnung über das eigentliche Thema haben. Die weiteren Kapitel richten sich an den Bierkäufer, dem eine Hilfestellung geboten wird, und an angehende Hausbrauer, denen in diesem Buch natürlich auch mit Rat und Tat zur Seite gestanden wird. Die weiteren Kapitel sind wohl eher ein Fall für Bierfanatiker, also für die Leute die Bier auch in ihre Speisen gießen, statistisches Material wünschen und gerade an ihrer Doktorarbeit arbeiten.

Teil I: Bier – Sorten, Geschichte, Herstellung

Der erste Teil dieses Buches gibt Aufschluß über die Bierherstellung, die verwendeten Rohstoffe und es bringt Licht in den Sortendschungel – Sie wollten doch sicher schon immer einmal wissen, was Sie da eigentlich trinken. Somit beantwortet dieser Teil die grundlegenden Fragen im Umgang mit Bier.

Das **1. Kapitel** bietet einen Einstieg in die Welt des Biers, während bereits im **2. Kapitel** der Unterschied zwischen den unzähligen nationalen und internationalen Biersorten erörtert wird, und somit alle Klarheiten beseitigt werden. Das **3. Kapitel** behandelt die Geschichte des Bieres von der Antike bis zur Neuzeit. Für die, die es ganz genau wissen wollen, hält dieser Teil im **Kapitel 4** und im **Kapitel 5** dann noch eine Liste und eine Erklärung der verwendeten Rohstoffe bereit und erläutert den Brauvorgang.

Teil II: Biergenuß – Probieren und Servieren

Der zweite Teil sollte wohl von jedem gelesen und verinnerlicht werden, er behandelt den korrekten Umgang mit Bier, und zeigt Ihnen, wie man eigentlich den Geschmack eines Biers beschreibt. Oder können Sie etwas zum Biergeschmack sagen, das nicht in einer Phrase wie »Das schmeckt nach Bier« endet?

Im **6. Kapitel** erfahren Sie, wie Sie Bier lagern, und wie das Bier den Weg vom Lagerort, in ein Glas und letztendlich in Ihren Mund findet. Das **7. Kapitel** zeigt Ihnen, wie Sie Biere unterscheiden können, und wie Sie einem Freund den Geschmack eines Bieres in einfachen Worten klar machen können.

Teil III: Bier für den Verbraucher

Ebenso wie der zweite Teil bietet der dritte rudimentäres Wissen über Bier. Es gibt Kaufhilfen und Informationen über die teilweise kryptischen Informationen auf Bieretiketten. Dieser Teil gibt ausreichend Hinweise und Tips für Ihren nächsten Getränkemarkt-Besuch – es sollte allerdings nicht so weit gehen, daß Sie wegen jeder Flasche zur Kasse rennen und die Bedienung befragen. Aber dies bleibt letztendlich Ihnen überlassen – und der Geduld der Bedienung.

Das **8. Kapitel** gibt Aufschluß über den Inhalt von Etiketten. Es zeigt sowohl gesetzliche Vorschriften als auch Unsinnigkeiten auf. Das in Deutschland so beliebte Mindesthaltbarkeitsdatum ist genauso ein Thema wie die Ernährungsinhalte von Bier oder die Bierwerbung. Das **9. Kapitel** zeigt Ihnen, wie Sie sich am besten im Getränkemarkt verhalten ohne dabei aufzufallen, und bringt Licht in die Bierverpackungen: Flasche, Dose oder etwa doch Faß?

Teil IV: Hobbybrauen

Der vierte Teil des Buches ist wohl eher ein Fall für Bierfanatiker, denen die 5000 bestehenden Sorten nicht ausreichen, und die statt dessen den Biermarkt um ihre eigenen Sorten bereichern wollen. Entsprechend behandelt dieses Kapitel das Hausbrauen – eine Wissenschaft für sich, wie man sehr schnell erkennen wird.

Kapitel 10 gibt Aufschluß über das Hausbrauen in seiner eigentlichen Form – dem sogenannten Maischebrauen. Das **11. Kapitel** verfeinert und ergänzt die in Kapitel 10 gewonnenen Erkenntnisse wohingegen das **12. Kapitel** das sogenannte Heimbrauen behandelt. Einer vereinfachten Form des Hausbrauens, vor allem für Anfänger geeignet.

Teil V: Biertouren und Sammeln von Bierigem

Der fünfte Teil ist für Biersammler und Reisende in Sachen Bier gedacht. Also für solche Leute die auch in ihrem Urlaub nicht vom Bier lassen können, und dabei haben wir nicht nur an das Biertrinken gedacht.

Das **13. Kapitel** gibt Reisetips innerhalb Deutschlands. Es zeigt zum einen interessante Ausflugsziele, gibt aber auch Aufschluß über die diversen Bierveranstaltungen. Oder die Münchner 5. Jahreszeit – wie das Oktoberfest auch oft genannt wird. In **Kapitel 14** erhalten Sie das nötige Geschichtswissen, um die guten deutschen Bierstädte und ihre Errungenschaften auch angemessen zu würdigen. Im **15. Kapitel** wird es international, während zunächst die Bierkultur des europäischen Umlandes beschrieben wird, geht es im weiteren Verlauf des Kapitels auch nach Übersee.

Das **16. Kapitel** behandelt vom Feuerzeug bis zum Bierdeckel alles, auf das jemals ein Markenlogo gedruckt worden ist. Auch Informationen zum organisierten Sammeln in Clubs sind hier vorhanden.

Teil VI: Die Zehnerlisten – Wissenswertes, Fakten & Hintergründe

Der sechste Teil ist ein Leckerbissen für Hobby-Köche und ist nichts anderes als ein bieriges Rezeptbuch. Außerdem werden in diesem Teil die notwendigen Zahlen für den Bier-Statistiker geliefert und die am häufigsten gestellten Fragen beantwortet. Auch die Damenwelt darf sich freuen: Sogar Kosmetiktips werden gegeben.

Im **17. Kapitel** finden Sie bierige Kochrezepte, sowohl für süße als auch für herzhafte Speisen. Am **18. Kapitel** werden die Statistiker unter Ihnen Ihre Freude haben: Zahlen und Fakten zum deutschen Bier. Das **19. Kapitel** – wohl auch eines der wichtigsten – beantwortet die am häufigsten gestellten Fragen zum Thema Bier. Ihr Zufluchtsort für schnelle Antworten! Das **20. Kapitel** behandelt das Thema Bier & Gesundheit.

Teil VII: Der Anhang

Vergessen Sie vor lauter Euphorie den Anhang nicht: Er bietet sinnvolle Informationen auf einen Blick. Zum einen enthält er Adressen, weiterführende Buchtips als auch Übersichtskarten und Tabellen. Ihre Quelle für schnelle Antworten und für diejenigen, die nicht genug bekommen können.

Die in diesem Buch verwendeten Zeichen

 Lustige, hinterhältige oder einfach nur interessante Fakten oder Geschichten zum Thema Bier. Sowohl unterhaltend, aber auch lehrreich. Auf gut deutsch: Diskussionsstoff für den Stammtisch.

 Signalisiert wirklich wichtige Fakten über Bier, die Sie versuchen sollten zu verstehen, wenn Sie versuchen wollen Bier zu verstehen.

 Hier werden Fachbegriffe der Bierherstellung oder des Bierkonsums erläutert. Dieses Icon befindet sich natürlich nicht in Abschnitten, wo es um nichts anderes als um das Erläutern von Begriffen geht: Wir wollen ja auch Platz für den Text lassen, und nicht nur Grafiken auf den Seiten verteilen.

 Zeigt Dinge, die Sie unbedingt einmal ausprobieren sollten. Es gibt Hinweise auf Vorschläge und Empfehlungen.

 Zeigt Ihnen Dinge, die Sie auf gar keinen Fall tun sollten, oder die Sie besonders beachten sollten. Sie vermindern Ihre Freude am Biertrinken, wenn Sie diese Punkte mißachten.

 Erklärt technische Fachbegriffe oder Begebenheiten, die Sie nur benötigen, wenn Sie in nächster Zeit planen Ihre Doktorarbeit in Brautechnik zu schreiben. Nichtsdesto-trotz enthalten diese Abschnitte interessante Fakten, die für den einen oder anderen von Ihnen von Interesse sein können.

Ein letztes Wort noch

Bier ist überall erhältlich und wird von vielen verschiedenen Leuten an vielen verschiedenen Orten weltweit hergestellt. So geschieht es, daß Biersorte nicht gleich Biersorte und schon gar nicht Marke gleich Marke ist.

Was wir in diesem Buch versucht haben, ist, die wichtigsten Biersorten in Umgangssprache dem geneigten Leser näherzubringen. Wir bestreiten gar nicht, daß die verschiedenen Biersorten in anderen Büchern anders benannt oder beschrieben werden – die Wissenschaft um das Bier ist eine sehr alte Wissenschaft in der viele Meinungen gelten. So wird in den meisten Büchern – wie auch in diesem – die persönliche Meinung der Autoren wiedergegeben, dennoch wollten wir keine Theorien von grünem Bier aufstellen (auch wenn es dies gibt), und halten uns in unseren Defini-tionen an die Vorgaben des deutschen Brauerbundes. Wir haben diese lediglich vereinfacht und dem Stil dieses Buches angepaßt.

Wenn Sie nun verwirrt sind – keine Panik – Bier bleibt immer noch Bier, und dies ist übrigens der richtige Zeitpunkt um eines zu trinken, bevor Sie tiefer in die Welt des Bieres abtauchen.

Teil I

Bier – Sorten, Geschichte, Herstellung

The 5th Wave   By Rich Tennant

»Ok, wir hätten dann einen Kriek mit frischen Kirschen, und ein Malzbier mit Honig,
in welchem Glas soll ich servieren?«

In diesem Teil...

Dieser Teil gibt Aufschluß darüber, was Bier denn nun eigentlich ist. Es geht dabei über die Definition: »Braunes Wasser mit Schaumkrone« weit hinaus. Da er gerade für Bier-Anfänger gedacht ist, wird natürlich auch auf die verschiedenen Biersorten eingegangen. Diejenigen unter Ihnen, die einen schnellen Einstieg in die Sortenvielfalt suchen, sollten einmal den Anhang A in Augenschein nehmen – hier sind die gesamten Sorten in einer Tabellen zusammengefaßt.

Einmal auf den Geschmack gekommen, fragt man sich schnell, warum das denn nun alles so kommen mußte. Ein bißchen Aufklärung verschafft bei diesem Problem das Kapitel 3, das sich mit der Biergeschichte beschäftigt. Das Kapitel beginnt in der Antike, kämpft sich dann langsam durch das dunkle Mittelalter und endet in der Neuzeit.

Natürlich kann eine Retrospektive nicht alle Antworten liefern, und deshalb werden zum einen die im Bier verwendeten Rohstoffe beschrieben (Frei nach dem Motto: Wie? Malz ist Gerste?) und der Brauvorgang veranschaulicht. Letzteres gehört nicht unbedingt zum Allgemeinwissen, hilft aber ungemein bierige Zusammenhänge zu erkennen.

Lass uns über's BIER reden

In diesem Kapitel

▶ Was ist eigentlich Bier?

▶ Pils gegen den Rest der Welt

▶ Alles Hefe oder was?

▶ Klasse und Masse

Deutschland ist in Sachen BIER das Land der Vielfalt. Wollte man von heute an jeden Tag ein anderes Bier aus Deutschland probieren, wäre man damit mehr als 13 Jahre beschäftigt.

Jede Region hat seine eigenen Bierbesonderheiten, jede Stadt wenigstens ein lokal hergestelltes Bier. Überall lauern echte Bierspezialitäten auf den Biergenießer. Teilweise beruhen diese lokalen Traditionen auf der kleinstaatlichen Geschichte vergangener Jahrhunderte.

Wie wahr, wie wahr!

Im Norden trinkt man die herbsten Biere, im Süden dagegen Helles und Weißbier; im Rheinland trinkt man Kölsch und Alt und in Berlin die Weisse. Daneben gibt es noch Export und Bockbier, Weihnachts- und Wiesnbier, Märzen und Kräusen und viele andere Sorten mehr. Diese Unterschiede machen das heimische Bier spannend, auch wenn man die nationalen Bestseller inzwischen überall bekommen kann.

Heute ist es keine Ausnahme mehr, wenn gut sortierte Getränkemärkte fünfzig verschiedene Biermarken und mehr anbieten. Spezialversender offerieren sogar einige hundert unterschiedliche Biere. *Bier für Dummies* soll eine Hilfe sein, um ein wenig Durchblick durch den Bierdschungel zu bekommen – und natürlich zum Probieren anregen.

Deutsche Größenordnungen

Jede dritte Brauerei der Welt steht in Deutschland. Mit seinen etwa 5.000 verschiedenen Biermarken und über 1.200 Brauereien gilt Deutschland gewissermaßen als abendländische Heimat des Bieres. Das deutsche Reinheitsgebot ist seit nahezu 500 Jahren die Basis für die Qualität der einheimischen Biere.

Was ist eigentlich Bier

Naturwissenschaftlich gesehen ist Bier ...

... ein aus stärkehaltigen Rohstoffen gewonnenes, mit Hopfen gekochtes und vergorenes Getränk.

In Deutschland darf Bier nach der Bierverordnung und dem vorläufigen Biergesetz nur aus Gerstenmalz, Hopfen, Hefe und Wasser hergestellt werden, außerdem muß Bier vergoren sein. Für obergärige Biere ist auch die Verwendung von anderem Malz erlaubt, wobei unter Malz künstlich zum Keimen gebrachte Getreide verstanden werden (Reis und Mais sind keine Getreide im Sinne dieser Verordnung).

In Deutschland dürfen seit 1987 aufgrund einer Entscheidung des EG-Gerichtshofes auch Getränke als Bier angepriesen und verkauft werden, wenn sie nicht den Vorgaben des Biergesetzes und der Bierverordnung entsprechen, aber im jeweiligen Herstellungsland als Bier bezeichnet werden. Ihre Zutaten und Rohstoffe müssen jedoch gekennzeichnet werden.

Jetzt sind wir bereits mitten im Deutschen Reinheitsgebot. Diese Verordnung von 1516 besagt nämlich, daß zum Brauen nur Hopfen, Malz, Wasser und Hefe verwendet werden dürfen. Obwohl per EG-Richterspruch eingeschränkt, halten alle deutschen Brauer daran fest.

Bier seit Menschengedenken

Dort wo es menschliche Zivilisation gab, gab es auch Bier. Die Babylonier, Sumerer und Ägypter kannten Bier. In Europa wird Bier als Getränk der Barbaren (Nicht-Römer) von den Römern erstmalig erwähnt – gemeint sind übrigens unsere Vorfahren, die alten Germanen.

Pils gegen den Rest der Welt

Statistisch betrachtet ist Deutschland ein Pils-Land. Rund zwei Drittel der deutschen Biere sind Pilsener Brauart. Böse Zungen behaupten, dieser Umstand schränke die vielgerühmte deutsche Biervielfalt ein, vor allem weil alle Biere ja gemäß deutschem Reinheitsgebot auf den gleichen Zutaten basieren. Wir können nur entgegnen: Schon mal jedes deutsche Pils probiert?

Was ist ein Pils? werden Sie jetzt fragen oder vielleicht: Worin unterscheidet sich ein Pils von einem Alt, Kölsch, Lager, Export, Weizen oder Ale?

Pils ist ein hopfenbetontes, helles Bier untergäriger Brauart. Andere Biere sind zwar auch untergärig gebraut – z.B. Lager und Export (Amerikaner ordnen unser Pils bei den Lagerbieren ein), aber weniger stark gehopft.

Für die untergärige Brauart werden für die Gärung Temperaturen zwischen 4 und 9 Grad Celsius benötigt. Diese Brauart konnte also erst seit der Erfindung der industriellen Kühlung Mitte des letzten Jahrhunderts seine weite Verbreitung finden.

Alt, Weizen, Kölsch und Ale sind nach der alten Brauart, also obergärig gebraut.

150 Jahre Pils

1842 wurde nach einem Rezept des bayrischen Brauers Josef Groll in Pilsen, (im heutigen Tschechien – damals gehörte die böhmische Stadt zu Österreich) das erste Bier Pilsener Brauart ausgeschenkt. Die Preussen waren es, die dem Pilsener Bier zum Durchbruch auf deutschem Boden verhalfen.

Bitte ein Bier – nein, ein Bier!

Wenn Sie in Bayern ein Bier bestellen, bekommen Sie ein Helles, in Düsseldorf ein Alt und in Köln ein Kölsch. Im Rest der Republik bekommen Sie höchstwahrscheinlich ein Pils. In England werden Sie ein Ale erhalten, in der übrigen Welt meist ein Lager. Ein Bier ist eben nicht immer gleich ein Bier.

Alles Hefe oder was?

Ob ein Bier obergärig oder untergärig ist, wird durch die Art der verwendeten Hefe bestimmt. Die Hefe entscheidet über den Biertyp.

Die Gärung und Lagerung der untergärigen Biere bei niedrigeren Temperaturen bremst die Hefe-Aktivität und bewirkt eine längere Haltbarkeit der untergärigen Biere – die nach dem deutschen Wort »Lager« entsprechend dieses Umstandes benannt wurden.

Die kleinsten Biertrinker Deutschlands

Klasse und Masse

Die Deutschen gehören weltweit zu den Spitzenreitern im Bierkonsum. 1997 hat statistisch gesehen jeder Deutsche rund 131 Liter (meist) Goldblondes seine Kehle hinabfließen lassen, lediglich übertrumpft von den Tschechen mit 160 Liter pro durstiger Kehle. Aber wir arbeiten daran. Prost!

Dennoch wird zu selten beachtet, was da eigentlich am Gaumen vorbeifließt. Das hat kein Bier verdient.

 Bestellen Sie nicht einfach ein Bier – schließlich bestellen Sie ja auch nicht was zu essen, beweisen Sie Klasse, bestellen Sie ein Pils, ein Kölsch oder ein Lager, wenn Sie nicht wissen, ob die bevorzugte Hausmarke geführt wird – obwohl das verwunderlich wäre, denn an deutschen Gasthäusern wird mindestens eine Biermarke per Außenwerbung angeboten.

Aber auch ein Blick in die Getränkekarte kann zur angenehmen Überraschung werden, denn in vielen Fällen sind mehrere Biere aufgelistet; mit Glück nicht nur verschiedene Marken sondern auch verschiedene Sorten. Und denken Sie daran: Als Autofahrer kann auch ein alkoholfreies Bier eine bekömmliche Alternative für Geschmack *und* Führerschein sein – nicht immer, aber immer öfter!

Alle Bier Sinne beisammen

Natürlich sollte man nicht nur die Geschmacksnerven arbeiten lassen. Das Auge und die Nase trinken schließlich mit. Die Farbpalette reicht von einem hellgelb bis schwarz. Die Trübung von blank bis hefetrüb. Aber auch der Kohlensäuregehalt, die Schaumkrone, die Schaumkonsistenz, Geruch und Temperatur spielen eine wichtige Rolle bei der Begutachtung eines Bieres. Echte Profis unterscheiden übrigens bei der Bierprobe den ersten Eindruck, den Haupt-Geschmack und das Finish.

Von Arten, Typen und Gattungen

In diesem Kapitel

▷ Deutschland, Deine Sorten

▷ Variationen in Bier

▷ Über den Tellerrand geschaut

▷ Wo fängt man an

Wenn man Bier klassifizieren und einteilen möchte, wird man zwangsläufig mit einigen Fachbegriffen konfrontiert.

Die Einteilung in *obergärig* und *untergärig* haben wir bereits ansatzweise kennengelernt, sie wird uns in diesem Buch noch weiter begleiten. Innerhalb dieser Bierarten gibt es jedoch eine Vielfalt von Sorten, auf die in den kommenden Seiten eingegangen wird.

Historisches Plakat mit recht gewagter Zielgruppe

Vorab sollen jedoch Begriffe wie Vollbier, Schankbier und Starkbier geklärt werden. Vollbier hat, entgegen landläufiger Meinung, wenig damit zu tun, wie schnell man durch den Genuß eines solchen Bieres den gleichnamigen Zustand erreicht. Vielmehr handelt es sich um eine Einteilung nach dem Stammwürzegehalt des Bieres. Die Stammwürze gibt den Extraktgehalt der Bierwürze an. Daraus bilden sich durch die Gärung gewichtsbezogen ca. ⅓ Alkohol und ⅓ Kohlensäure; ⅓ verbleibt als unvergorener Restextrakt.

 Das Biersteuergesetz unterscheidet Bier mit niegrigem Stammwürzegehalt (unter 7%), Schankbier (7 bis 11%), Vollbier (11 bis 16%), Märzen bzw. Festbier (13 bis 16%) und Starkbier (über 16 bzw. über 18%).

Deutschland, Deine Sorten

Untergärige Biere

Bock (bier)

Vollmundiges Starkbier mit rund 7% Alkohol. Die Farbpalette reicht von goldfarben über goldbraun bis braun. Die Heimat der Bockbiere soll die Stadt Einbeck ein – das »Bier einpockischer Art« wurde per Abwerbung eines Braumeisters in Bayern populär und zum Bockbier. In süddeutschen Raum sind besonders die dunkleren Bockbiere, im Norden die hellen Bockbiere vertreten. Das Bockbier ist ein Saisonprodukt, dessen Herstellung an bestimmte Jahreszeiten oder Anlässe gekoppelt ist. Daher die Namen wie Maibock oder Festbock (Weihnachten).

Historisches Bockbier Plakatmotiv

Dunkles Lagerbier

Untergäriges Vollbier, vollmundig, leicht gehopft, malzaromatisch. Die dunkle Farbe rührt von der Verwendung dunklen Malzes des Münchener Typs. Das Hauptverbreitungsgebiet ist Bayern.

Export (Dortmunder Export)

Malzaromatisches, untergäriges Vollbier mit rund 5,5 % Alkohol. Das Dortmunder Export gehört eigentlich zu den hellen Lagerbieren. Auch wenn die Biersorte in der alten Heimat derzeit von geringer Bedeutung ist, erlebt es eine Renaissance in Übersee. Erwähnenswert als Hersteller sind DUB und DAB, also Dortmunder Union Brauerei und Dortmunder Actien Brauerei.

Helles Lagerbier

Untergäriges, blankes Vollbier von hellgelber Farbe mit 4,6 bis rund 5 % Alkohol. Nicht so bitter, dafür malzaromatisch, teilweise ein wenig süß. Früher wurden als Lagerbiere – wie heute noch im englischsprachigen Raum – nahezu alle untergärigen Vollbiere bezeichnet. In Deutschland nennt man heute nur solche Biere Lagerbier, die unter 12,5 % Stammwürze haben und nicht der stark gehopften Pilsener Brauart angehören. Das in Bayern stark verbreitete, als Helles bzw. Bayrisch Hell bezeichnete Bier hat seinen Namen wohl durch die hellgelbe Farbe. In vergangenen Jahrzehnten wenig beachtet, stehen helle Lagerbiere wieder hoch im Kurs – angeführt von Binding-Lager scheint sich eine Trendumkehr abzuzeichnen. Der Name entstammt übrigens dem deutschen Wörtchen Lager, weil es vergleichsweise länger lagerbar ist als andere Biere.

Lagerbier Motiv aus den 20er Jahren

Pils (ener)

Das meistgetrunkene Bier Deutschlands. Pilsener Biere sind untergärige Vollbiere. Hopfenbetont, schlank und spritzig im Geschmack mit feinem Schaum. Pils wird aus Tulpen oder Pokalen genossen – am besten mit ca. 8 Grad. Übrigens: Wer darauf besteht, daß sein Pils 7 Minuten braucht, bekommt garantiert ein schales Bier, aus dem die Kohlensäure entschwunden ist. Eine schöne Schaumkrone bekommt man mit zwei bis dreimaligem Nachzapfen in etwa 3 Minuten – und ein frisches Bier!

Schwarzbier

Das Schwarzbier ist ein spritziges, untergäriges Vollbier mit ca. 5% Alkohol. Die Geschmackscharakteristika sind uneinheitlich. Die dunkle Farbe erhält das Schwarzbier durch die Verwendung dunkler (Röst)Malze. Das bekannteste Schwarzbier ist das Köstritzer Schwarzbier. Optimal schmeckt es bei 8 Grad Celsius aus einem Schwarzbierpokal.

Obergärige Biere

Alt (bier)

Obergäriges Vollbier mit etwa 4,8% Alkohol. Hopfenbetont und von dunkler Bernsteinfarbe. Wird hauptsächlich in Düsseldorf und am Niederrhein getrunken, einige Marken sind jedoch auch bundesweit erhältlich. Der Name stammt von der alten obergärigen Brauart – und nicht weil das Bier besonders alt ist. Das Bier wird bei 15 bis 20 Grad vergoren – einer Temperatur, die es möglich macht, dieses Bier bei höheren Außentemperaturen ohne Kühlung zu brauen. Alt wird typisch aus kurzen 0,2l Gläsern getrunken. Trinktemperatur 8 bis 10 Grad. Ideal genießt man ein Alt in einem der urigen Brauhäuser (wie Füchschen, Uerige oder Schlüssel) oder Kneipen in der Düsseldorfer Altstadt.

Berliner Weisse

Ein obergäriges Schankbier. Spritzig, leicht trüb und säuerlich. Hauptverbreitung in Berlin und Umgebung. Die Berliner Weisse hat ca. 2,8% Alkohol und wird aus Gersten und Weizenmalz gebraut. Die ideale Trinktemperatur liegt bei 8 bis 10 Grad Celsius. Oft aus Pokalen mit einem Schuß Himbeer- oder Waldmeistersirup getrunken. Köstlich erfrischend vor allem im Sommer.

Kölsch

Obergärig, mit ca. 4,8% Alkohol – getrunken aus sogenannten Kölner Stangen. Kölsch ist ein helles blankes Vollbier. Kölsch ist nicht nur ein Sortenname, sondern auch eine rechtlich geschützte Herkunftsbezeichnung. Es darf nur in Köln und unmittelbarer Umgebung unter diesem Namen gebraut werden – zum Wohle der Sorte, wie wir meinen. Ein Kölsch trinkt man entweder in einem gemütlichen Kölner Brauhaus im Schatten des Doms – serviert von einem freundlichen

Köbes, einem der zahlreichen Biergärten der Römerstadt oder daheim aus einem sogenannten Pittermännchen, einem 10 Liter-Faß.

Historisches Plakatmotiv für KÖLSCH

Weizenbock/Weizendoppelbock

Obergäriger Verwandter des Bockbieres – mit Weizenmalz eingebraut.

Weizenbier/Weißbier

Obergäriges Vollbier mit etwa 5,5 % Alkohol und fruchtigem Geschmack.

Der Weizenmalzanteil beträgt mindestens 50 Prozent, der Rest ist Gerstenmalz. Einige Weizenbiere sind aus reinem Weizenmalz hergestellt. Weizenbier gilt als Bayrische Spezialität, hat aber längst einen bundesweiten Siegeszug angetreten. Weil die Herstellung von Gerstenmalz von den bayrischen Herzögen monopolisiert wurde, um den Preis in die Höhe zu treiben, entstand diese Biersorte. Oft wird das Weizen direkt nach der Hauptgärung in Flaschen abgefüllt und gärt in der Flasche nach. Vor allem in der Biergartensaison ist das Weizenbier eine beliebte Erfrischung in ganz Deutschland. Varianten sind hefetrübes (ungefiltertes), dunkles und kristall(klares), also gefiltertes Weizenbier. Zu den national bekannt gewordenen Weizenbiermarken gehört auch die nicht-bayrische Marke Schoefferhofer.

Warmes Bier?

In den vergangenen Jahrhunderten war es durchaus üblich Bier warm zu trinken. Da die Ölheizung noch nicht erfunden war, verfügten alle Tavernen über große, offene Kamine. An diesen Kaminen hingen Eisenstachel die sich aufgrund des Feuers stark erhitzten. Diese Stachel wurden dann einfach in das frisch gezapfte Bier getaucht, was zum Erfolg hatte, das der im Bier verbleibende Zucker karamelisierte. Dieses sogenannte Stacheln gab dem Bier einen besonderen Geschmack.

Leicht und frei

Neben den genannten Biersorten gibt es sortenübergreifende Biertypen, die sich landauf – landab durchgesetzt haben:

Leichtbier/Light

Kalorienarme Biere, mit einem Alkoholgehalt zwischen 2 und 3,2%. Während der Gärung wird entweder die Bildung von Alkohol gebremst oder der Alkohol nach dem Gärprozeß entzogen. Leichtbiere haben rund 40% weniger Brennwert und Alkohol als ihre vollbierigen Verwandten. Diese Biere sollten mit rund 7 Grad Celsius genossen werden. Es gibt »leichtes« Pils, Alt, Kölsch und Weizen (folglich als Schank- und Vollbiere).

Alkoholfreies Bier

Die Marke Clausthaler war nicht das erste alkoholfreie Bier, doch das erste, welches sich mit Fug und Recht »ein Bier« nennen konnte. Mit dieser Marke, welche nach einem patentierten und streng gehüteten Brauverfahren hergestellt wird, hat die Binding-Brauerei AG dem alkoholfreien Bier zum Siegeszug verholfen.

Heute brauen alle namhaften Brauereien ihr eigenes alkoholfreies Bier. Alkoholfrei darf sich ein Bier übrigens ab einem Alkoholgehalt von 0,5% (und weniger) nennen. Es ist wissenschaftlich belegt, daß der Genuß solcher Biere keinen physiologisch feststellbaren Einfluß hat (zu Deutsch: Der Führerschein ist nicht in Gefahr).

Die Maximalgrenze von 0,5% entspricht etwa dem Alkoholgehalt von Saft!

Inzwischen gibt es, wie bei den meisten Sorten, auch bei den alkoholfreien Bieren eine große Fülle von Variationen. Vom alkoholfreien Kölsch bis zu extraherbem Pils ist die Bandbreite sehr groß. Einige der alkoholfreien Biere enthalten sogar gar keinen Alkohol mehr (0,0%), z.B. Holsten-Alkoholfrei.

Kleine Sammlung von Bieretiketten

Variationen in Bier

Über die echten Biersorten hinaus gibt es folgende Variationen, die meist geringfügige und dennoch geschmacklich bemerkenswerte Abwandlungen der Sorten darstellen:

Dampfbier

Dieser Begriff geht auf die Einführung der Dampfmaschinen in den Brauereien zurück. Obergärige Biere, die mit Hilfe von Dampfmaschinen gebraut wurden, nannte man Dampfbier. Heute gibt es z.B. Maisels Dampfbier, dessen Name auf diese Tradition zurückgeht.

Diätpils

Bei der Herstellung von Diätpils – Zielgruppe sind Diabetiker und weniger die schlankheitsbewußte Damenwelt – werden in einem besonderen Brauverfahren fast sämtliche Kohlehydrate zu Alkohol umgewandelt. Das Bier ist kalorienarm, jedoch sehr alkoholhaltig. Der überhöhte Alkoholgehalt wird meist wieder entzogen.

Dinkel

Eine besondere Sorte, bei der ähnlich dem Weizen Dinkelmalz anstelle von Gestenmalz verwendet wird.

Eisbock

Bockbier, welchem durch Gefrieren Wasser entzogen wurde.

Festbier, Maibock, Fastenstarkbier

Alternative Bezeichnungen für saisonale Starkbiere – siehe *Bockbier*.

Gose

Gose ist ein obergäriges, helles Weissbier; ein Traditonsbier aus Sachsen und Thüringen, das heute wieder in Leipzig gebraut wird. Man trinkt es mit Kümmel oder Johannisbeersaft. Pur schmeckt es säuerlich und erfrischend.

Icebeer

Bier, dem mittels Ice-Rifing-Verfahren (Gefrieren) Wasser entzogen wurde. In den USA in den letzten Jahren populär geworden, schwappt der Trend nach Europa.

Historisches Weihnachtsbier Plakat

Kräusen

Den Schaum, der sich nach Zugabe der Hefe an der Oberfläche bildet, nennt man Kräusen. Kräusenbier ist ungefiltert also hefetrüb.

Märzen

Ein Vollbier mit 4 bis 5% Alkohol. Das Märzen kommt vom alten Brauch, das untergärige Bier (welches kühle Temperaturen benötigt) zum Winterende (März) zu brauen, damit man es bis in den Spätsommer lagern kann. Die Verwendung eines Spezialmalzes gibt dem Märzen einen recht milden, malzigen Geschmack. Jahreszeitgemäß war das Winterbier untergärig, das Sommerbier eigentlich obergärig. Märzen ist in der klassischen Variante goldgelb, es gibt jedoch auch dunkles Märzen.

Pilsator

Ostdeutsche Bierspezialität weniger herb als Pils – jedoch auch weniger malzig als Export.

Rauchbier

Das Malz zur Herstellung dieses Bieres wird mit Holzfeuer getrocknet und gibt den rauchigen Geschmack an das Bier weiter. Eine Bamberger Spezialität.

Roggenbier

Ähnlich wie beim Weizen wird beim Roggen anstelle von Gerstenmalz Roggenmalz verwendet. Roggenbier ist obergärig.

Seefahrtsbier

Dieses Bier wird heute nur noch am zweiten Freitag des Februar im Bremer Ratskeller gebraut, zur sogenannten Schiffermahlzeit. Früher wurde es am Ende des Winters den Seeleuten vor dem Auslaufen dargeboten. Das Seefahrtsbier ist sehr malzig.

Sezial

Die Spezialbiere sind meist Festbiere, die für bestimmte Anlässe gebraut werden. Solche sind z.B. das Oktoberfest und die Cannstatter Wasen. Es gibt weiterhin Osterbier und Weihnachtsbier, die meist untergärig, stärker als Export sind, diesem jedoch ansonsten sehr ähneln.

Neue bierähnliche Trendgetränke

Drei Trendgetränke in Longneck-Flaschen und LongdrinX genannt, wurden kürzlich in verschiedenen Geschmacksrichtungen vorgestellt. Mit Bier hatten sie allerdings nichts mehr zu tun. Die bunten, nicht zu übersehenden Fünfprozenter werden über das Karlsberg-Verbund Tochterunternehmen KB-Trendgetränke mit Sitz in Trier vermarktet. Eigentlich sind sie – da ohne Bierbasis – den »Alcopops« zuzuordnen. Erste Erfahrungen im Markt ergaben vor allem für »Pecada«-Margarita, ein Tequilla mit Citrus eine gute Akzeptanz. Daneben werden »Maromba«, ein Exotic Punch (Orange/Mangogetränk mit weißem Rum) und »Jopa Lume«, Ananas mit Kokos und weißem Rum angeboten. Als weitere Neuheit kam bei Karlsberg letztes Jahr »Stamper« auf den Markt. Hierbei handelt es sich um einen Power-Mix aus coffeinhaltigem Starkbier mit Guarana und den Extrakten exotischer Kräuter. Es hat einen Alkoholgehalt von 6,6% vol und ist ein echtes Biermischgetränk. Ebenso wie Desperados ein Bier mit Tequila-Aroma.

Steinbier

Für das Steinbier werden Natursteine über dem offenen Feuer erhitzt und in die Maische getaucht. Der Malzzucker karamelisiert auf der Steinoberfläche. Bei der Nachgärung werden diese Steine dann erneut hinzugegeben. Das Eigentümliche an diesem Bier ist der rauchige Geschmack, ähnlich dem Rauchbier.

Wiesenbier

Entgegen landläufiger Meinung ist das Wiesenbier auf dem Oktoberfest zwar ein stärker eingebrautes Bier, jedoch kein Stark- bzw. Bockbier.

Nun, alles verstanden? Wie Sie sehen, sind die Grenzen zwischen echter Sorte und Variation fließend. Es ist schwer zu sagen, ab welchem Grad ein Bier von einer Variante zur Sorte geworden ist. Unsere Einteilung beruht im wesentlichen auf Veröffentlichungen des Deutschen Brauer-Bund, dem Zentralorgan der Deutschen Brauwirtschaft.

Über den Tellerrand geschaut

Unser Tellerrand sind die Grenzen unseres Landes. Jenseits davon ticken die Bieruhren ein wenig anders – nicht unbedingt besser, aber anders.

Im Ausland gibt es weitere Biersorten, die jedoch auf dem deutschem Markt ohne nenneswerte Bedeutung sind. Der Vollständigkeit halber sollen sie hier Gehör finden:

Ale

Wenn man in Deutschland an Ale denkt, hat man eine Szene in einen englischen Pub vor Augen, wo der Gast ein abgestrichenes Becherglas mit schwarzer Flüssigkeit, randvoll und ohne Schaum, erhält. Doch Ale ist weit mehr als das. Im angloamerikanischen Raum versteht man heute unter Ale alle Biere, welche nach der alten, also obergärigen Brauart gebraut wurden, also auch einige unserer Sorten. Man unterscheidet zwischen:

Mild

Dieses Bier ist meist hell und wie der Name sagt – mild, also wenig bitter, fast süß. mit wenig Alkohol 3 bis 3,7%.

Bitter

Das klassische, in England am meisten verbreitete Ale, geringer Alkohol- und Stammwürzegehalt aber hopfenherber als das Mild. Meist Faßbier. Getrunken wird das Bitter aus dem klassischen britischen Pint-Glas.

Pale Ale

Bronzefarbener bis roter Bruder des Bitter, jedoch mit höherem Stammwürzegehalt und weniger gehopft. Das Pale Ale ist eher ein typisches Flaschenbier.

Brown Ale

Höherer Alkoholgehalt, malzig, tiefes Braun.

Old Ale

Variiert zu den vorgenannten in der Reifedauer. Meist dunkle Farbe und süß.

Barleywine

Rotbraunes Ale mit hohem Alkoholgehalt.

Weiterhin zu erwähnen sind **Scottish Ale** und **Irish Ale.**

Porter & Stout

Der bekannteste Vertreter des Stout ist das irische Guinness (Dry Stout). Stout ist ein hopfenbitteres Bier mit starkem Röstgeschmack und dunkelbrauer Farbe. Der Alkoholgehalt variiert von 5 bis 7,5%, je nach Land, in dem es erworben wird. Das Porter mit seinen rund 4,3% Alkohol ist der leichte Bruder des Stout.

Trappistenbier

Obergäriges Starkbier aus Belgien. Trappistenbier darf nur als solches bezeichnet werden, wenn das Bier noch von Trappistenmönchen (auch schweigende Mönche genannt) im Kloster gebraut wurde. Folgende bierbrauende Trappistenklöster gibt es noch in Belgien: Orval, Rochefort, Westmalle, Westvleteren und Chimay.

Ungefiltertes Bier?

Die alten Ägypter, genauso wie die nach ihnen folgenden Kulturen, kannten keine Weg das hergestellte Bier zu filtern. Entsprechend tranken sie es mit einem Strohhalm, der fein genug war, die gröberen Bestandteile des Brauprozesses da zu belassen, wo sie hingehören – im Braukessel. Im Museum der Universität von Pennsylvania wird ein goldener Strohhalm ausgestellt, der der mesopotamischen Königin Shubad gehört haben soll.

Lambic

Bei der Herstellung dieser belgischen Biere werden wilde Hefen eingesetzt und ein Anteil an Rohweizen zugesetzt. Auf diese Weise entsteht ein fast weinähnliches Bier. Nach Zusatz von natürlicher Kohlensäure erhält man ein sogenanntes *Geuze*. Eine bekannte Variante entsteht durch

Beimischung von Früchten zum Gärprozeß. Es gibt die Geschmacksrichtungen Kirsch (Kriek Lambic), Himbeer (Framboise Lambic) aber auch Ananas, Banane und Pfirsisch.

Auswahl von Bierlabels

Die Amerikaner sind besonders erfinderisch, was Biere angeht. Zum Beispiel gibt es zu Halloween ein spezielles Halloween-Bier oder Pumpkin-Bier aus Kürbis. Das angeblich bitterste Bier der Welt ist das Alemony (Alimente)-Bier. Wer's mag ...

Natürlich gibt es auch anderswo auf der Welt tolle oder besonders erfolgreiche Biere wie das australische Fosters, das dänische Tuborg oder das chinesische Ginseng Bier, doch dazu später mehr.

Wo fängt man an

Jetzt, wo Sie wissen, wieviele verschiedene Sorten es gibt, können Sie sich entscheiden, wo Sie anfangen? Nein?

 Am besten vorne! Schockieren Sie doch einmal beim nächsten Einkauf die Verkäuferin in Ihrem Supermarkt, indem Sie sich neben einem Kasten Ihres Stammbieres einen leeren Kasten schnappen und von jeder Marke, die Sie noch nicht kennen, wenigstens zwei Flaschen einsammeln. (Unbedingt vorher fragen, ob nicht nur kastenweise abgegeben wird, sonst haben Sie die böse Überraschung, wenn Sie wieder zurückräumen dürfen).

Probieren Sie doch einfach nach und nach ein paar Sorten und Marken durch. Es müssen ja nicht gleich alle an einem Abend sein. Probieren und genießen ist die Devise. Man sollte aber auch nicht zu lange daran nippeln, die meisten Biere werden nicht besser, je länger sie liegen.

Geschichte des Bieres

In diesem Kapitel

▶ Die Anfänge des Bieres in der Antike

▶ Verbesserungen in mittelalterlichen Klöstern

▶ Bier in der Neuzeit

---

*W*ir werden im folgenden Kapitel unser Bestes geben, die Menschen der einzelnen Epochen bei ihrem Bier lebendig werden zu lassen. Dazu werden wir auch ein wenig mit Jahreszahlen herumwerfen, aber schließlich geht es hier um die Entstehung und Entwicklung des Gerstensaftes. Nehmen Sie sich also ein Fläschchen aus dem Kühlschrank, lehnen sich zurück und lesen Sie ...

Bier gibt es so ungefähr seit Menschensgedenken – parallel zu den ersten Kulturen entstand Bier – umgekehrt kann man sagen: Eine Kultur definiert sich über den Genuß von Bier. Wir sprechen in diesem Zusammenhang auch vom homo cervesia – dem biertrinkenden (Kultur-) Menschen, obwohl einige unserer biertrinkenden Zeitgenossen sich auf das beste Bemühen das Gegenteil zu beweisen – meist aus der Gattung homo delirius balenario (6).

Historisches Stilleben mit antikem Held, bayrischer Tracht und Löwe

Brauen in der Antike

Ein Team von Archäologen der Universität Yale hat außerhalb Kairos eine 4.500 Jahre alte Bäckerei und Brauerei ausgegraben. Sie glauben, daß dieses Gebäude Bestandteil einer ganzen Stadt war, in der Pyramiden-Arbeiter von der Hochebene von Gizeh lebten. Außer Steinkrügen und Getreidelagern entdeckten sie Steintafeln mit Hieroglyphen. Eine dieser Tafeln enthält eine Beschreibung des Brauprozesses und eine Lobeshymne an die sumerische Bier-Göttin. Diese »Hymne für Ninkasi« wird nicht nur von Geschichtsstudenten gelesen, sondern wird in der letzten Zeit auch immer mehr von Brauern gelesen, die etwas über die Geschichte von Bier erfahren wollen.

Bier in der Antike

Die ältesten nachweisbaren Überlieferungen für die Bierherstellung datieren aus dem 4. Jahrtausend vor Christi Geburt aus dem Lande der Sumerer. Das Land der Sumerer, auch Zweistromland genannt, lag zwischen Euphrat und Tigris. Durch einen Zufall wohl, entdeckten die Sumerer, oder sogar deren Vorfahren, ganz genau weiß das heute niemand mehr, den Gärungsprozeß.

Wie sich das Ganze zugetragen hat, ist ungewiß. Es könnte sein, daß man einem kranken Menschen das Schlucken erleichtern wollte und ein Stück Brot in einem Krug Wasser eingeweicht hat. Der Krug wurde ein paar Tage schlicht vergessen, und nach kurzer Zeit begann das Brot zu gären. Es entstand ein »berauschender« Brei, den unser kranker Patient eingeflößt bekam. Da der arme Mann aufgrund mangelnder Erfahrung nicht besonders trinkfest war, dürfte die Wirkung ihn ziemlich umgehauen haben.

Nach schneller Genesung, machte er sich ans Werk dieses »Gebräu« nachzuahmen – zu rein medizinischen Zwecken, versteht sich. Schnell machte das Rezept die Runde und somit brauten die Sumerer als vermutlich erstes Kulturvolk dieser Erde Bier. Sie hatten ein wirklich »göttliches Getränk« entdeckt.

Die Sumerer schienen recht kluge Leute gewesen zu sein, denn sie entwickelten neben dem Bier auch so belanglose Dinge wie die Schrift. Ein Grundstein für die Entstehung von Literatur (natürlich über Bier). Und tatsächlich finden wir im Gilgamesch-Epos – der im 3. Jahrtausend vor Christus niedergeschrieben wurde, daß zur damaligen Zeit sowohl Brot als auch Bier von großer Bedeutung waren. Dieses Epos gilt als eines der ersten echten Großwerke der Literatur. Mündliche Überlieferungen aus den Anfängen der Menschheitsgeschichte wurden erstmals schriftlich niedergelegt. Der Gilgamesch-Epos beschreibt die Entwicklung eines in der Steppe lebenden und grasfressenden Urmenschen zum »kultivierten Menschen«.

Dieser Urmensch namens Enkidu will seine Kräfte mit dem gottähnlichen Herrscher Gilgamesch messen. Gilgamesch schickt Enkidu, um mehr über dessen Stärken und Schwächen zu erfahren, vorsichtshalber eine Frau, mit der sich Enkidu eine Woche lang vergnügt.

Die Frau lehrt Enkidu die Zivilisation:

(...) nicht wusste Enkidu, was Brot war und wie man es zu Essen pflegt. Auch Bier hat er noch nicht gelernt trinken. Da öffnete die Frau ihren Mund und sprach zu Enkidu: »Iss nun das Brot, o Enkidu, denn das gehört zum Leben, trink auch vom Bier, wie es ist des Landes Brauch.« (...)

Enkidu trank sieben Becher Bier (!!!) und ihm wurde leicht ums Herz. In dieser Verfassung wusch er sich und wurde so ein Mensch.

Im 2. Jahrtausend vor Christus zerfällt das sumerische Reich und die Babylonier treten auf den Plan. Sie werden das herrschende Kulturvolk im Zweistromland. Ihre Kultur baute auf der sumerischen auf, also beherrschten auch sie das Bierbrauen. Es ist uns heute bekannt, daß die Babylonier es bereits verstanden 20 verschiedene Biersorten zu brauen. Davon sollen 8 aus reinem Emmer (antike Getreidesorte), weitere 8 aus reiner Gerste und 4 aus einem Getreidegemisch gebraut worden sein. Das Bier jener Zeit war trüb und ungefiltert. Man benutzte einen Vorläufer des Strohhalms, ein dünnes Röhrchen, um nicht die Rückstände der Bierzubereitung in den Mund zu bekommen, da diese recht bitter waren. Lagerbier wurde sogar bis in das 1000 km entfernte Ägypten exportiert.

 Hammurabi, ein bedeutender babylonischer König und Reichsgründer, erließ die älteste Gesetzessammlung. In dieser wurde unter anderem ein Gesetz gefunden, daß der Bevölkerung Babyloniens eine tägliche Ration Bier zusicherte. Die Biermenge war abhängig vom sozialen Stand des Einzelnen. So erhielten zum Beispiel normale Arbeiter zwei Liter Bier, Beamte erhielten drei Liter und Verwalter und Oberpriester sogar fünf Liter Bier täglich. Zu jener Zeit wurde Bier nicht verkauft, sondern ausschließlich gegen Gerste getauscht. Da das Bierbrauen zu den häuslichen Tugenden gehörte, war es Frauensache. König Hammurabi ließ eine Schankwirtin ertränken, wenn sie sich in barer Münze bezahlen ließ. Ebenso wurde verfahren, wenn minderwertiges Bier in den Ausschank gelangte. Man nahm es also damals schon ziemlich genau. Man könnte sagen, daß Brauen eine bierernste Sache war.

 1911 fand man bei Ausgrabungen in Alzey in einem römischen Brunnen einen steinernen Krug. Chemische Analysen der darin enthalten bräunlichen Substanz ergaben, daß es sich hierbei um Maische handelt. Es wird geschätzt, daß diese Maische über 1.600 Jahre alt ist.

Ägypter, bald die Nummer eins im Nahen Osten, führten das Bierbrauen fort, welches sie sich wahrscheinlich schon zu Zeiten der Sumerer abgeguckt hatten. Sie benutzten teilweise ungebakkenen Brotteig zur Bierherstellung. Noch heute stellen Bauern am Nil, die Fellachen, ihr Bier auf diese Weise her. Die Ägypter gaben dem Sud Datteln, Anis, Safran oder Honig hinzu, damit das Bier schmackhafter wurde. Welche Bedeutung das Bierbrauen auch im antiken Ägypten hatte, läßt sich an der Tatsache erkennen, daß die ägyptischen Schriftgelehrten ein eigenes Schriftzeichen für Bier einführten. Ein Hinweis auf die Bedeutung des Bieres ist dabei, daß das Zeichen für Mahlzeit aus den Zeichen für Brot und Bier zusammengesetzt war.

Es spricht einiges dafür, daß Bier an vielen verschiedenen Orten »erfunden« wurde, so z.B. die unterschiedlichen Zutaten in den verschiedenen Kulturkreisen. So gibt es in Südostasien seit jeher Reisbier, in Afrika Hirsebier, und die Indianer Mittelamerikas brauten Bier aus Mais, lange bevor ein gewisser Columbus das Licht der Welt erblickte.

Auch die alten Germanen tranken ihr eigenes Bier. In bis zu 3500 Jahre alten keltischen und germanischen Gräbern wurden Gefäße gefunden, in welchen die Archäologen Reste von Bier nachweisen konnten. Während die griechische Kultur aufblühte und wieder versank, lebte man in Mitteleuropa noch recht »unzivilisiert«, in der Bierkultur jedoch überlegen, denn auch das Bier der Germanen war ein Trank der Götter, wie wir aus der Sage von Thor und Tyr erfahren, die einem Riesen einen gewaltigen Braukessel klauten, damit Götter und Helden für immer ihren Durst daraus löschen konnten. Leider hat die Sage nicht überliefert, wo der Braukessel geblieben ist.

Griechen

Hatten wir da gerade die griechische Kultur links liegenlassen? Kurz zurück zu ihr und Hippokrates, der Bier in seinen Schriften als »Gerstensud« erwähnt und seine heilende Wirkung beschreibt, so bei Fieber und Schlaflosigkeit. Als Heilmittel war Bier bei den Griechen und auch den Römern beliebt, als Getränk wohl weniger.

Die Römer sollten mit dem Bier jedoch noch Bekanntschaft machen, genauer genommen mit den Konsumenten von selbigem. Für die Römer, die fast nur Wein tranken, war Bier ein abscheulicher Trank der Barbaren. Tacitus, der als erster einen ausführlichen Bericht über die Germanen verfaßte, schrieb: »*Als Getränk haben die Germanen ein schauerliches Gebräu, aus Gerste oder Weizen gegoren, ein Gebräu, welches mit Wein eine sehr entfernte Ähnlichkeit hat.*«

Das Bier in der damaligen Zeit war kaum haltbar, trüb und schäumte so gut wie überhaupt nicht. Einige Jahrhunderte nach Christi Geburt war Bier in Deutschland eine gängige Handelsware. Belegt wird dies durch den Fund in der Nähe von Trier. Bei den Germanen galt das Bier nicht nur als Götteropfer, sondern wurde, wie bereits bei den Ägyptern, auch zum eigenen Verzehr gebraut und spielte in ihrem Leben eine wichtige Rolle. So sind in der finnischen Volksdichtung dem Bier zum Beispiel 400 (!!!) Verse gewidmet – für die Erschaffung der Welt reichten hingegen 200 Verse. Nach der Edda, dem großen nordischen Epos, war der Wein den Göttern vorbehalten, das Bier gehörte den Sterblichen und Met den Bewohnern des Totenreiches. Das Brotbacken und das Bierbrauen gehörte in den ersten Jahrhunderten unserer Zeitrechnung eindeutig zu den Aufgaben der Frau.

Ave Caesar! Morituri te salutant!

Julius Caesar fand, daß Bier ein nahrhaftes und kräftiges Getränk sei, und so verwundert es nicht, daß er seine Truppen mit einer ausreichenden Menge an Bier versorgte. Als Caesar den Fluß Rubicon im nördlichen Italien überschritt, um seinen Siegeszug quer durch Europa anzutreten, war demnach eine ganze Menge Bier im Spiel. Es ist auch bekannt, daß Caesar seinen Gästen Bier in goldenen Pokalen servierte. Der Untergang des römischen Weltreichs bedeutete nicht den Untergang des Bieres – im Gegenteil – Bier war in ganz Europa etabliert.

Zum Beispiel wurde während der 350 – jährigen Besatzung von Britannien – in denen die schon legendären römischen Straßen angelegt worden sind – auch eine ausreichende Menge von tabernae (Tavernen), geschaffen, die am Rand dieser Straßen gelegen, Bier verkauften – antike Autobahnraststätten.

Bier im Mittelalter

Bier war Frauensache. Das änderte sich erst kurz vor der Jahrtausendwende, als man in Klöstern – die durch die Verbreitung des christlichen Glaubens zahlreich entstanden – begann, sich mit der Braukunst zu beschäftigen.

Als Karl der Große im Jahre 800 n. Chr. Deutscher Kaiser wurde, gab es alleine in Bayern 300 Klöster, von denen einige schon seit 150 Jahren Bier brauten.

Der Grund, warum Mönche sich intensiv dem Bierbrauen gewidmet haben, liegt darin, daß man ein nahrhaftes und wohlschmeckendes Getränk zu den Mahlzeiten suchte, die vor allem in der Fastenzeit ziemlich karg waren.

Es galt »*Liquida non frangunt ieunum*« – Flüssiges bricht das Fasten nicht.

Also war Bier immer erlaubt. Der Bierverbrauch in den Klöstern nahm, wohl aufgrund der körperlichen Beanspruchung durch die Klosterarbeit und die umfangreichen Exerzitien recht erstaunliche Ausmaße an: Immerhin berichten die Chronisten, daß es jedem Mönch erlaubt war fünf Liter Bier am Tag zu sich zu nehmen.

Die Mönche jener Zeit waren also dem Bier sehr zugetan, doch schon nach kurzer Zeit fingen sie an, das Bier nicht nur für den eigenen Bedarf zu brauen. Gegen eine Gebühr erhielten die Mönche das Recht, Bier gewerblich zu vertreiben und somit entwickelten sich viele Klöster zu gut geführten Wirtschaftsbetrieben. In sogenannten Klosterschenken wurde das Bier ausgeschenkt. Da die Klöster die Bierbrauerei sehr vorantrieben, waren die Biere entsprechend gut und beliebt. Dabei entwickelten sich einige Mönche zu anerkannten Spezialisten auf dem Gebiet des Brauens.

Im Jahre 1040 wurde dem bayrischen Kloster Weihenstephan vom Freisinger Bischof das Brau- und Schankrecht verliehen. Weihenstephan ist heute die älteste heute noch bestehende Brauerei.

Doch bleiben wir kurz in den Klostermauern. Nicht nur Mönche beschäftigten sich mit Bier, auch eine berühmte Nonne – Hildegard von Bingen (1098-1179) schrieb mehrfach in ihrem Werk causa et cura (Ursache und Heilung (von Krankheiten)): »*Cervisiam bibat*« – Man trinke Bier. Sie empfahl Bier vor allem schwermütigen Menschen, weil Bier den Mut hebe und die Regeneration der Seelenkräfte fördere. Zurück zum weltlichen Geschehen:

In den aufblühenden Städten des Mittelalters wollte man nicht auf Bier verzichten, mit der Folge, daß sich auch dort die Braukunst durchsetzte und zu einem Handwerkszweig entwickelte. Die Landesfürsten führten Biersteuern ein, die für eine schnelle Füllung ihrer Kassen sorgten. Die Klosterschenken, die keine Steuern zu zahlen brauchten, beeinträchtigten diese Einnahmequelle und viele von ihnen wurden von den jeweiligen Landesfürsten kurzerhand geschlossen.

Einige gute Biere haben mittelalterliche Wurzeln.

Auch wenn viele Klosterbrauereien per landesfürstlichem Beschluß dicht gemacht wurden, ist es ein wesentlicher Verdienst der Mönche, sich als erste wissenschaftlich mit dem Bier auseinandergesetzt zu haben. So soll zum Beispiel in Brabanter Klöstern erstmalig Hopfen, das dem Bier seine Würze und natürliche Haltbarkeit gibt, benutzt worden sein. Entsprechend läßt sich sich auch die Legende erklären, die dem Brabanter König Gambrinus fälschlicherweise die Erfindung des Bieres zuschreibt – er wird noch heute als Schutzpatron der Brauer verehrt. Die Verwendung von Hopfen für die Herstellung von Bier löste heftigen Streit aus, um das sogenannte Grutrecht.

Ein König erfindet das Bier

»Im Leben ward ich Gambrinus genannt, König zu Flandern und Brabant. Ich hab aus Gersten Malz gemacht und das Bierbrauen zuerst erdacht. Drum können die Brauer sagen, daß sie einen König zum Meister haben.«

Der Legende nach schreibt man Gambrinus die »Erfindung« des Bieres zu.

Die Grut war ein Gemisch aus allerlei Kräutern, die zum Würzen des Bieres verwendet wurden. Das sogenannte Grutrecht, welches einer Brauerei die Herstellung von Grut erlaubte, war die rechtliche Basis jeder Brauerei und sicherte den Braumeistern eine »Monopol«-Stellung. Durch die Verwendung von Hopfen wäre kein Grut mehr notwendig gewesen. Aus diesem Grund wurde die Verwendung von Hopfen für die Herstellung von Bier erst einmal schlicht und ergreifend verboten. Alles Neue braucht eben seine Zeit.

In die Grut wanderten unter anderem: Wacholder, Gagel, Schlehe, Eichenrinde, Wermut, Kümmel, Anis, Lorbeer, Schafgarbe, Stechapfel, Enzian, Rosmarin, Rainfarn, Johanniskraut, Fichtenspäne, Kiefernwurzel – vor allem aber auch Bilsenkraut. Manche Kräuter waren ausgesprochen giftig, andere erzeugten Halluzinationen beim späteren Biertrinker. Aus dem Bilsenkraut beispielsweise entwickeln sich, wie wir heute wissen, halluzinogene Alkaloide während des Brauprozesses. Dies dürfte ein Grund dafür gewesen sein, daß der Aberglaube eine große Rolle rund um den Braukessel spielte. Opfer dieses Aberglaubens waren vor allem die sogenannten Bierhexen.

Historisches Plakat der Schultheiss Brauerei

Krug des Anstoßes

Das »Anstoßen« wurde, einem Gerücht zu Folge, als Vertrauensbeweis im Mittelalter zur gängigen Tischsitte. In dieser Zeit war es durchaus üblich, den ein oder anderen Zeitgenossen mittels einer Prise Gift vom Diesseits ins Jenseits zu befördern. Um nun in gemütlicher Runde sicher sein zu können, daß keiner der Anwesenden ein derart heimtückisches Attentat geplant hatte, stieß man mit den massiven Krügen so heftig an, daß das Bier überschwappte – in den Krug des Gegenübers wohlgemerkt. Wollte ein Attentäter oder Auftrageber also die Gefahr meiden selbst ein Portiönchen des verabreichten Mittelchens zu schlucken, durfte er nicht anstoßen. Wer nicht anstieß, war also verdächtig! Im Umkehrschluß heißt das: Traue nur denen, mit denen Du zum Biere gesessen und angestoßen hast.

Heute sollte man die zünftig mittelalterliche Art des Anstossens nur mit massiven Zinnbechern oder Holzkrügen praktizieren, wenn man Bruch vermeiden will.

Da beim Bierbrauen häufig etwas daneben ging, was man sich aufgrund des damaligen Wissensstandes nicht immer erklären konnte, suchte man in vielen Fällen den Schuldigen im Bereich des Mystischen. Viele wundersame Kräutlein und kultische Gegenstände wurden auch noch im späteren Mittelalter um den Sudkessel herum gelegt, um böse Geister fernzuhalten. Dieser Aberglaube ging soweit, fehlgeschlagene Brauversuche sogenannten »Brauhexen« oder »Bierhexen« zuzuschreiben. Die letzte Verbrennung einer »Brauhexe« erfolgte im Jahre 1591. Dies kann man wohl als den »dunkelsten« Aspekt der Bierherstellung ansehen. Das Ende des Aberglaubens kam mit der Durchsetzung des Hopfens. Auch wenn die Verwendung des Hopfens erst einmal verboten wurde, setzte sich dessen Verwendung auf Dauer durch. Zum einen wurde das Bier dadurch haltbarer und der Brauprozess stabiler. Es ging weniger schief und es mußten weniger »Schuldige« gesucht werden. Mit der Verwendung des Hopfens erhielt das Bier seinen »klaren Charakter«. Das damalige Bier glich somit fast den uns heute bekannten Biersorten, sowohl geschmacklich als auch auf das Aussehen bezogen. Um nun eine gewisse Beständigkeit zu erzielen, und die Qualität der Brauereiergebnisse konstant zu halten, erließ 1516 der damalige bayrische Herzog Wilhelm IV. das sogenannte Reinheitsgebot. Durch diesen Erlaß wurde erstmalig festgelegt, daß zur Herstellung von Bier nur Gerste, Hopfen und reines Wasser benutzt werden durfte. Die Verwendung von Hefe war zur damaligen Zeit noch nicht bekannt und das Gelingen des Gärungsprozesses blieb dem Zufall überlassen, da man ohne es zu wissen, auf Hefepartikel in der Luft angewiesen war.

Historisches Bockbier Plakat

Kein geringerer als Theophrastus Bambastus von Hohenheim, genannt *Paracelsus* (1493-1541) entdeckt das Bier erneut für die Medizin. Bier ist eine göttliche Medizin gegen Krankheit, können wir von ihm erfahren. Seine Ansichten setzen sich durch, den in vielen medizinischen Büchern jener Zeit erfahren wir etwas über *cerevisiae medicatae* – sogenannten Heilbieren.

 Mit der Qualität des Bieres nahm auch dessen Verbreitung und damit der Export zu. Den weltweiten Export übernahm die Hanse. Mit der Zeit nahm der Export einen immer größer werdenden Stellenwert ein. Es entwickelten sich regelrechte Brauzentren. Im 14. Jahrhundert zum Beispiel war Bremen Hauptlieferant für den Export nach Holland, England und die skandinavischen Länder. Durch den weltweiten Export von Bier durch die Hanse entwickelte sich auch in Hamburg eines dieser Brauzentren. Um 1500 wurden in Hamburg alleine 600 Brauereien gezählt. Die Hanse exportierte deutsches Bier sogar bis in das entfernte Indien. In Einbeck wurde das sogenannte Bockbier entwickelt, welches bei einem bayrischen Herzog soviel Anklang fand, daß er einen Einbecker Braumeister kurzerhand abwarb.

Bier in der Neuzeit

Unter der Regentschaft von Friedrich Wilhelm I. (1688-1740) wurde Bier »hoffähig«. Sein legendäres »Tabakskollegium« war im Prinzip nichts anderes als der erste Stammtisch. Sein Sohn, später bekannt als Friedrich der Große (1712-1786), erlernte das Brauhandwerk schon in jungen Jahren. Die industrielle Entwicklung ging auch an den Bierbrauern nicht einfach vorüber und nahm zu Beginn des 19. Jahrhunderts ihren Anfang. Zwei grundlegende Erfindungen revolutionierten das Bierbrauen.

Im 17. Jahrhundert erfand der niederländische Naturalist Anton van Leeuwenhoek das Mikroskop, eine bahnbrechende Erfindung, die den Forschern eine völlig neue Welt vor Augen führte. Bakterien und Einzeller wurden entdeckt und nichts war mehr sicher vor dem Forschungsdrang der damaligen Naturwissenschaftler.

 Am Martinstag des Jahres 1842 war es, als in Pilsen zum ersten Mal ein Pils ausgeschenkt wurde. Gebraut vom bayrischen Braumeister Josef Groll. Die Bedeutung des Bieres und seines Preises stand zu allen Zeiten bei seinen deutschen Abnehmern im Mittelpunkt des Interesses. Welche Auswirkungen eine verhältnismäßig geringe Anhebung des Bierpreises zur Folge haben kann, zeigte im Jahre 1888 die Salvatorschlacht in München, bei der sich die Münchner Bürger gegen diese auflehnten und im wahrsten Sinne des Wortes Kleinholz schufen, indem sie in Wirtshäusern keinen Stuhl, Tisch oder Fenster heil ließen.

Loius Pasteur war es, der als erstes auf die Idee kam Flüssigkeiten zu kochen, um somit die in ihr enthaltenen Bakterien abzutöten. Aber die von van Leeuwenhoek gemachte Erfindung bildete nicht nur die Grundlage für die von Pasteur gemachten Entdeckungen, sondern half auch Bierwissenschaftlern eine einzelne Hefezelle zu isolieren. Sie lieferten somit die Grundlage für die moderne Brautechnik und bahnten den obergärigen Bieren den Weg. Pasteur, nach dem die Pasteurisation benannt worden ist, war ein großartiger französischer Wissenschaftler, der vor allem dadurch bekannt wurde, daß es heute sicherer ist Milch zu konsumieren (es steht auf fast jeder Packung: homogenisiert und pasteurisiert). Was heute jedoch keiner mehr weiß ist, daß die

Entdeckungen von Pasteur zunächst nur von Interesse für die Brauereien waren. Erst später wurden die gemachten Entdeckungen auch auf die Milch-Industrie übertragen. Pasteur war es auch, der als erstes auf die Rolle von Hefen im Brauprozeß aufmerksam machte und somit feststellte, warum der Gärprozeß eigentlich einsetzt. Er lernte, daß durch ein plötzliches Erhitzen die Hefen und Bakterien abstarben, und das Bier nicht so schnell schlecht wurde. Seine Arbeit legte ebenfalls den Grundstein für die Isolation von Hefezellen.

Im Jahre 1895 schrieb der britische Brau-Wissenschaftler Walter Sykes folgendes: »Ihm [Pasteur] verdanken wir mehr als jedem anderen lebenden oder toten Mann unser gegenwärtiges Wissen über den schwierigen, und oftmals geheimnisvollen Prozeß, der von lebenden Organismen getragen wird – der Gärung.«

Im 18. Jahrhundert fand die sogenannte industrielle Revolution statt. Dieser Boom in der Industrie brachte viele technologische Fortschritte mit sich, die man sich in den Brauereien zunutze machte. Auch wenn die Herstellung von Maschinen eine große Rolle spielte, so war die Erfindung der Kälte-Maschine in den 50er Jahren ein Quantensprung für die moderne Brauerei. Früher konnte obergäriges Bier nur im Winter hergestellt werden, und oft nur in kalten Kellern gelagert werden. Oftmals wurde es mit Eisblöcken aus nahegelegenen Seen gekühlt. Es ist wohl klar, daß man zugefrorene Seen nur im Winter fand, und somit erleichterte die Kühlmaschine das Lagern von Bier und machte eine ganzjährige Produktion möglich.

Angespornt durch die Möglichkeiten der Kältemaschine, machten sich die besten europäischen Brauer auf die Suche nach einer neuen Hefeart, die auch bei geringeren Temperaturen gärt. Anton Dreher aus Österreich, Gabriel Sedlmayer aus Deutschland und Emil Hansen aus Dänemark teilten sich diesen Erfolg. Sedlmayr und Dreher wurden bei ihren gemeinsamen Forschungen mit der Isolation der sogenannten untergärigen Hefe, auch *Saccaromyces uvarum* – wie der Fachman sagt – belohnt. Hansen hingegen hat es als erster geschafft, eine einzelne Hefezelle zu isolieren.

Sedlmayer kam aus einer Brauerfamilie, die den königlichen bayrischen Hof belieferte. Er war eine hoch angesehen Persönlichkeit in der Bierwelt und war Mitte des 19. Jahrhunderts für die Herstellung des Münchner Spaten-Bieres verantwortlich. Er wurde jedoch bekannt als einer der ersten Brauchemiker, die die Wissenschaft erstmals in die Brauhäuser brachten.

Dreher, ein Wiener Brauer, traf Sedlmayer während seines Studiums der Brautechnik in München. Hansen hingegen machte wohl eine der wichtigsten Entdeckungen in der Braugeschichte in einem Laboratorium der dänischen Carlsberg-Brauerei. Er isolierte als erster eine einzelne Hefezelle. Nachdem der Trick erst einmal bekannt war, erlaubte er den Brauern, nur die Hefekulturen zu verwenden, die für ein gutes Bier sorgen würden. Der Erfolg trat im Jahre 1883 ein, und ermöglichte es, daß die verschiedenen Biermarken einen fast gleichbleibenden Geschmack vorweisen, indem die Brauer reine Hefekulturen verwenden, und vor allem bei jedem Brauprozeß die gleichen Kulturen verwenden.

Auf die Idee für diese Forschungen kamen die Herrschaften bei einem internationalen Braukongress im Jahre 1873, bei dem Carl von Linde seine Ideen für eine Kältemaschine vorstellte. Louis

Pasteur war bei diesem Kongress natürlich auch anwesend. Diese Erfindung der durch verdichtetem Gas betriebenen Kälte-Maschine, stellte einen so tiefen Einschnitt in den Brauvorgang dar, daß die Aufregung der anwesenden Herren nur allzu verständlich war. Beflügelt durch die neuen Möglichkeiten starteten sie ihre Forschungen.

Heute wissen wir, daß Lindes Erfindung nicht nur einen tiefen Einschnitt in die Brauindustrie darstellte, sondern daß sie aus unserem Leben nicht mehr wegzudenken ist. Nichtsdestotrotz waren es Brauereien, die diese Maschine als erste einsetzten, da sie auch den größten Nutzen davon hatten – untergärige Biere konnte ganzjährig gebraut werden, und Bier konnte ohne Probleme über größere Strecken transportiert werden.

 Wir haben bereits von Weihenstephan gelesen, sicherlich dachte 1040 keiner der Mönche daran, daß einmal weltliche Gelehrte in ihrer Brauerei das Bier und das Brauen erforschen würden. 1930 wurde die Hochschule für Brauerei in Weihenstephan der Technischen Universität in München angegliedert – Bierbrauen war nun Objekt der Wissenschaft geworden. Extraordinarius Professor Dr. Piendl, der in Weihenstephan Brauereitechnologie und Mikrobiologie lehrt, ist einer der führenden Bierforscher Deutschlands, der in zahlreichen Fachartikeln auf die positiven Wirkungen von Bier hingewiesen hat.

 Jean de Clerck war nicht nur Belgiens führender Wissenschaftler im Bereich der Brautechnik, sondern auch einer der größten weltweit. Er war Professor an der Univeré Catholique de Louvain School of Brewing und ein Berater der Brauindustrie. Berechtigt wurde seine Beratertätigkeit durch das von ihm veröffentlichte Buch »*A Textbook of brewing*«, das 1948 zuerst in Frankreich herausgegeben wurde. Im Jahre 1958 wurde das Buch auf Englisch neu veröffentlicht. Dieses aus zwei Büchern bestehende Werk ist die detaillierteste und verständlichste Arbeit über das moderne Brauen. Es deckt alle Aspekte ab: Das Brauen, den Aufbau einer neuen Brauerei bis hin zur Qualitätskontrolle. Noch heute wird dieses Werk an den meisten Schulen und Universitäten als Standardwerk für den angehenden Brauer angesehen – und das 50 Jahre nach seiner Erstveröffentlichung.

Natürlich waren die Belgier ihrem berühmten Sohn ewig dankbar, so daß sie ihn nach seinem Tod in dem Kloster Scourmont in Chimay begruben, in dem seit Jahrhunderten die sogenannten Trappistenbiere hergestellt werden.

 Zu guter Letzt bleibt noch der englische Bierpapst Michael Jackson zu erwähnen, der seine Karriere als Reporter für eine lokale englische Zeitung begann. Schnell fiel ihm jedoch auf, daß Bier und Whisky kaum Aufmerksamkeit und Respekt geschenkt wird (es ist da, und es wird getrunken), so daß er seine ersten Bücher zu diesem Thema Mitte der 70er Jahre veröffentlichte. Diese Bücher sind noch heute erhältlich und wohl die definitive Quelle zum Thema Biertrinken. Stets auf der Suche nach neuem Wissen, hat Jackson wahrscheinlich mehr Brauereien auf allen Kontinenten besucht, als jede andere lebende Person. Jackson sieht sich jedoch nicht nur als Beobachter, sondern er half auch Brauereien bei der Wiederentdeckung längst vergessener Biersorten.

Zusätzlich zu seinen Büchern hat er für den Discovery Channel eine sechsteilige Serie entwickelt (The Beer Hunter), zu der auch eine Multimedia-CD existiert. Jackson ist auch heute noch aktiv und ständig auf der Suche nach neuen Brauereien und Biermarken. Dabei führt er Bierverkostungen auf allen Kontinenten der Erde durch, und schreckt dabei auch nicht vor dem Smithsonian Institut zurück.

Auch wenn unsere »Bier-Geschichte« hier zuende ist, sollte festgehalten werden, daß tausende deutsche Brauer und Millionen Konsumenten deutscher Biere sie tagtäglich fortschreiben.

Der Stoff aus dem die Biere sind

In diesem Kapitel

▶ Das Gesetz das Biere – das Reinheitsgebot

▶ Die Rohstoffe des Bieres

Bevor wir die sagenumwobenen Rohstoffe des Bieres unter die Lupe nehmen, werfen wir unseren Blick nach Bayern und drehen die Uhr ein paar hundert Jahre zurück. Was damals dort passierte, spielt nämlich bis zum heutigen Tage eine bedeutende Rolle für unser Bier.

Reinheitsgebot

Wir wissen nicht, was ihn genau dazu veranlaßt hat, vielleicht hat er sich gründlich den Magen verdorben oder hatte einen entsetzlichen Kater, jedenfalls war es am 23. April 1516 soweit. Wilhelm IV., Herzog von Bayern war die Bierpanscherei satt. Er ordnete per Gesetz an:

[...] daß forthin allenthalben in unseren Städten, Märkten, und auf dem Lande zu keinem Bier mehr Stücke als allein Gerste, Hopfen und Wasser verwendet und gebraucht werden sollen. [...]

Man munkelt, es habe noch einen anderen Beweggrund gegeben. Sehr viel Bier wurde damals aus Weizen hergestellt. Vielleicht hatte Wilhelm als gottesfürchtiger Mann Angst um sein täglich Brot und verhinderte per Gesetz, daß die gesamten Weizenbestände des Landes zum Bierbrauen anstatt zum Brotbacken verwendet wurden.

Aber was ein bayerischer Wilhelm einmal beschließt, gilt oft für eine halbe Ewigkeit. Das Reinheitsgebot hat in seinem Inhalt inzwischen seit fast 500 Jahren Bestand und wird von allen deutschen Brauereien bis heute befolgt. Sie ist die älteste bis heute gültige lebensmittelrechtliche Vorschrift der Welt. Rekordverdächtig sozusagen.

In diesem halben Jahrtausend haben sich die Deutschen ziemlich an das Reinheitsgebot gewöhnt und legen demnach auch viel Wert auf dessen Aufrechthaltung. Auch ein moderner Bezug ist klar zu erkennen. Das Reinheitsgebot verhindert den Einsatz von Konservierungsstoffen und geschmackbeeinflußenden Chemieerzeugnisse. Damit ist das Reinheitsgebot ein Garant für die Qualität unserer Biere.

Sogar einige ausländische Brauereien, die auf dem deutschen Markt Fuß fassen wollen, brauen inzwischen nach dieser Verordnung ihr Bier, um den Qualitätsansprüchen der deutschen Verbraucher gerecht zu werden. Biere, die mit der Angabe »gebraut nach dem deutschen Reinheitsgebot« versehen sind, enthalten folglich keine Zusatzstoffe.

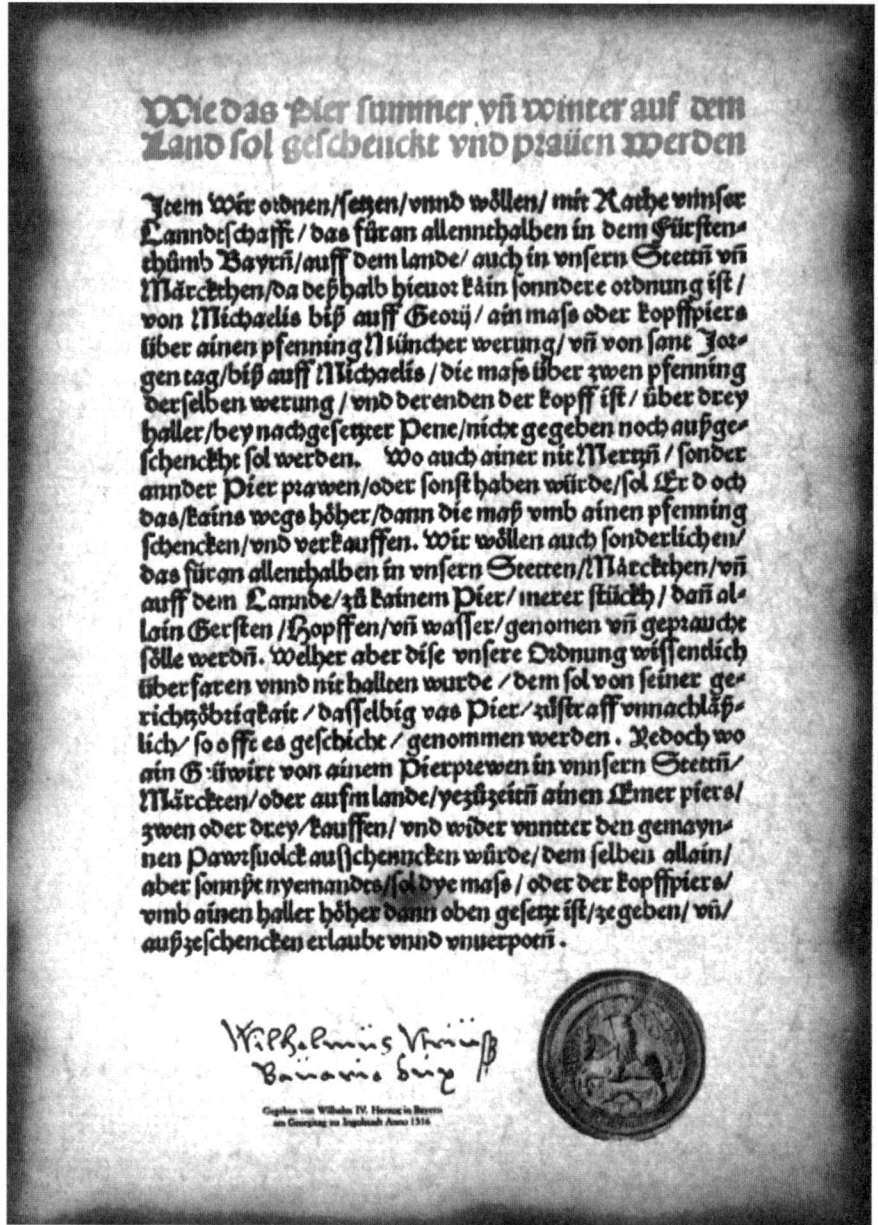

Das Reinheitsgebot vom 23. April 1516

Hefe hat unser bayrischer Herzog übrigens nicht erwähnt, weil er sie gar nicht kannte. Damals wurde die Gärung spontan durch in der Luft befindliche Hefen ausgelöst (ein Grund warum hin und wieder auch einmal etwas »daneben« ging).

Rohstoffe

Wenn Sie genau gelesen haben, was unser guter Bayer da bestimmt hat, wissen Sie, daß nur vier Rohstoffe gemäß Reinheitsgebot zum Bierbrauen verwendet werden dürfen. Jetzt sind wir also da, wo wir hinwollten, beim Stoff aus dem die Biere sind:

✔ Malz

✔ Hopfen

✔ Wasser

✔ Hefe

Beste Gerste

Gerste? Das war doch gar nicht in der Liste! Nein, keine Bange, wir fuschen nicht. Malz, welches zum Bierbrauen verwendet wird, ist in den meisten Fällen Gerstenmalz, wird also aus Gerste herstellt, genaugenommen aus Braugerste. Folglich erzählen wir erst einmal, was Braugerste überhaupt ist, bevor wir sie hier gedanklich zu Malz verarbeiten.

Die Braugerste gilt beim Brauen nach dem Reinheitsgebot auch als »Seele« des Bieres. Die Braugerste bestimmt maßgeblich fast alle Eigenschaften des Bieres. Malzersatzstoffe sind nach dem Reinheitsgebot nicht zugelassen.

 Bei der Gerste wird unterschieden zwischen Wintergerste (Aussaat Mitte September) und Sommergerste (Aussaat März/April). Die hauptsächlich verwendeten Zuchtform sind zweizeilige Sommergersten. Sie haben große dickbauchige Körner und folglich relativ mehr an wertvollen Inhaltsstoffen.

Auf folgende Merkmale wird großer Wert gelegt:

✔ Resistenz gegenüber Krankheiten und Schädlingen

✔ gute Standfestigkeit

✔ hoher Kornertrag/pro Hektar

✔ gute Körnerform und -größe

✔ gutes Wasseraufnahmevermögen, geringe Wasserempfindlichkeit

✔ niedriger Eiweißgehalt

✔ hohe Keimfähigkeit

In der Gerste, genaugenommen im Gerstenkorn, sind zahlreiche Nährstoffe, Kohlenhydrate, Mineralstoffe, Spurenelemente und Vitamine enthalten, die unser Bier – wenn man es in Maßen trinkt – zu einem gesunden Getränk machen, doch dazu an anderer Stelle später mehr.

Gerste

Gerste – eine der Grundbestandteile von Bier – wächst in zwei verschiedenen Formen: zweizeilig und sechszeilig. Dies bedeutet nicht, daß Gerste vor der Ernte Schlange steht, sondern es gibt an, wieviele Reihen Gerstenkörner sich auf dem Gerstenhalm befinden.

Die sechszeilige Variante ergibt logischerweise einen höheren Ertrag, wohingegen die zweizeilige einen geringeren Ertrag erwirtschaft und dementsprechend teurer ist. Je nach hergestellter Biersorte wird eine andere Gerstenform verwendet, die nicht nur zwischen zweizeilig und sechszeilig sondern unter anderem auch zwischen Winter- und Sommer-Gerste unterschieden werden kann.

Wie man sieht, ist nicht nur das Bierbrauen eine Wissenschaft für sich sondern auch die Auswahl der Rohstoffe von immenser Wichtigkeit.

Das Malz macht's

Aus unserer Gerste soll nun Malz werden. Zu diesem Zweck wird gemälzt. Unter Mälzen versteht man das Keimenlassen von Getreidesorten unter künstlichen Umwelteinflüssen. Das heißt im Klartext: Man löst die Körner von den Halmen, befeuchtet sie und sorgt mit warmen Temperaturen dafür, daß die Körner Frühlingsgefühle bekommen. Frühlingsgefühle bei Getreidekörnern bewirken, daß die Körner Keime bilden. Das Endprodukt der Keimung heißt Grünmalz.

Damit aus unserem Grünmalz richtiges Braumalz wird, wird der Keimvorgang durch Trocknen unterbrochen. Dieses Trocknen wird Darren genannt. Als Faustregel gilt: Je höher die Temperatur, mit der das Malz getrocknet wird, desto dunkler wird das Bier.

Warum mälzt man Getreide?

Der Zweck des Mälzens ist die Gewinnung von Enzymen für den Brauprozeß. Die Keimung wird so durchgeführt, daß eine bestimmte Menge an Enzymen entsteht. Eine zu geringe oder zu hohe Enzymbildung ist nicht erwünscht. Man steuert die Enzymbildung durch den Zeitpunkt und Temperatur des Darrvorgangs.

Übrigens: Farbe, Geschmack, Haltbarkeit und Schaum des Bieres hängen weitgehend vom Charakter und der Qualität des verwendeten Malzes ab. Die Skala reicht vom hellen »Pilsener Malz« bis hin zum dunklen »Münchner Malz«.

Zur Malzbereitung können theoretisch die meisten Getreidearten verwendet werden. Für die Herstellung von Braumalz ist jedoch Gerste am besten geeignet. Für bestimmte Biersorten werden jedoch auch Malze anderer Getreidearten verwendet. So zum Beispiel wird für das Brauen von Weizenbier ein Anteil von mindestens 50 % Weizenmalz vorgeschrieben. Aber auch Roggen kommt in seltenen Fällen zum Einsatz. In Deutschland gebrautes Bier wird ausschließlich mit vermälztem Braugetreide, sprich mit Malz gebraut.

Ein Tropfen Hopfen

Hopfen verleiht dem Bier nicht nur seinen unvergleichbaren, herb-aromatischen Geschmack, sondern sorgt zudem auf natürliche Weise für die Haltbarkeit und Schaumstabilität des Bieres.

Der Fachmann (wir also auch) unterscheidet grundsätzlich zwei verschiedene Hopfensorten: Zum einen sind es die aromareichen, zum anderen die bitterstoffreichen Sorten, die, in unterschiedlichen Mengen, dem jeweiligen Bier seinen individuellen Charakter verleihen.

 Weil die Hopfendolden nach der Ernte in ihrer ursprünglichen Form ohne Qualitätsverlust nicht sehr lange haltbar sind, der Brauwirtschaft jedoch Hopfen ganzjährig zur Verfügung stehen muß, werden aus den Hopfendolden Hopfenextrakte oder Hopfenpelletts hergestellt, die alle brautechnisch wichtigen Bestandteile (Bitter- und Aromastoffe) der Hopfendolde enthalten. So werden beispielsweise für die Hopfenextraktion nur natürliche Verfahren angewendet, d.h. es wird entweder Kohlensäure oder Alkohol als Lösungsmittel verwendet. Beides sind natürliche Inhaltsstoffe des Bieres.

Massvoller Biergenuß regt an und beruhigt zugleich, er fördert die Physis und gleichermaßen die Psyche. Dafür mitverantwortlich sind die Bitterstoffe und ätherischen Öle, die der Hopfen in reichem Maße enthält und die bereits seit Jahrhunderten auch in der Pharmazie verwendet werden.

Der Hopfenanbau hat in Deutschland eine lange Tradition. Noch im Mittelalter über das ganze Land verteilt, gibt es heute in der Bundesrepublik noch fünf große Anbaugebiete:

Die bayrische Hallertau ist das größte Hopfenanbaugebiet der Welt. In Bayern wird außerdem im Spalter und Hersbrucker Gebiet Hopfen angebaut, weitere Anbaugebiete befinden sich im Bodenseegebiet um das Städtchen Tettnang und im Elbe-Saale-Gebiet.

Geschichte des Hopfens

Im 8. Jahrhundert wurde begonnen, Hopfen zu kultivieren anstatt sich auf wilde Vorkommen zu verlassen. Alte Aufzeichnungen belegen, daß vor allem in Böhmen im Jahr 859 der Hopfenanbau florierte.

Bevor Brauer Hopfen für die Bierherstellung benutzten, verließen sie sich auf die sogenannte Grut, einem wilden Gemisch von allerhand sonderbaren Gewürzen. Selbst vor Giftstoffen wurde bei der Herstellung der Grut nicht halt gemacht. Es erübrigt sich wohl, etwas über die Qualität dieses Bieres zu sagen. Erst im 16. Jahrhundert fand Hopfen eine ernst zu nehmende Akzeptanz bei den Brauern.

Kleine Tierchen auch im Bierchen – Die Hefe

Jetzt kommen wir zu den Lebewesen, die unser bayerischer Willi noch nicht gekannt hat, weil er noch kein Mikroskop hatte. Der Hefe.

Hefen sind einzellige Mikroorganismen. Außerdem ist Hefe das einzige Lebewesen, das sich von Atmung auf Gärung umstellen kann (Gärung ist das Leben ohne Sauerstoff).

Die Hefe führt nicht nur die alkoholische Gärung (der in der Bierwürze enthaltene Zucker wird von der Hefe unter Wärmeentwicklung zu Alkohol und Kohlendioxid) durch, sondern hat auch großen Einfluß auf den Geschmack und den Charakter des Bieres.

Innerhalb der Hefen werden zahlreiche Stämme unterschieden. In der Brauerei werden diese Stämme in zwei große Gruppen – *ober- und untergärigehefe* – eingeteilt.

Die Unterschiede zwischen diesen Hefegruppen liegen in der äußeren Form und in der Art der Vermehrung. Untergärige Hefe sinkt während und am Ende der Gärung zu Boden (durch die geringe Zelloberfläche). Obergärige Hefe steigen – durch die Kohlensäure getrieben – wegen der großen Oberfläche nach oben.

Unterschiede bestehen in dem Vermögen, verschiedene Zuckerarten zu vergären und in der Bildung von Gärungsnebenprodukten (Aromastoffe). Obergärige Biere sind deutlich aromatischer als untergärige.

Das Hefe-Genie

Ein echter Leckerbissen für die Biologen unter Ihnen: ein kleiner Einblick in die Welt der Hefen. In dem gesamten Buch wird zwischen zwei verschiedenen Stämmen von Hefen (oder auch Saccharomyces – wie der Fachmann sagt) unterschieden. Der obergärigen Hefe (oder auch Saccharomyces Cerevisiae) und der untergärigen Hefe (oder auch Saccharomyces Carlsbergensis).

Carlsberg? Da war doch was ... Genau! Saccharomyces Carlsbergensis ist nach der großen dänischen Brauerei Carlsberg benannt worden. Der Sohn des Gründers, Jacob Christian Jacobsen, der unter anderem Louis Pasteur zu seinen Freunden und Kollegen zählen konnte, hat im Jahr 1875 ein Labor in der väterlichen Brauerei eingerichtet. In diesem Labor wurde im Jahr 1883 die erste Hefezelle isoliert. Emil Hansen war derjenige, der die Brautechnik revolutionierte, indem er den Braumeistern die Möglichkeit gab, sich für einen bestimmten Hefestamm zu entscheiden und diesen beliebig zu vermehren. Dies hat nicht nur zur Folge, daß die verschiedenen Biermarken – obwohl sie der gleichen Biersorte angehören – verschieden schmecken, sondern daß eine einzelne Biermarke über die Jahre hinweg immer gleich schmecken kann.

 Obergärige Hefe mag wärmere Temperaturen zwischen 15 und 20° C. Die Verwendung der obergärigen Hefe hat eine längere Tradition, aufgrund des geringeren Kühlungsbedarfs. Die untergärige Hefe braucht eine Temperatur von 6 bis 9° C. Solche Temperaturen waren ohne die Möglichkeit zur künstlichen Kühlung (also vor Erfindung von Kältmaschinen) nur im Winter zu erreichen. Man unterschied früher auch in Winterbier und Sommerbier.

Obergärige Biere, also Biere des alten Typs sind Altbier, Kölsch und Weizenbier. Zur Gruppe der untergärigen gehören Pilsener Biere, Lagerbier, Export oder Märzen.

Zwei der bedeutensten Forschungsergebnisse für die Bierherstellung waren die mikrobiologischen Erkenntnisse von Louis Pasteur und die Isolation und Zucht von Hefezellen durch den Dänen Christian Hansen. Durch die Forschung dieser beiden Männer wurde der Brauprozeß kontrollierbar, der Gärprozeß reiner und das Bier geschmacklich noch einwandfreier und haltbarer.

Wenn Sie die Geschichte des Bieres aufmerksam verfolgt haben, erinnern Sie sich bestimmt an die Ägypter, die Brot oder ungebackenen Brotteig zur Bierherstellung verwendeten. Na, klingelt's?

Wasser, Wasser, Wasser

Wenn man sich vor Augen hält, daß Wasser rund 92 % des Bieres ausmacht, kann man sich leicht den Einfluß der Wasserqualität auf das Endprodukt Bier ausmalen.

Nicht umsonst werben Brauereien damit, wenn sie über eigene Quellen verfügen.

 Aber nicht nur im Bier landet das Wasser. Wasser wird in Brauereien zum Brauen, Kühlen und Reinigen verwendet. Sämtliches eingesetztes Wasser muß natürlich Trinkwasserqualität aufweisen. Das Wasser wird regelmäßig nach der Deutschen Trinkwasserverordnung auf bakterielle und chemische Verunreinigungen hin untersucht. Wasser als wichtigstes Lebensmittel unterliegt einer sehr strengen Kontrolle.

Für die Herstellung von Bieren z.B. von Pils ist weiches Wasser von Vorteil. Um auch hartes Wasser zum Brauen heller Qualitätsbiere verwenden zu können, darf das Wasser behandelt werden.

Zu diesem Zweck sind auch nach dem Deutschen Reinheitsgebot verschiedene Enthärtungsverfahren erlaubt, die darauf beruhen, daß dem Wasser Salze entzogen, aber keinerlei Stoffe hinzugefügt werden. Meistens wird dem Wasser der natürlich enthaltene Gips und Kalk entzogen.

Berühmten Biertypen, z.B. Münchener, Dortmunder, Pilsener, wurden durch die Zusammensetzung des jeweiligen Brauwassers geprägt. Eine moderne Brauerei ist heute in der Lage, diese Typen durch entsprechende Wasserbehandlung nachzuahmen.

Kessel und Tanks und Zubehör

Natürlich gehört zu einer Brauerei noch so einiges mehr. Gekacheltes Sudhaus und blitzblanke Kessel aus Edelstahl oder Kupfer, gigantische Tanks und Anlagen, Verwaltungsbebäude und Lagerflächen gehören zu einer modernen Brauerei.

Eine Station auf dem Weg zum modernen Industriebetrieb

Technisch gesehen sind in den letzten 100 Jahren gewaltige Veränderungen erfolgt. Immer bessere Anlagen ließen in den vergangen Jahrzehnten Brauereien zu modernen Industriebetrieben werden.

Trotz einer Vielzahl von Maschinen sind Menschen als fester Bestandteil der Brauerei unersetzbar. Der oder die Braumeister, spielen noch heute eine besondere Rolle. Sie sind in der Brauerei die Hüter des Grals. Doch auch Schlosser, Mechaniker, Mikrobiologen, Lebensmittelchemiker, Kaufleute und Manager haben heute ihren festen Platz in der Brauerei.

Brauereipersonal um die Jahrhundertwende

Der Brauprozeß

5

In diesem Kapitel

▷ Alles über die Bierherstellung

*W*as Ihnen wahrscheinlich gar nicht bewußt ist, wenn Sie abends vor dem Fernseher die heißgeliebte Flasche Bier öffnen oder in der Kneipe ums Eck das dritte Pils bestellen, ist die Tatsache, daß Bierbrauen eine echte Kunst ist. Nicht umsonst spricht man von der Braukunst.

Es wird eine große Menge an Maschinen und Material benötigt, vor allem im Vergleich zur Herstellung von Wein. Es wird geröstet, erhitzt, gekocht, gekühlt, gerührt, vergoren, um- und abgefüllt. Der Besuch in einer Brauerei bzw. die Teilnahme an einer Führung wird Ihnen deutlich machen, wie komplex es zugeht, selbst wenn sich an den Zutaten in den letzten 500 Jahren nichts verändert hat.

In den vergangenen Jahrhunderten hat sich das Equipment enorm verbessert, was Hygiene und gleichbleibend hohe Qualität sichert. Sind die Rohstoffe geerntet, nach Qualität verlesen und zum Brauen vorbereitet, markieren einzelne Produktionsphasen die Bierherstellung:

Diese Produktionsphasen sind:

✔ Das Mälzen

✔ Das Schroten

✔ Das Maischen

✔ Das Läutern

✔ Das Würzekochen

✔ Die Hopfengabe

✔ Die Würzeklärung

✔ Die Würzekühlung

✔ Die Gärung

✔ Die Reifung

✔ Das Filtieren

✔ Die Abfüllung

Konzerne, Regionale und Zwerge – Brauereigrößenordnungen

Giganten

Auch wenn man es nicht glauben mag, in Deutschland gibt es keine Biergiganten, wie sie aus dem Ausland bekannt sind. Der weltweit größte Hersteller von Bier ist, mit rund 110 Mio. hl, Amerikas Anheuser-Busch (Budweiser) – diese Brauerei alleine verkauft in einem Jahr also etwa die Menge, die in Deutschland von über 1.200 Brauereien produziert wird. Andere ganz Große sind Miller (USA), Heineken (NL), Carlsberg (DK), Kirin (JPN), Fosters (AUS).

Konzerne

In Deutschland gibt es einige Brauereien, die sich in den letzten Jahrzehnten durch Zukäufe zu regelrechten Getränke-Konzernen gemausert haben. Sicherlich nicht zuletzt, um auf dem heimischen Markt zu bestehen. Die Gruppe mit dem größten Gesamtvolumen an Getränken (Bier und alkoholfreie Getränke) ist mit über 20 Mio. hl die Holsten-Brauerei AG in Hamburg. Auf dem Platz der größten Brauerei-Gruppe hat die Binding Brauerei AG in Frankfurt erst kürzlich die Brau- und Brunnen AG, Dortmund abgelöst.

Exporteure

Auch Deutsche Brauereien bemühen sich mit großem Erfolg um fremde Märkte. Die erfolgreichsten dabei sind Becks (Bremen), Holsten (Hamburg) und DAB (Dortmund).

Nationale

Nationale Brauereien gibt es viele. Ob eine Brauerei national ist, hängt nicht unbedingt vom Ausstoß ab, sondern davon, ob die Brauerei eines ihrer Biere national vertreibt, also zum Beispiel in einer großen Supermarktkette anbietet. Die größten Einzelmarken in Deutschland sind Warsteiner, dicht gefolgt von Bitburger, Krombacher und Veltins.

Regionale – Lokale

Die Mehrzahl der deutschen Brauereien haben lokale oder regionale Bedeutung. Sie verkaufen ihr Bier in einem Radius von 50 km rund um den Kirchturm. Viele dieser Biere sind natürlich Bierspezialitäten und finden ihre Liebhaber auch weit außerhalb dieser Grenzen.

Brauhäuser / Gasthausbrauerei

Gasthausbrauereien oder auch Erlebnisbrauereien haben ihr eigenes Bier im Ausschank. Manche von ihnen, wie zum Beispiel die Malzmühle in Köln, verkaufen ihr Bier auch außer Haus – natürlich nur in kleinen Mengen. Immer häufiger steht der Braukessel mitten im Lokal.

Mälzen

 Gerste, frisch vom Feld, muß behandelt werden, bevor sie zum Brauen geeignet ist. Diesen Vorgang nennen die Fachleute Mälzen. Meist wird dies von den Brauereien gar nicht mehr selbst erledigt, sondern sie erhalten das fertige Malz von speziellen Malzfabriken – Mälzereien. Sogar den Berufsstand des Mälzers gibt es – Sie sehen also, daß dies ein Vorgang ist, der nicht mal eben schnell zwischen Frühstück und Mittag erledigt werden kann.

Aber warum muß die Gerste behandelt werden? Dies hat mehrere Gründe. Zum einen werden durch das Mälzen in der Gerste Enzyme freigesetzt, aber auch Zucker (sogenannter Malzzucker) entsteht, der für die Bildung des Alkohols wichtig ist. Auch die Farbe des Bieres läßt sich über den Malz beeinflussen.

Der Vorgang des Mälzens ist natürlich – wie alles am Bier – vollkommen natürlich. Nachdem die Gerste in der Mälzerei angekommen ist, gelangt sie dort in die sogenannte Weiche. In der Weiche passiert nichts anderes, als es der Gerste zu ermöglichen, sich mit Wasser vollzusaugen. Wasser? Warum denn das? Ganz einfach – die Gerste wird zum Keimen gebracht, denn von der Weiche geht es direkt in Keimkästen wo die Gerste solange verbleibt, wie der Mälzer es für notwendig erachtet. In diesem Keimkästen keimt die Gerste (was wohl kaum eine Überraschung darstellen sollte).

Ist der Mälzer der festen Überzeugung, das die Gerste genug gekeimt hat (Sie werden nun verstehen, warum Mälzen eine Wissenschaft für sich ist), muß der Keimvorgang unterbrochen werden – wir wollen ja schließlich kein Gerstenfeld in unserem Bier. Die Gerste wird also getrocknet, oder gedarrt wie der Fachmann sagt.

Hierzu wird die Gerste bei 80 bis 85°C geröstet. Und – wie Sie beim Grillen – hat der Mälzer hier die Möglichkeit die Farbe des Malzes zu bestimmen. Ein Spektrum von »Gerstenfarben« bis »verbrannt« ist hierbei möglich.

Aus Gerste ist nun Malz geworden, das sich grundsätzlich von der Gerste in folgenden drei Dingen unterscheidet: der Farbe, dem Geschmack und der Härte der Körner, denn Malz ist süß und weich.

Zur Beurteilung des Malzes (»Brauwert«) gibt es eine Vielzahl von physikalischen und chemischen Untersuchungen. Die wichtigste ist ein »Probemaischen«, d. h. das Herstellen einer Bierwürze mit 50 g Malz. Die Analysenwerte dieser Laborwürze sind ein direkter Maßstab für die Malzqualität.

Schroten

Das Malz muß nun geschrotet werden, der Bäcker backt ja auch kein Brot aus ganzen Körnern. Entsprechend wird aus dem Malz Schrot. Aber was ist eigentlich Schrot? Im Prinzip grobes Mehl! Das Schrot löst sich logischerweise besser im Wasser als ganze Körner.

Maischen

Beim Maischen werden Schrot und Wasser miteinander vermischt (vermaischt). Das war's eigentlich schon, für alle die es genauer wissen wollen: Die Inhaltsstoffe des Malzes werden in Lösung gebracht und als Extraktstoffe gewonnen.

Die Umwandlung beim Maischen ist entscheidend für den weiteren Prozeß und die Art und Qualität des Bieres. Später ist das Resultat des Maischvorgangs logischerweise nicht mehr zu korrigieren.

 Der Zweck des Maischens besteht also darin, möglichst viel und möglichst guten Extrakt zu bilden und zu lösen. Lösliche Stoffe sind z.B. Zucker, Dextrine, Mineralstoffe und bestimmte Eiweißstoffe.

Stärke, Cellulose und hochmolekulare Eiweißstoffe sind unlöslich, werden aber während des Maischens mehr (Stärke) oder weniger stark (Cellulose) gelöst.

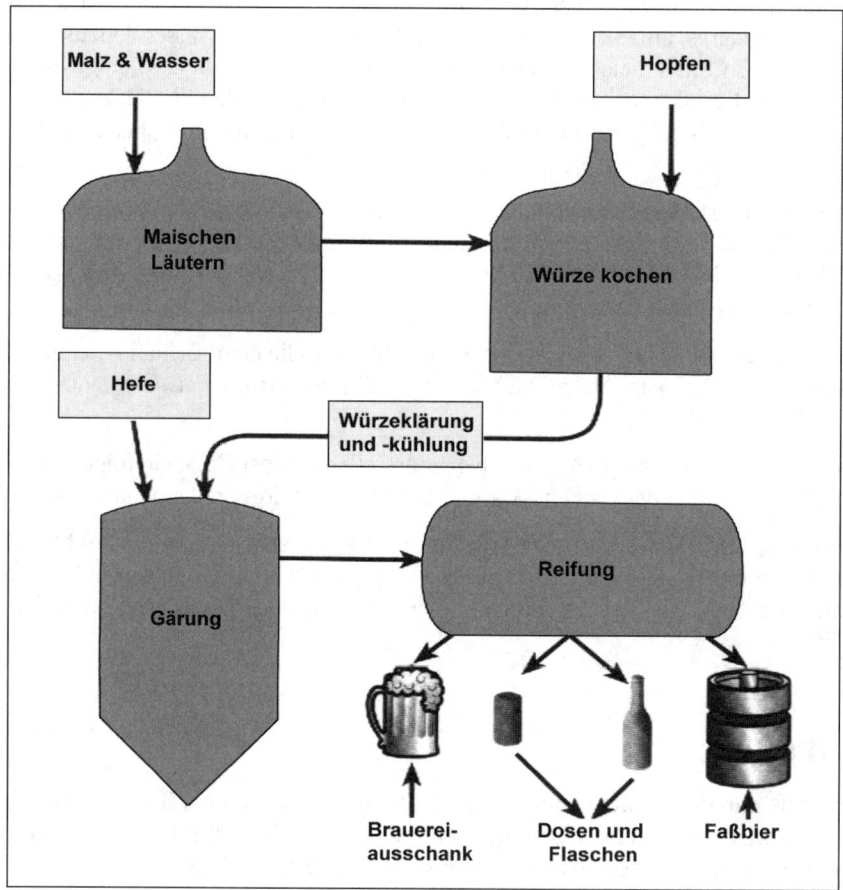

Schematische Darstellung des Brauprozeß

Läutern

Das Läutern hat nicht viel mit der Kirche zu tun, auch wenn der Name darauf schließen läßt – es bedeutet lediglich, daß die Maische gefiltert wird.

Am Ende des Maischprozeßes besteht die Maische aus einem wässrigem Gemisch von gelösten und ungelösten Stoffen. Diese müssen beim Läutern voneinander getrennt werden. Die ungelösten Stoffe sind im wesentlichen die Spelzen der Getreidekörner und die Keimlinge.

 Entsprechend nennt der Fachmann die entstehende Flüssigkeit mit den gelösten Stoffen Würze, und die feste Pampe aus Kornrückständen Treber. Für die Bierherstellung wird nur nur die Würze verwendet, die möglichst vollständig von den Trebern getrennt werden muß. Der Treber selbst wird gerne von Landwirten für die Viehzucht benutzt.

Der Treber übernimmt bei diesem Filtrationsvorgang die Rolle des Filtermaterials.

Das Läutern erfolgt in zwei Phasen:

✔ Ablauf der Würze

✔ Ablauf der Treber

Würzekochen

Die gewonnene Würze wird 1 bis 2 Stunden gekocht. Während dieser Zeit setzt man den Hopfen zu und bestimmt somit auch den Geschmack des Bieres.

Beim Kochen der Würze findet eine Reihe von Vorgängen statt, die von Bedeutung sind:

✔ Lösung und Umwandlung von Hopfenbestandteilen

✔ Bildung und Ausscheidung von Eiweiß-Gerbstoffverbindungen

✔ Verdampfung von Wasser

✔ Sterilisation der Würze

✔ Zerstörung aller Enzyme

✔ Zufärbung der Würze

✔ Verdampfen von unerwünschten Aromastoffen

Hopfengabe

Der Hopfen bestimmt den Geschmack des Bieres. Dabei ist die Auswahl des Hopfens eine Kunst für sich, denn nicht nur die Hopfenart sondern auch das Anbaugebiet können den Geschmack des Bieres beeinflußen.

Auch die Tatsache wann und wie der Hopfen der Würze zugefügt wird, kann den Geschmack beeinflußen (zum Beispiel der gesamte Hopfen auf einmal, oder auch in einzelnen Teilgaben).

Würzeklärung

 Der beim Kochen entstandene sogenannte »Bruch« muß vor der Gärung von der Würze getrennt werden. Er besteht zum größten Teil aus Hopfentrebern und Eiweiß-Gerbstoffverbindungen. Schließlich wollen wir ja keinen Hopfen in der Flasche schwimmen haben.

Sie können sich vorstellen, daß es nicht ganz einfach ist, diese Bestandteile aus der Würze zu filtern, und deshalb bedient man sich eines Tricks:

Die Würze wird mit relativ hoher Geschwindigkeit in einen »Whirlpool« gepumpt und dreht sich somit im Kreis durch die Wanne. Durch die ausgelöste Rotation werden die zu Boden sinkenden schweren Bestandteile zu einem Kegel geformt, der in der Mitte des Gefäßes zum Liegen kommt. Sie können das Ganze zu Hause in der Badewanne ausprobieren.

Kühlen der Würze

Da die Hefe nur bei relativ niedriger Temperatur vergären kann und bei Temperaturen über 50°C schnell abstirbt, muß die heiße Würze auf die sogenannte »Anstelltemperatur« abgekühlt werden.

Für diesen Vorgang wird ein sogenannter Plattenkühler eingesetzt. Im Gegenstrom zur heißen Würze wird diese in verschiedenen Abteilen mit Wasser bzw. Eiswasser auf ca. 10°C abgekühlt. Das gegenfließende Wasser erwärmt sich dabei auf ca. 85°C und wird im Sudprozeß genutzt.

Zusammengefaßt beträgt die Produktionsdauer eines Sudes im Sudhaus ca. 8 bis 9 Stunden – also ein kompletter Arbeitstag.

Gärung

Die Hefe benötigt zur Vermehrung Sauerstoff. Die bei der Gärung eingesetzte Hefe soll sich besonders zu Gärung um das ca. 3 bis 4-fache vermehren. Dazu muß die Hefe natürlich in der kalten Würze intensiv belüftet werden.

Dies ist das einzige Mal während der gesamten Bierherstellung, daß eine Zufuhr von Sauerstoff gezielt erfolgt. Die Würze wird sofort nach dem Abkühlen beim Transport in den Gärtank im Durchfluß über Düsen belüftet.

 Der Hauptvorgang bei der Gärung ist die Umwandlung von Zucker in Alkohol und Kohlensäure. Dabei bilden sich Gärungsnebenprodukte, die den Geschmack und den Geruch des Bieres wesentlich beeinflussen. Die Bildung und der teilweise Abbau dieser Nebenprodukte ist eng mit dem Stoffwechsel der Hefe verbunden.

Durch die einsetzende Gärung wird Wärme frei, die abgeleitete werden muß, d. h. während der Gärung muß ständig gekühlt werden! Die Gärung dauert insgesamt ca. 7 Tage (Befüllung bis Entleerung des Gärtanks).

Zum Ende der Gärung setzt sich die Hefe im Konus des Tanks ab. Die Lebensvorgänge sinken auf ein Minimum, ein Energiegewinn durch Atmung oder Gärung ist nicht mehr möglich. Weder Sauerstoff noch vergärbare Zucker sind im »Jungbier« noch vorhanden. Die Hefe »hungert«. Sie wird nach der Abkühlung des Tankinhalts zuerst aus dem Konus abgezogen und in getrennten Hefetanks gekühlt gelagert.

Moderne Gärverfahren sind so ausgerichtet, daß am Ende der Gärung die Zusammensetzung des Bieres im weiteren Prozeß kaum noch verändert wird. Dennoch ist eine zusätzliche weitere Reifung/Lagerung notwendig.

Das Jungbier wird nach der weitgehenden Entfernung der Hefe in Tanks gefüllt, um dort bei Temperaturen von ca. 0 bis 1°C noch ca. drei Wochen zu lagern.

Reifung

Hautgrund für die Reifung ist wohl die Klärung des Bieres, d. h. daß das Jungbier noch trüb von Hefezellen und Eiweiß-Gerbstoffverbindungen ist. Bei kalter Lagerung sinken diese Bestandteile zu Boden – das Bier klärt sich.

Filtrieren des Bieres

Das Filtrieren des Bieres ist ein Trennvorgang, bei dem die im Bier noch enthaltenen Hefezellen und Trübungsstoffe entfernt werden.

 Die technischen Möglichkeiten sind vielfältig, aber immer gelten physikalische Gesetzmäßigkeiten: Tiefenfiltration und Sieb- oder Oberflächenfiltration. Beide Verfahren werden meistens in Kombination angewendet.

Das fertige Bier kann nun abgefüllt werden.

Abfüllung

Im Schnitt werden ¾ des Bieres in Flaschen und Dosen gefüllt.

Faßbier und Flaschenbier werden unter Gegendruck abgefüllt, um Schäumen und einen Verlust von Kohlensäure zu verhindern. Anschließend werden die Flaschen mit Kronkorken automatisch verschlossen, und jede Flasche erhält ihr Etikett.

Nach Passage einer Endkontrolle kommen die Flaschen in Kästen. Vollautomatisch werden immer mehrere Kästen gleichzeitig gefüllt. Auf Paletten gestapelt treten sie dann den Weg in den Versand an. Sie gelangen so in den Großhandel, Lebensmittel- und Getränkehandel, in die Gastronomie und damit zu ihnen – als Endverbraucher.

Stimmen Sie nun zu, daß Bierbrauen etwas komplizierter ist, als man es sich gemeinhin vorstellt? Sie müssen zugeben, daß ein Getränk, welches mit soviel Mühe und auch Hingabe hergestellt wird, unsere besondere Beachtung verdient. Aber nicht nur Beachtung hinsichtlich der Menge! Genießen Sie ihr nächstes Bier doch einfach mal in dem Bewußtsein, daß wahrscheinlich Dutzende oder sogar hunderte Menschen für Sie gearbeitet haben...

Meilensteine in der Bierherstellung

1040: Die Brauerei Weihenstephan wird gegründet.

1118: Die erste schriftlich belegte Brauerei in Böhmen

1351: Einbecker Bier taucht erstmals in den Städten der Hanse auf.

1516: Herzog Wilhelm IV legt das deutsche Reinheitsgebot schriftlich nieder.

1589: München wird das Hofbräuhaus gegründet. Oans, Zwoa – gsuffa!

1759: Die Guiness-Brauerei in Dublin, Irland wird gegründet.

Circa 1777: Das »Bass Ale Dreieck« wird das erste internationale Warenzeichen.

1829: Die D.G. Yuengling-Brauerei wird in Pottsville, Pennsylvania gegründet und ist somit die älteste, noch heute bestehende Brauerei in den USA.

1842: Die Urquell-Brauerei in Pilsen startet ihren Siegeszug mit dem weltweit bekannten Bier Pilsener Brauart.

1852: Anheuser-Busch eröffnet seine erste Brauerei in St. Louis. Später trifft er eine Abmachung mit der tschechischen Brauerei Budvar, die ihm die Markenrechte an Budweiser in Nord-Amerika sichern.

1872: Jakob Schueler und Adolph Coors gründen die Golden Brewing Company in Colorado, die später in Adolph Coors Brewing Co. umbenannt wird. Zwei Jahre später gründet Joseph Schlitz eine Brauerei in Milwaukee.

1888: Milwaukee's Plank Road Brewery wird in Frederick Miller Brewing Co. umbenannt. Im darauf folgenden Jahr wird die Bst Brewing Company in Milwaukee in Papst Brewing Co. umbenannt.

1892: Die Papst Brewing Company wird die erste Brauerei, die es schafft innerhalb eines Jahres mehr als eine Millionen Barrel Bier zu brauen. Miller erreicht diese Marke im Jahr 1900 und Anheuser-Busch im Jahr 1901.

1939: Anheuser-Busch wird die erste Brauerei, die zwei Millionen Barrel Bier im Jahr braut. Erst 1942 erreichen Schlitz und Papst diese Marke, nur um dann festzustellen, daß Anheuser-Busch bereits 3 Millionen Barrel Bier braut. Nun wundert es wohl keinen mehr, daß Anheuser-Busch die größte Brauerei der Welt ist und über 80 Millionen Barrel Bier pro Jahr braut.

Teil II

Biergenuß –
Probieren und Servieren

The 5th Wave   By Rich Tennant

Fritz und Jupps letzter Besuch in der Düsseldorfer »Alt« Stadt

Das nächste mal bestell' ich wieder Cola,
wenn die hier auch kein Bier trinken.

In diesem Teil...

Der zweite Teil ist wohl auch einer der interessantesten dieses Buches, er zeigt Ihnen auf, warum Sie Bier nicht im Hochsommer auf Ihrem Balkon lagern sollten, und warum die Tiefkühltruhe vielleicht auch nicht gerade der korrekte Aufbewahrungsort ist (mal ganz abgesehen davon, daß die Flaschen platzen wenn das Bier gefriert). Auf gut deutsch: Es geht um Haltung und Pflege. Auch wenn sich dies anhört, als wäre es einer Monatszeitschrift für Haustierfreunde entnommen, so ist es dennoch ein wichtiger Aspekt für den korrekten Biergenuß.

Entsprechend lautet das 6. Kapitel »Tips zum Biergenuß«. Das 7. Kapitel widmet sich hingegen einem ganz anderen Thema. Vornehm ausgedrückt: der Bierverkostung. Nunja, versuchen Sie doch einmal den Geschmack eines Bieres zu beschreiben, ohne das Wort Bier zu benutzen! Und genau hierum geht es, dieses Kapitel gibt Ihnen das notwendige Vokabular an die Hand, um den Geschmack und das Aussehen eines Bieres einzuordnen – und somit ermöglicht es den Vergleich verschiedener Biermarken.

Tips zum Biergenuß ...

In diesem Kapitel

▶ Das korrekte Zapfen

▶ Das richtige Glas zum Bier

▶ Reinigung und Aufbewahrung von Gläsern

Das korrekte Zapfen eines Biers, oder die Tatsache, ob man ein Bier aus dem richtigen Glas trinkt, trägt sicher nicht zur Geschmacksverbesserung des Gerstensafts bei, aber das Auge ißt, oder in diesem Fall trinkt, ja bekanntlich mit. Dieses Kapitel wird vor allem die Leser überraschen, die ihr Bier eisgekühlt dem Kühlschrank entnehmen und direkt aus der Flasche trinken. Frei nach dem Motto: Ein Glas weniger zu spülen.

Dieses Kapitel zeigt Ihnen, wie die einzelnen Biersorten korrekt gezapft werden und aus welchen Gläsern sie getrunken werden. Und – was fast genauso wichtig ist – es zeigt Ihnen wie Biergläser gereinigt und gelagert werden sollten. Dies ist ein kleiner Schritt für den passionierten Biertrinker, aber ein großer Schritt in Richtung Biergenuß.

Das korrekte Zapfen

Das Trinken von Bier aus Flaschen ist gesellschaftsfähig geworden, und in manchen Restaurants (so zum Beispiel in amerikanischen oder mexikanischen) wird das Bier nur noch in Flaschen serviert und ein Glas erst auf Nachfragen geliefert. Nichtsdestotrotz – dies hat genausoviel Klasse, als wenn Sie in einem französischen Restaurant direkt aus dem Weinfaß trinken würden. Sie sollten ein Bier nicht als Durststiller sehen, genießen Sie es wie einen guten Wein, und hierzu gehört auch die passende Präsentation des Gerstensafts.

Sie werden sich nun sicher denken, daß es nicht so kompliziert sein kann, ein Bier aus einer Flasche in ein Glas zu schütten, doch die Biere haben ihre Eigenheiten, die Ihnen auf den nächsten Seiten vermittelt werden – nicht umsonst besitzt jede Bierart auch ihr eigenes Glas.

Das richtige Einschenken

Spülen Sie vor dem *Einschenken* das Glas mit kaltem Wasser aus. Dies soll das Glas abkühlen und ungefähr auf die gleiche Temperatur wie das Bier bringen. Beim Einschenken sollte man die Flasche schräg zum Glas halten und das Bier eingießen, bis die *Schaumkrone* den Rand erreicht hat. Anschließend das Bier kurz stehen lassen, damit sich der Schaum absetzen kann. Danach gießt man soviel nach, bis sich eine schöne Schaumkrone bildet.

Eine andere Möglichkeit zum Einschenken des Bieres ist die folgende: Halten Sie das Glas schräg unter die Bierflasche und schütten Sie das Bier zügig in das Glas. Wenn das Glas halb gefüllt ist, sollte sich noch kein Schaum gebildet haben. Halten Sie das Glas nun senkrecht unter die Flasche und füllen Sie das Glas bis zum *Eich-Strich* auf. Aufgrund der Tatsache, daß Sie das Glas nun senkrecht zur Flasche oder zum Zapfhahn halten, wird eine Schaumkrone gebildet. Denken Sie immer daran, daß diese Platz braucht um sich auszudehnen.

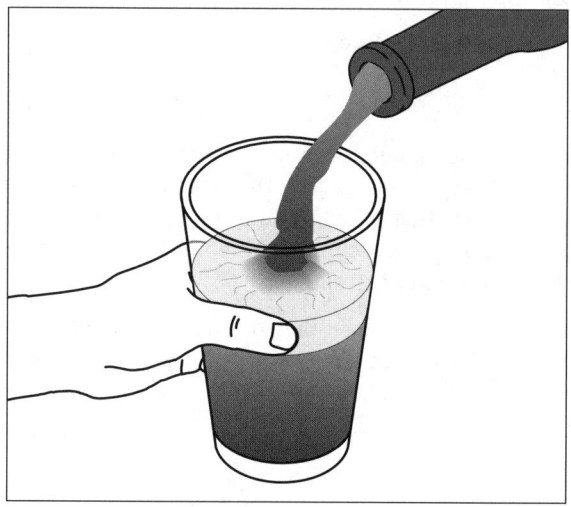

Korrektes Einschenken will gelernt sein!

 Natürlich gibt es – hinsichtlich der Schaumkrone – gewissen Unterschiede beim Einschenken. Alt und Kölsch können in einem Durchgang eingeschenkt werden. Ein Pils dauert länger, da Sie mehrmals absetzen müssen, um eine feste Schaumkrone zu bilden (jedoch sollten Sie sich nicht allzuviel Zeit lassen, sonst ist das Pils schal bevor Sie es auch nur probiert haben – in der Regel reichen drei Minuten aus). Weizenbier muß sehr langsam eingeschenkt werden, da ansonsten die Schaumentwicklung zu stark ist.

Die richtige Temperatur

Die ideale *Trinktemperatur* liegt zwischen sieben und neun Grad Celsius, das entspricht einer normalen Kühlschrankeinstellung. Bier sollte weder zu rasch erwärmt noch abgekühlt werden – das beeinträchtigt den Geschmack: Heißes Wasser und Tiefkühltruhe sind tabu! Ist Ihr Bier eingetrübt, so haben Sie es zu kalt gelagert. Stellen Sie es an einen wärmeren Ort und lassen Sie es ruhen. Der Kälteschleier wird wieder verschwinden, und Ihr Bier ist wieder für den Verzehr geeignet. Wenn Ihr Bier zu kalt ist, ist es nicht mehr in der Lage Schaum zu bilden. Dies ist auch einer der Gründe dafür, daß Sie Ihr Bier nicht in der Tiefkühltruhe temperieren sollten! Ist Ihr Bier zu warm, schmeckt es schal. Außerdem bildet sich übermäßig viel Schaum, da zuviel Kohlensäure entweicht.

Das richtige Glas zum Bier

Bier sollte immer aus einem Glas getrunken werden. Dieses hat einige Vorzüge gegenüber der Flasche, der Dose und auch gegenüber den in Bayern beliebten Steinkrügen: Man sieht was man trinkt. Außerdem hat man eine besser Kontrolle über die Bildung der Schaumkrone. Es bleibt zu bemerken, daß Bier aus jedem Glas getrunken werden kann, vorausgesetzt es ist sauber. Soweit zur Theorie.

Die Dekoration, oder: was tun mit der Zitronenscheibe:

Das Dekorieren von Bier kommt ziemlich selten vor, denn – was auch leicht verständlich ist – trägt ein Bierglas mit Zuckerrand wohl kaum zum perfekten Biergenuß bei. Dennoch gibt es Möglichkeiten ein Bier mit Früchten zu versehen. Dies wird nicht so sehr für Dekorationszwecke genutzt, sondern schlicht und ergreifend zur Geschmacksverbesserung des Bieres.

Natürlich ist es Geschmackssache, ob man seinem Bier Früchte hinzufügt, denn es schmeckt auch ohne sehr gut. Deshalb werden hier nur die beiden bekanntesten Möglichkeiten für die Verfeinerung von Bier vorgestellt: die allseits bekannte Scheibe Zitrone in einem kühlen Weizenbier und das Stück Limone in einer Flasche Corona.

Warum gibt es nun so viele verschiedene Biergläser? Nun, jedes Glas besitzt seine eigene Geschichte, es hilft dem Bier sein Aroma zu entfalten, und eine dem Bier entsprechenden Schaumkrone zu bilden. Es ist also nicht nur schick, Bier aus dem entsprechenden Glas zu trinken, es hat auch einen praktischen Nutzen. Da aber nur die wenigsten Menschen – meistens aus Platzgründen – für jedes Bier das richtige Glas besitzen gibt es auch das sogenannte neutrale Bierglas – den sogenannten Willi-Becher. Aus ihm können Sie jedes Bier trinken ohne gleich aufzufallen.

Hier ist eine Auflistung der verschiedenen Biergläser und eine kurze Beschreibung:

✔ **Altbier-Becher:** Ein Altbier-Becher ist ein zylindrisches Glas, das etwas kleiner, aber dafür dicker als die Kölsch-Stange ist. Für Alt gilt das gleiche wie für Kölsch: Direkt vom Faß in kleinen Mengen steigert den Genuß.

✔ **Bierkrug (Seidel):** Die klassische Form des Bierkrugs ist im Grunde genommen ein kleines dickes Glas mit Griff. Inzwischen gibt es aber auch schmale und dabei hohe Krüge. Ein Krug eignet sich besonders gut zum Anstoßen.

✔ **Export-Becher:** Wie der Name schon sagt: Ein Becher für Export-Bier. Da Export-Biere in Deutschland nicht mehr so stark verbreitet sind, und ein wenig in Vergessenheit geraten, werden diese in den meisten Fällen direkt aus Willi-Bechern getrunken.

✔ **Kölsch-Stange:** Ein schmales zylindrisches Glas das 0,2 Liter faßt. Aufgrund der kleinen Menge wird das Bier niemals schal und kann zügig vom Faß nachgezapft werden. Denn im Gegensatz zu anderen Orten Deutschlands vergnügt sich der Kölner in den meisten Fällen direkt mit ganzen Fässern.

✔ **Mass-Krug:** Auch bekannt als Bayrischer Masskrug, der vor allem vom Oktoberfest bekannt ist und einen Liter Bier faßt. Ein Masskrug wiegt über ein Kilo (leer!), entsprechend wird der Bedienung beim Servieren jedesmal eine Höchstleistung abverlangt. Getrunken wird aus ihm das spezielle gebraute Oktoberfest-Bier, bzw. das sogenannte Helle.

✔ **Pils-Tulpe, bzw. Pils-Pokal:** Eine Pils-Tulpe ist wohl das bekannteste Bierglas in Deutschland, ebenso wie Pils das am weitesten verbreitete Bier in Deutschland ist. Die Pils-Tulpen der verschiedenen Marken unterscheiden sich in vielen Fällen nur durch das aufgedruckte Markenlogo. Eine Tulpe ist ein hohes und dabei schmales Glas. Pils kann aber auch aus Pokalen getrunken werden, die kleiner und bauchiger als die Tulpen sind.

✔ **Berliner-Weiße-Pokal:** Bei diesem Pokal handelt es sich fast schon um eine flache Schale, die vor allem im Großraum Berlin stark verbreitet ist. Natürlich können Sie die Berliner Weiße bundesweit in jedem gut sortierten Getränkemarkt erstehen.

✔ **Stein-Krug:** Der Steinkrug ist wohl als Urvater aller Biergläser zu bezeichnen, findet heute aber kaum noch Verbreitung. Er ist durch den Bierkrug aus Glas abgelöst worden. Steinkrüge haben heutzutage fast nur noch repräsentative Aufgaben, und sie fallen vor allem durch die auf ihnen aufgebrachten Bilder auf. Bierkrüge gibt es mit und ohne Deckel.

✔ **Weißbier-Glas:** Das Weißbier-Glas ist ein hohes, geschwungenes Glas, das im Normalfall eine ganze Flasche, also 0,5 Liter faßt. Bei Weißbier-Gläsern ist darauf zu achten, daß langsam eingeschenkt wird, da Weißbier stark Schaum entwickelt

Eine kurze Geschichte des Bierglases

Von den Sumerern ist bekannt, daß sie ihr Bier mit Strohhälmern aus Fässern tranken, auch wenn dieser Brauch noch heute auf einer spanischen Insel gepflegt wird, so kann man sich doch vorstellen, daß dies nicht das Nonplusultra darstellt. Spätere Zivilisation benutzten tierische Gefäße: Schädel und Hörner. Mit der Weiterentwicklung der Menschheit wuchsen auch deren Möglichkeiten, so daß Becher aus Holz und Bronze hergestellt wurden. Beliebt waren auch die sogenannten Steinkrüge, wie sie noch heute bekannt sind.

Erst seit der Mitte des 19. Jahrhunderts wurde Bier aus Gläsern getrunken, nämlich ab der Zeit wo Lager-Biere aus Deutschland und Pilsner Biere aus der Tschechoslowakei sich anschickten, ihren Siegeszug anzutreten. Im Laufe der Zeit wurden dann – dank der Glasbläserkunst – die verschiedenen Gläser für die verschiedenen Biersorten entwickelt.

Eine große Auswahl an Biergläsern sorgt stets für den richtigen Biergenuß.

Dies war nur eine kleine Auswahl an Biergläsern. Wie schon zuvor erwähnt, gibt es so viele Gläser wie Sorten. Erwähnt werden sollte hier noch der sogenannte Pitcher, der 1 bis 2 Liter Bier faßt. Die Bedienung serviert, vor allem im Ausland, Bier in einem Pitcher, und stellt ein oder mehrere Gläser hinzu. Der Gast kann sich dann aus dem Pitcher selbst bedienen.

Erwähnt werden sollte auch der sogenannte Stiefel, wie er in vielen Kneipen zu finden ist. Er ist besonders bei Sportclubs beliebt da er – bei einer Füllmenge von mehreren Litern – im Normalfall ausreicht, um den ganzen Klub einen Schluck kühlen Biers zu sich nehmen zu lassen. Natürlich bildet der Stiefel auch die Grundlage zu einigen Thekenspielen, fragen Sie einfach mal den Wirt in Ihrer Stammkneipe.

Wie trinkt man aus einem Bierstiefel?

Das Problem (Die Herausforderung? Der Sport?) beim Trinken aus einem Bierstiefel ist, keine ungewollte Dusche zu nehmen. Das Problem tritt dann auf, wenn nur noch genug Bier enthalten ist, um den eigentlichen Fuß zu füllen. Trinkt man aus dem Stiefel, bildet sich ein Unterdruck im Fuß der sich urplötzlich und ohne Vorwarnung auflöst, das Bier bedeckt in den meisten Fällen nicht nur das Gesicht des Trinkers, sondern dessen ganzen Oberkörper. Das Geheimnis besteht darin, den Stiefel beim Trinken langsam zu drehen, so daß dieser Unterdruck erst gar nicht entstehen kann.

Sie fragen sich nun sicher, ob Sie wirklich anstatt des Eßservices eine Sammlung an Biergläsern in Ihren Küchenschrank stellen sollten. Die Antwort ist wohl nein. Mit dem schon erwähnten Willi-Becher fahren Sie immer gut, aus ihm lassen sich auch andere Getränke zu sich nehmen, da man ihm das Bierglas nicht ansieht. Ferner sollten Sie einige Gläser Ihrer Lieblingsmarke besitzen, zum Beispiel einige Pils-Tulpen. Es lohnt sich sicher nicht, eine neue Biersorte nur dann zu probieren, wenn Sie auch das passende Glas besitzen. Kaufen Sie also nur Gläser für Sorten, die Sie häufig trinken.

Der Eichstrich

In Deutschland ist, wie in den meisten Ländern, an den Biergläsern ein sogenannter Eichstrich angebracht. Wenn Sie in einer Gaststätte ein Bier bestellen, gibt der Eichstrich den Füllstand des Glases vor. Sie können also überprüfen, ob der Wirt das Glas ausreichend gefüllt hat.

Reinigung und Aufbewahrung von Gläsern

Nachdem Sie nun eine ausreichende Anzahl an Biergläsern besitzen, sollten Sie auch für diese sorgen – die Schaumkrone wird es Ihnen danken, denn gerade diese reagiert sehr empfindlich auf Schmutzrückstände in Gläsern. Das Glas sollte als frei von fettigen Fingerabdrücken, Lippenstift und Staub sein – nicht umsonst schenkt der Wirt einer Gaststätte Ihnen ein neues Bier immer in einem frischen Glas ein.

Die Reingung

Selbst wenn ein Glas sauber aussieht, muß es noch nicht rein sein. Dies bemerkt man am einfachsten daran, das bei einem eingeschütteten Bier sich am Boden oder am Rand des Glases Blasen bilden, die dann aufsteigen. Diese Blasen lassen auf eine Verunreinigung des Glases schließen. Ein Glas kann nicht nur durch Staub oder Dreck verunreinigt werden, sondern auch durch Fett oder Spülmittelrückstände. Der einfachste Weg um festzustellen, ob ein Glas sauber ist, ist demnach, es auszuprobieren. Steigen Blasen auf oder fällt die Schaumkrone zu schnell zusammen, ist das Glas verunreinigt.

Am einfachsten reinigen Sie Ihr Glas mit heißem, klaren Wasser ohne Zugabe von Spülmitteln. Die Spülmittel bilden einen Film auf dem Glas, der zur Folge hat, daß die Bildung einer Schaumkrone fast unmöglich wird. Natürlich gibt es Verunreinigungen, die nicht ohne Reinigungsmittel zu entfernen sind. Hierfür bietet der Fachhandel spezielle *Reinigungstabletten* an, die einfach in das Reinigungswasser gegeben werden und sich dort langsam auflösen. Diese Tabletten vermögen das Glas zu reinigen – auch mit kaltem Wasser – ohne Rückstände auf der Oberfläche zu hinterlassen. Diese Tabletten werden – aus Hygienegründen – auch in Gaststätten eingesetzt. Natürlich gibt es auch spezielle lebensmittelgerechte Flüssigreiniger.

 Zu guter Letzt bleibt noch zu bemerken, daß Sie die Gläser niemals mit einem Handtuch abtrocknen sollten. Statt dessen sollten Sie sie an der Luft trocken lassen. Machen Sie sich keine Gedanken über eventuell entstehende Wasserflecken – Sie müssen das Glas eh noch einmal mit klarem Wasser durchspülen, bevor Sie das Bier einschütten.

Die Lagerung

Die Lagerung ist relativ unkompliziert. Sie sollte an einem staubfreien Ort erfolgen, der keinen Koch-Dünsten oder Qualm ausgesetzt ist. Bedenken Sie – wenn Sie schon einen so hohen Aufwand für die Pflege der Gläser betreiben, sollten Sie diese nicht durch eine unsachgemäße Lagerung wieder zunichte machen. Gläser sollten verkehrt herum, also mit der Öffnung nach unten gelagert werden, damit sie nur von außen verstauben.

Mit Testen geht's am Besten

7

In diesem Kapitel

▶ Ob Sie alle Sinne beisammen haben

▶ Wonach Sie beim Probieren Ausschau halten sollen

▶ Grundlegendes Vokabular zur Beschreibung eines Bieres

*J*a, Sie haben schon einmal Bier probiert. Wie kompliziert kann schon ein offizielles Probieren sein. Sie haben die Flasche geöffnet, den Gerstensaft in ein Glas gefüllt, es an die Lippen gehoben, einen Schluck genommen, geschluckt – fertig! Liegen wir richtig?

Also, einmal rekapituliert – Was haben Sie gesehen? Was haben Sie gerochen? Was haben Sie geschmeckt? Schmecken Sie es noch? War es gut? Oder nicht? Oder mittelmäßig? War es so, wie Sie es erwartet hatte oder wie es angepriesen wurde? Würden Sie es weiterempfehlen? Nicht an irgendwen auf der Straße, sondern an Ihre Freunde? Würden Sie das Bier auch kaufen? Sie können weiterkommen als schmeckt gut – mehr davon!

Bier probiert man am besten in gemütlicher Runde.

Warum sollten Sie mehr erfahren wollen? Drei mögliche Gründe:

✔ Wissen und Vertrautheit mit Bier steigern den Biergenuß

✔ Sie interessieren sich für Hobbybrauen oder sind werdender Biersammler

✔ Jemand, den Sie mögen, kennt sich besser mit Bier aus als Sie – und bekanntlich ist Wissen Macht.

Wenn Sie diese Zeilen lesen, sind Sie also praktisch ein werdender Bierfachmann. Die alte Methode des Biertestens – Dose aufreißen, reinschütten, leidenschaftlichen Urlaut abgeben, leere Dose mit einer Hand verbeulen und über die linke Schulter nach hinten schlenzen, war sicher ziemlich cool, aber jetzt wollen wir das hinter uns lassen. Sie haben schließlich die erste Grundvoraussetzung auf dem Weg zum Bierkenner erfüllt. Sie können eine Flasche öffnen (ohne Zähne und Feuerzeug) und ein Glas halten.

Wenn Sie bis jetzt nur Aldi-Biere der unteren Preiskategorie für sich entdeckt haben, wurden Ihre wesentlichen Werkzeuge des Bierkenner-Daseins ein klein wenig unterfordert. Von heute an werden Sie Bier die Aufmerksamkeit schenken, die es verdient, damit beginnen einen großen Erfahrungschatz in Bierdingen zu erlangen und alle dazu notwendigen Sinne schärfen.

Wie? Lesen Sie weiter. Setzten Sie sich hin und lesen Sie einfach weiter.

Sie möchten also Ihre Bierproben professionalisieren. Das ist wirklich klasse. Bier sollte einfach genossen werden. Das ist das wichtigste, und Sie sollten es sich merken.

Das kleine A, B, C (D, E) des Probierens

Biergenuß ist ein sinnliches Erlebnis im wahrsten Sinne des Wortes. Vielleicht nicht so spannend wie ein Date, aber sicherlich macht es mehr Spaß als Steuern zu zahlen. Biergenießen sollte eine vielsinnige Erfahrung sein. Je mehr Sinne daran beteiligt sind, desto besser, gleich ob sie alle positiv angesprochen werden.

«Sein nobles Bouquet verrät seine ausgewogene Nobless»

Liebe Biergenießer und Kenner. Der Austausch von Informationen zu einem spezifischen Thema benötigt meist ein spezielles Vokabular. Auch das Biergenießen oder die Bierkennerschaft hat ihr eigenes Jargon, oder entwickelt es zumindest derzeit. Aber die Existenz von allzu ernsthaftem oder fremd anmutendem Biervokabular erweckt schnell den Anschein von Snobismus.

Bitte, liebe Bierliebhaber, übertragen Sie nicht den unter Weinkennern verbreiteten Snobismus zum Bier. Wenn Ihnen jemand ein Bier in höchsten Tönen lobend anbietet undSsie finden, daß es grauenhaft schmeckt, scheuen Sie sich nicht ehrlich zu sein. Wenn Sie nicht wissen sollen, was Sie über ein Bier sagen sollen, erzählen Sie nichts von »komplexer Fülle und ausgewogener Hopfung in der 3. Schüttung«. Sagen Sie lieber gar nichts.

Ein typischer deutscher Biertrinker?

Trotz allem, es bleibt Bier. Nur zur Unterhaltung, Sie erinnern sich?

Wenn Sie ein Steak grillen (wenn Sie ein Vegetarier sind, stellen Sie sich einfach etwas adäquates grillbar-nicht-fleischiges vor), sehen Sie nicht nur das Fleisch braten, Sie hören das Schmoren und riechen die herrlichen Aromen, die durch die Umgebung schwirren – Sie sagen vielleicht es ist saftig und zart – oder Sie sind bei uns zu Gast, dann ist es zäh wie Leder und trocken wie eine Schuhsohle.

Übertragen Sie jetzt diese Metaphern auf BIER. Wenn Sie das Bier in ein (sauberes) Glas füllen, hören Sie auf das Gluckern des einfließenden Bieres und das Geräusch der entweichenden Kohlensäure. – Trinken Sie noch nicht. Sehen Sie die Bläschen aufsteigen bis sie im Schaum verschwinden. Sehen Sie wie der Schaum aufsteigt und über den Höhen des Glasrandes eine Schaumkrone bildet. Atmen Sie das volle Bouquet des Bieraromas ein.

Schmecken Sie den Geschmack des Getreides, des Hopfens, des Wassers und der Hefe. Fühlen Sie die Fülle, den Korpus des Bieres und das Prickeln der Kohlensäure auf Zunge und Gaumen. Genießen Sie alle Phasen des Geschmacks.

 Sie wollen keine Irritationen, wenn Sie ernsthaft versuchen Bier zu genießen. Benutzen Sie ein passendes Glas in angemessener Größe. Eher kleiner als größer. Folgen Sie den Tips zum Biergenuß in Kapitel 6.

Es gibt eine gewisse Reihenfolge beim Biergenuß. Wir empfehlen die nachfolgende Reihenfolge zu übernehmen. Die Schritte 1 und 2 geschehen separat, ebenso Schritt 5. Die Schritte 2 und 3 erfolgen jedoch gleichzeitig. Ein Teil des Biergenußes erleben Sie übrigens noch bevor Sie den ersten Schluck auch nur trinken!

1. **Riechen:** Prüfen Sie das Aroma und das Bouquet.

2. **Sehen:** Prüfen Sie die Erscheinung, also Farbe und Schaum.

3. **Schmecken:** Prüfen Sie den Geschmack (erster Eindruck, Geschmack, Finish).

4. **Berühren:** Prüfen Sie den Korpus des Biers (NICHT den Finger in das Glas stecken!)

5. **Reflektieren:** Prüfen Sie den Gesamteindruck

Plopp Plop, pffft, pffft

Obwohl Augen, Nase und Mund die Hauptrolle spielen, können auch die Ohren wertvolle Informationen vermitteln. Bier hören beschränkt sich jedoch sehr auf das Geräusch der entweichenden Kohlensäure beim Öffnen einer Flasche (pffft) oder das Geräusch des zersplitternden Glases, wenn Sie es fallen lassen.

Wenn Bier beim Öffnen einer Flasche nicht oder nur wenig zischt, machen Sie sich auf eine recht fade Erfahrung gefaßt. Wenn es nicht einmal bei Fallenlassen der Flasche zischt, macht nichts (bis auf die Bescherung zum Wegräumen) – dann ist es Zeit für ein anderes Bier.

Geruch: Die Nase weiß

Das Aroma von Bier verfliegt. Darum beginnen Sie mit der Nase, noch bevor Sie das Bier in näheren Augenschein nehmen – ein Drittel Ihres Geschmackssinnes ist direkt mit dem Geruch verbunden. Überspringen Sie diesen Punkt also nicht.

Aroma und Bouquet – wenn das Aroma ein Musikstück wäre, dann wäre das Bouquet die Lautstärke. Die meisten Aromen verbunden mit dem Geruch von Bier entspringen an erster Stelle dem Malz, gefolgt vom Hopfen.

✔ **Malz:** Malzige Aromen können von süßlich über reichhaltig zu karamelartig reichen. Abhängig von der Bierfarbe können geröstet duftende oder schokoladig anmutende Aromen aus der Verwendung von Spezialmalzen resultieren.

✔ **Hopfen:** Das Hopfenaroma hängt von der Art und der Menge der Hopfengabe zur kochenden Bierwürze ab und davon, ob während Gärungsprozeß oder Reife Aromahopfen hinzugegeben wurde. Hopfenaromen können als herb, parfümiert, würzig, grasig, blumig oder säuerlich beschrieben werden.

Andere Aromen, wie fruchtige oder alkoholische Aromen entspringen dem Gärungsprozeß. Einige obergärige Biere (speziell aus dem anglo-amerikanischen Raum) haben einen Buttergeruch inne, welcher aus warmer Vergärung resultiert. Gerüche die man mit verfaultem Gemüse oder verfaulten Eiern in Verbindung bringen möchte, weisen auf – was wohl – eine deutliche und extreme Überlagerung hin.

Malt Whisky

Die Herstellung des schottischen Malt-Whisky's verläuft parallel zur Herstellung von Bier. Wie der Name schon sagt, wird Malt Whisky aus Gersten-Malz hergestellt, das ebenfalls gemahlen und gemaischt wird. Auch die Gärung wird unter Zuhilfenahme von Hefen eingeleitet, aber hier hören dann auch schon die Gemeinsamkeiten auf: Malt-Whisky enthält (natürlich) keinen Hopfen.

Bier und Whisky teilen sich demnach einen Großteil der verwendeten Rohstoffe und – wie man sich leicht denken kann – eine ganze Menge Fans. Um genau zu sein gibt es in Amerika sogar ein Magazin das sich mit Bier, Whisky und Zigarren beschäftigt. Auch wenn uns nicht bekannt ist, das man Zigarren aus Malz herstellt, oder daß man sie gären läßt, so ist dies doch eine interessante Mischung für lange Winterabende.

Sehen: Von Angesicht zu Angesicht

Genug geschnüffelt. Jetzt geht's ans gucken. Wonach sollten Sie in einem Bier schauen? Ihre Augen können die Farbe und die Trübung (Nicht-Trübung) erkennen, vielleicht sogar das Etikett (mit Brille) und den Preis.

Aber es gibt noch etwas zu entdecken außer der Flüssigkeit. Der Schaum, oder besser die Krone.

Die Farbe des Biers

Die Farben der einzelnen Biersorten kennzeichnen reichen von hell-gelb über gold-gelb zu kupfer oder bernsteinfarben, braun bis zu schwarz. Natürlich gibt es auch alle Möglichkeiten dazwischen. Keine Farbe ist besser als eine andere – sie spiegeln nicht den Geschmack eines Bieres wider – die Farbe wird durch die Biersorte vorgegeben.

Biersorten bieten eine große Palette an möglichen Farben, unabhängig von Geschmack oder Stärke. Wie auch immer, wir bemühen uns immer, blauen Bieren aus dem Weg zu gehen.

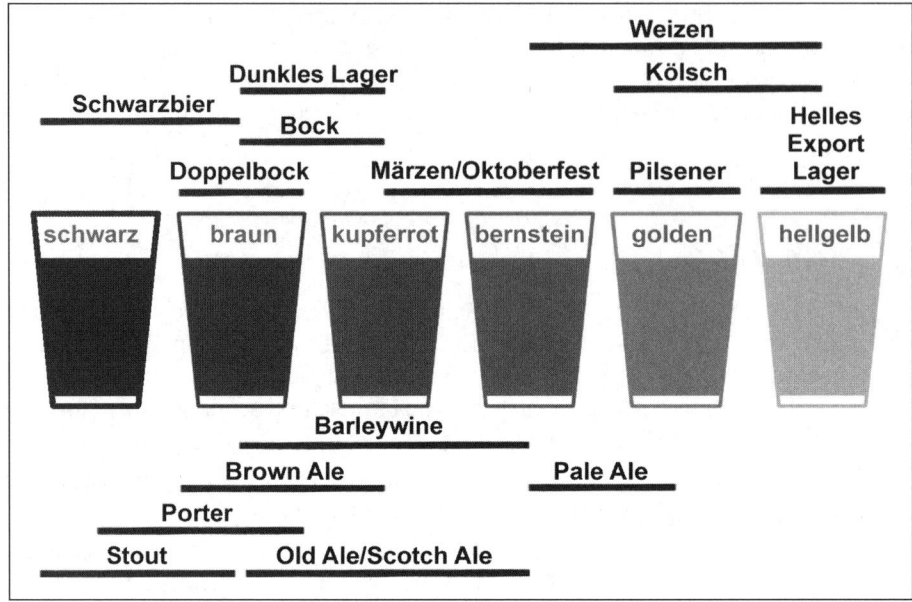

Das Farbspektrum von Bier

Eines klaren Tages

 Manche Biertrinker sind von der Biertransparenz regelrecht besessen. Ja, sie gehen sogar soweit ein Bier abzulehnen, welches nicht kristallklar, also blank ist. Schön und gut – Bier-Transparenz ist jedoch nur eine Folge moderner Filtersysteme. Wahrlich die wenigsten trüben Biere sind unbeabsichtigt so. Trübung ist das Markenzeichen einer ganzen Reihe von Biersorten wie Hefeweizen, Wiess (naturtrübes Kölsch) oder Kräusen.

Eine Krone in den Händen

Der Schaum setzt dem Bier die Krone auf. Wenn ein Bier eingeschenkt oder gezapft wird, *muß* sich eine Schaumkrone bilden. Dieses *Muß* kann man eigentlich nicht oft genug wiederholen. Wir sind der Ansicht, es sollten Strafzettel für falsch gezapfte Biere vergeben werden.

Wie lange die Schaumkrone, uns erhalten bleibt – wir sprechen in diesem Zusammenhang von Schaumkonsistenz – hängt nicht unwesentlich von der Biersorte ab. Die Bläschen sollten fein sein und alsbald eine geschlossene (fast sahnige) Krone bilden.

Gehen Sie davon aus, das mit dem Bier etwas nicht stimmt, wenn sich keine Schaumkrone bildet. Übrigens:

Fett ist der ärgste Feind einer schönen Schaumkrone. Beim Bier zum Essen sollte man beim Übergang von Speis zu Trank das meist dreieckig gefaltete Läppchen, namens Serviette, zum Munde führen. Eine Ursache für eine schnell zerfallende Schaumkrone kann ein fettiges Glas sein oder auch jemand, der zu großzügig mit Pril hantiert und das Bierglas nicht ordentlich ausgespült hat – siehe Kapitel 6!

Geschmack: Laß es auf der Zunge zergehen

Jetzt sind wir beim spannensten Teil angekommen – dem Geschmack. Unsere Zunge hat für jede Geschmacksrichtung bestimmte Zonen (süß, sauer, bitter und salzig). Umspülen Sie Ihre Zunge ein wenig, so daß jede Ecke etwas abbekommt. Nur so sind Sie in der Lage die volle Bandbreite Ihrer Geschmacksnerven auszureizen. Aber man kann auch übertreiben – vermeiden Sie Gurgelgeräusche. Lauthals gurgelnde Weinkenner sind des Guten schon zuviel.

Versuchen Sie zu unterscheiden zwischen dem ersten Geschmackseindruck, der entsteht, wenn das Bier Ihre Zungenspitze berührt und dem Hauptgeschmack oder wahren Geschmack, der unter Zuhilfenahme aller Zungenpartitionen geschmeckt werden kann. Gutes Bier ist komplex. Sie werden eine Bandbreite verschiedener Geschmacksnuancen entdecken – sogar in einem einzigen Bier.

Anschließend kommt der Abgang – der Eindruck, den das Bier beim gemächlichen Vorbeimarsch im Rachenraum hinterläßt und sich mit dem auf der Zunge verbleibenden Nachgeschmack zum Finish vereint.

Wie das Aroma stammt der Geschmack aus Malz, Hopfen und Gärung – in einem guten Bier in ausgewogenem Verhältnis.

Ex und hopp

Ein beliebter Volkssport, vor allem bei jüngerem Publikum, ist das Spielchen Ex und hopp. Man prostet sich mit benannten Worten zu und führt das Glas in einer möglichst schnellen Bewegung zum Lippenrand, neigt Kopf und Glas zügig nach hinten während man sämtliche Schleusen Richtung Magen öffnet. Die Devise ist nicht Schlucken, sondern herunterlaufen lassen. Manchmal sogar an Kinn und Kleidung. Wer zuerst das Glas geleer hat, knallt es lautstark auf die Theke (oder wirft die leer Dose über die Schulter). Der Verlierer, der letzte also, bezahlt die Runde. Das hat mit Biergenuß ziemlich wenig zu tun und noch weniger mit Trinkkultur, also keine geeignete Methode um Bier zu probieren.

Wundervolle Welt des Malzgeschmacks

Jetzt wird probiert. Und das geht nach der Devise: Am Anfang war das Malz.

Der erste Eindruck den Sie beim Biertesten erhalten, spiegelt die Süße des Malzes wider. Je nach Art des verwendeten Malz oder Umfang des Einsatz von Spezialmalz kann ein Bier rauchig, geröstet, nussig, würzig, kaffeeartig, karamelartig, schokoladig oder einfach süffig schmecken.

 Einen sauren Geschmack zu entdecken, ist recht selten, meist ein Hinweis auf einen Fehler bei der Herstellung (relativ unwahrscheinlich bei deutschen Bieren) oder Lagerung. In einigen wenigen Fällen, z.B. bei der Berliner Weisse (ohne Schuß) oder dem belgischen Geuze ist ein säuerlicher Geschmack unbedingt beabsichtigt und erwünscht.

Hopfenweise bierige Bittere

Der zweite Eindruck wird bestimmt vom Hopfen, dem Gewürz des Bieres. Hopfen ist das Salz in der Suppe. Die Aufgabe des Hopfens ist es, der Süße des Malz mit einer erfrischenden Bittere entgegenzutreten.

Wir unterscheiden in Hopfengeschmack und Hopfenbittere. Für den Hopfengeschmack können dieselben Begriffe herangezogen werden wie beim Aroma. Das Spektrum reicht von mild über blumig, betont herb bis aggressiv.

Die Hopfenbittere wird mit dem hinteren Bereich der Zunge wahrgenommen, wie ein Nachgeschmack. Als Vokabular taugen für die Bittere Worte wie fein, delikat, durchdringend oder grob.

Nachgeschmack oder nach dem Geschmack

Das Wort Nachgeschmack ist im Deutschen mit vielen negativen Aspekten belegt, so daß wir Finish als Begriff vorziehen. Das Finish rundet den Eindruck ab, es vollendet ihn. Zum Finish gehört neben dem Nachgeschmack im klassischen Sinn, auch der Eindruck der im Rachenraum beim Schlucken entsteht und von uns als Abgang bezeichnet wird. Dieser Abgang des Bieres kann je nach Biertyp zum Beispiel durch einen mehr oder weniger starken alkoholischen Eindruck geprägt sein, er kann aber auch mild, weich oder trocken bezeichnen.

Es kann durchaus beabsichtigt sein, wenn im Finish eine der Zutaten, sprich Hopfen oder Malz, im Eindruck obsiegt.

Berühren: Der Korpus delicti

Nun sind wir zu dem Teil des Probierens gelangt, für den wir am meisten Vorstellungskraft und Phantasie benötigen. Dem Körper.

Der imaginäre Körper – bei uns Korpus genannt. Man kann den Korpus eines Bieres im Inneren des Mundes regelrecht erfühlen. Der Korpus läßt sich mit einer Art Gewichtsangabe umschreiben. Man spricht bei einem Lager z.B. eher von leicht, bei einem Bockbier voll oder vollmundig aber auch von voluminös, massiv oder robust.

Wieviel Gewicht man dieser Art der bierigen Sinneserfahrung beimißt, bleibt jedem selbst überlassen. Sicherlich gehört auch ein klein wenig Bier-Fanatismus dazu.

Mehr oder weniger Kohlensäure

Die Menge der Kohlensäure in einem Bier ist ebenfalls ein nicht zu unterschätzender Beitrag zur geschmacklichen Wirkung. Stark kohlensäurehaltige Biere hinterlassen einen spritzigen, erfrischenden Eindruck. Die besten Beispiele sind die Berliner Weisse und Weizenbier. Typische Renner in den Sommermonaten, die beide aufgrund des hohen Kohlensäuregehaltes langsam eingeschenkt werden sollten. Die Berliner Weisse wird auch wegen ihres hohen Gehaltes an fein-prickelnder Kohlensäure »Champagner des Nordens« genannt.

Reflektion: Prüfen Sie den Gesamteindruck

Jetzt kommt die große, alles entscheidende Frage: Wie ist Ihr Gesamteindruck?

Halt! Werden Sie nicht zu philosophisch, dann besteht schnell die Gefahr abzuheben. Tun Sie einfach so, als hätten Sie das Bier für jemanden anderen getestet, der eine Empfehlung von Ihnen erwartet. Beurteilen Sie Ihre Eindrücke möglichst objektiv und mit einfachen Worten – und bilden sich erst abschließend Ihre subjektive Meinung. Wir wollen hier keine Anleitung zur Schaffung einer gespaltenen Persönlichkeit geben. Nehmen Sie sich ruhig Zeit, Ihre Beobachtungen zu bewerten und kommen Sie zu einem Ergebnis. **Wollen Sie noch eins?**

Wenn Sie's mögen ist's gut!

Testen ist in. Viele Brauereien lassen ihre Biere von unabhängigen Organisationen testen und bewerten zum Beispiel bei der DLG in Frankfurt. Die Verfahren sind sehr komplex und wissenschaftlich – natürlich um eine möglichst hohe Objektivität zu erreichen.

Außerdem gibt es einige professionelle Biertester, welche die Ergebnisse ihrer Arbeit in Büchern veröffentlichen. Nennenswert sind dabei Michael Jackson (England) – nur zufällig gleichnamig zu einem bekannten Sänger – und Conrad Seidl (Österreich). Diese beiden haben Biere aus den verschiedensten Ländern getestet und beschrieben. Einige dieser Bücher und die darin beschriebenen Biere sind es wert, einmal von Ihnen unter die Lupe genommen zu werden.

Wenn Sie selbst Spaß am Testen gefunden haben, notieren Sie doch einfach Ihre Ergebnisse und vergleichen Sie sie mit anderen.

Nicht nur Mann, sondern auch Frau probiert!

Initiative Pro-Bier!

Die Initiative Pro-Bier! ist eine Erfindung der Autoren dieses Buches. Wir wollen Bierliebhaber zu einem virtuellen Erfahrungsaustausch über Bier anstiften. Haben Sie einen Internetanschluß? Unter `http://www.bierprobe.de` kann jeder, auch Sie, seine Ergebnisse von Bierproben mitteilen – natürlich sachlich.

Nun, Sie haben jetzt ein objektives Testergebnis. Aber was nützt aber das beste objektive Testergebnis, wenn Sie subjektiv ein Bier nicht mögen – aus welchem Grund auch immer. Dann kann die Devise nur heißen – **noch eins probieren**!

Teil III

Bier für den Verbraucher

The 5th Wave   By Rich Tennant

INTERNATIONAL BEERS

Fragen Sie unsere Fachberater nach Empfehlungen

»Ich glaube Ihnen ja, daß dies ein sehr gutes Bier ist, aber hätten Sie vielleicht auch eins ohne frauenfeindliches Etikett?«

In diesem Teil...

Dieser Teil bietet grundlegendes Wissen über Bier. Sie dachten bis jetzt bestimmt, daß das gesamte Buch grundlegendes Wissen vermittelt. Aber dieses Kapitel ist noch grundlegender als grundlegend. Es handelt zwar auch von Bier, ist aber mehr als eine Einkaufshilfe für den nächsten Getränkemarkt-Besuch zu sehen.

Entsprechend beschreibt es nicht so sehr das Bier, sondern dessen Verpackung – die Flasche, die Dose und das Faß. Es zeigt auf, welche Informationen auf Bieretiketten vorhanden sind, und was diese bedeuten. Die gesetzlichen Vorschriften diesbezüglich finden natürlich auch ihren Platz. Das Mindesthaltbarkeitsdatum ist hierbei eines der bekannteren Themen, aber auch die Ernährungsinhalte (Wer kennt es nicht: Dieses Getränk deckt den Tagesbedarf eines Erwachsenen an folgenden ...) oder auch die Bierwerbung kommen hier zum Zuge.

Kapitel 9 hält ausgiebig Tips für Ihren nächsten Getränkemarkt-Besuch bereit und hilft Ihnen, in den nächsten Monaten zum Schrecken des lokalen Getränkemarktes zu werden ...

Etikettenwahnsinn und Marketingmaßnahmen

8

In diesem Kapitel

▶ Betrachtung der Etiketten Vorschriften

▶ Beleuchtung der Qualitätskontrolle

▶ Bierreklame und Marketing

*B*eim Bierkauf einen informierten Eindruck zu hinterlassen, ist schon eine kleine Herausforderung für jeden Bierliebhaber. Die teilweise sonderbaren Vorschriften seitens des Gesetzgebers auf den Etiketten zu verstehen, ist schon eine Wissenschaft für sich. Auf der anderen Seite steht der natürliche Wunsch vieler Brauer poetische Genüsse auf den Etiketten unterzubringen und sich für die trinkende Bierwelt zu verewigen. Beide führen in der Kombination dazu, daß Bieretikettengestaltung und Bierwerbung »nicht immer harmonisieren«. Da kann es einem Konsument schon manchmal schwerfallen, für diesen Unsinn auch noch bezahlen zu müssen.

Die Brauereipoesie bei deutschen Brauern ist meist einleuchtend. Eine Darstellung des Geschmacksbildes, wie »Premium Pils« oder »Kölsch«, ist dabei sicherlich hilfreich. Ebenso ist die Angabe des Alkoholgehalts nützlich. Und natürlich der Hinweis auf das Reinheitsgebot (nur die Zutaten Wasser, Hopfen, und Malz sind erlaubt) das sowieso fast alle Deutschen kennen. Bei ausländischen Bieren sind oft Angaben verzeichnet wie zu Bestandteilen und den Brauprozessen, die für den durchschnittlichen deutschen Verbraucher meistens irrelevant sind. Er versteht sie kaum. Entscheidend ist für ihn, zu wissen, daß diese Biere nur selten dem deutschen Reinheitsgebot entsprechen, aber dennoch nach Bier schmecken können.

Hinweise auf Etiketten und Dosen wie ein »hopfenbetones Bier« oder die nähere Spezifikationen der Malzart, sind sicherlich eine gute Werbeidee und vielleicht auch der Geschmackserläuterung dienlich. Sie besagen aber nicht viel. Andere Informationen, wie »Spitzen Pils sächsischer Braukunst«, verwirren sogar manchmal eher, als daß sie nützlich sind. Es ist kaum anzunehmen, daß damit das Bier besser schmeckt als andere, oder? Sollte ein Bierfan die Bezeichnungen verstehen und danach seine Wahl treffen, die auf diesen Informationen basieren? Meistens lautet die Antwort: nein.

Was nicht auf dem Aufkleber verzeichnet wird, ist meist mehr von Belang und wirft oft Fragen beim informierten Verbrauchers auf. Dieses Kapitel eröffnet einige Hintergründe auf das was Sache ist, damit Sie im Vertrauen Ihr Bier genießen können.

Gesetzesvorschriften

In Deutschland wie auch in anderen Ländern Europas – vor allem der EU – und den USA – beaufsichtigt der Staat, insbesondere der Fiskus, die Brauindustrie und folglich das Bier. Teilweise mit sehr archaisch anmutenden Gesetzen, die eine Vielzahl von Dingen regeln. Als weitestgehendes Gesetz galt das Verbot der Alkoholherstellung (Prohibition) in den USA, das von 1920 bis 1933 in Kraft war, oder das bis vor kurzen geltende Bierwerbeverbot in Polen. Die Grundidee der Regierungen ist – trotz bester Absichten – wirklich nützliche Informationen zu verhindern. Wichtige Informationen, wie Ernährungsinhalt, Gesundheitsaspekte oder Wasserqualität und andere Dinge werden unter den Tisch gekehrt. Ein seltsames Paradox.

Etiketten müssen sein

US-Richtlinien beispielsweise schreiben sehr wenig auf Bieraufklebern vor. Nur die Grundlagen sind festgelegt, und diese wirken äußerst unvollständig. So wird beispielsweise:

✔ Der *Name* und die *Adresse der Abfüllers* oder des Verpackers vorgeschrieben, aber nicht notwendigerweise des tatsächlichen Brauers des Bieres. Die aktuelle Adresse kann sogar ausgelassen werden.

✔ Die *Kategorie* (Ale oder Lager) muß angegeben werden. Der Biertyp (wie Porter, Bock und so weiter) kann angegeben werden. Ironischerweise ist der Biertyp die wichtigere Unterscheidung der beiden Angaben. Die Folge: Der Verbraucher hat das Nachsehen.

✔ Die Buchstaben des Gesetzes sind häufig ungenau, welches Bier nun ein Ale, ein Porter oder ein Stout genannt werden kann oder nicht. Kürzlich hat ein Brauer Zuflucht gesucht und darüber nachgedacht absichtlich ein Ale wie ein Lager oder als nicht vorhandene Art zu deklarieren, um sich den Vorschriften anzupassen. Grössere Verwirrung beim Verbraucher ist damit vorprogrammiert.

In der EU sind die Gesetze, mit einer wichtigen Ergänzung ähnlich, aber weitreichender: Brauer, die innerhalb der EU exportieren, müssen das Land der Herstellung, sowie den Alkoholgehalt auflisten (in Amerika nicht vorgeschrieben). Ferner ist die Angabe des Mindesthaltbarkeitsdatum vorgeschrieben, etwas, dem einige der führenden US-Brauer freiwillig Folge leisten um die Kritischen unter den Bierliebhabern zu beeindrucken beziehungsweise überhaupt Absatzchancen in Europa zu haben.

Deutschland geht sogar noch weiter. Die Angabe »Gebraut nach dem deutschem Reinheitsgebot« ist für inländische Biere zwingend vorgeschrieben und es muß auch für im Inland gebraute Biere eingehalten werden.

Das Deutsche Reinheitsgebot

Viele Bieraufkleber rühmen sich mit Aussagen wie: »gebraut nach dem deutschen Reinheitgebot von 1516«, das besagt soviel wie: Das Bier hat keine Bestandteile (wie Zucker, Reis, Mais), Zusätze oder Konservierungsmittel und wird nur aus gemalzter Gerste oder Weizen sowie mit Hopfen und Wasser gebraut. Die Verwendung der natürlichen Bierhefe dient lediglich der alkoholischen Gärung, also die Umsetzung des Zuckers in Äthylalkohol und Kohlensäure. Für die untergärigen Biere (Pils, Lager, Export) ist der Malzbegriff sogar noch enger gefaßt: Hier ist nur Gerstenmalz erlaubt. Bier ist einfach ein Naturprodukt, natürlich und rein.

Das Fehlen eines solchen Hinweises Reinheitsgebot bedeutet aber nicht unbedingt, daß ein Bier Zusätze aufweist. Ob Malz oder Malzersatzstoffe wie Reis und Mais ist eine Frage des Geschmacks. Natürliche Rohstoffe sind sie alle, auch wenn sie nicht alle dem Reinheitsgebot entsprechen. Eine Logik, die nur historisch zu erklären ist, aber werbewirksam bis zum heutigen Tage bleibt.

Das Reinheitsgebot: Ein Qualitätsmaßstab auch außerhalb Deutschlands!

Der Ursprung des Reinheitsgebot ist tief in der deutschen Geschichte verwurzelt. Es gilt als die älteste heute noch gültige lebensmittelrechtliche Vorschrift der Welt. Sie wurde 1516 verkündet. Bereits aus dem Jahr 1156 gibt es erste Hinweise aus der Zeit des Kaisers Barbarossa »schlechte Bierherstellung zu bestrafen«. Längst nutzen einige internationale Brauer den Hinweis auf das Reinheitsgebot als Qualitätsmaßstab (...our hand crafted beer conforms to the Bavarian Reinheitsgebot ...) und werben damit. Warum? Weil das Reinheitsgebot für Bierreinheit steht, die viele Brauer aus Überzeugung akzeptieren. Übrigens gilt das Reinheitsgebot nicht nur in Deutschland, sondern auch verbindlich in Griechenland und in der Schweiz in einer etwas abgeschwächteren Form.

23. April: Reinheitsgebot und Tag des deutschen Bieres

An diesem Tag im Jahre 1516 hat der bayerische Herzog Wilhelm IV. im Jahre 1516 vor dem Landständetag zu Ingolstadt das Reinheitsgebot für deutsches Bier verkündet und damit einen bis heute gültigen Qualitätsmaßstab gesetzt.

Es besagt im wesentlichen: » ... Ganz besonders wollen wir, daß forthin allenthalben in unseren Städten, Märkten und auf dem Lande zu keinem Bier mehr Stücke als allein Gersten, Hopfen und Wassere verwendet und gebraucht werden sollen. Wer diese Anordnung wissentlich übertritt und nicht einhält, dem soll von seiner Gerichtsobrigkeit zur Strafe dieses Faß Bier, so oft es vorkommt, unnachgiebig weggenommen werden.« Die Verkündung gilt als das erste Verbraucherschutzgesetz und ist heute sogar – ergänzt um den Begriff Hefe – im deutschen *Biersteuergesetz* festgelegt. Es soll den Verbrauchern vor unliebsamen Panschereien und Gesundheitsrisiken schützen, und dem Staat gleichzeitig sein Steuersäckel füllen helfen. Der bayerische Herzog vergaß nämlich nicht, gleich die Preise festzulegen und seine Bauern durch die Verwendung von Gerste zu schützen. Bayern machte übrigens 1918 seine Zugehörigkeit zur Republik davon abhängig, daß das Reinheitsgebot im gesamten damaligen Deutschen Reich gelte! 1919 versicherten alle Deutschbrauereien ihre formlose Untertanentreue zum Gesetz. Sie gilt bis heute, und ist auch von der EU anerkannt.

Seit 1994 wird übrigens der Tag des Reinheitsgebotes offiziell von den deutschen Brauern gefeiert: Mit Veranstaltungen und Festivitäten sollen die Verbraucher daran erinnert werden. Das Reinheitsgebot bei Bier kennen 90 Prozent der jungen Erwachsenen. Das hat eine Untersuchung der Gesellschaft für Öffentlichkeitsarbeit der deutschen Brauwirtschaft unter 800 jungen Erwachsenen zwischen 18 und 25 Jahren ans Tageslicht gebracht. 18 Prozent der Befragten messen ihm sogar größte, und weitere 29 Prozent große persönliche Bedeutung zu. In der Gruppe der Biertrinker addieren sich beide Werte auf beachtliche 55 Prozent. Nur 13 Prozent der Befragten ließen zu diesem Thema eine negative Grundposition erkennen.

Eine Premiere feierte 1998 das neue Logo des Deutschen Brauer-Bundes zum Tag des deutschen Bieres und des Reinheitsgebotes. Es kann für geplante Aktivitäten am Nationalfeiertag des Bieres von jeder deutschen Brauerei verwendet werden.

Unrein, aber nicht unbedingt schlecht

Der Glaube an das Reinheitsgebot ist aber ein wenig irreführend. Zwar müssen sich die deutschen Brauer daran halten, Bier für das Inland mit nichts anderem als den vier grundlegenden Rohstoffe zu brauen, aber im Ausland ist ihnen – wie anderen Brauern – erlaubt, Früchte und Gewürze in ihrem Bier (sogar Sauerkraut, wenn sie wollen) zu verwenden. Die Bedingung ist, daß Brauer dieses Bier nicht ein Lager nennen können, wenn es in Deutschland vermarktet wird, obwohl es durchaus eins sein konnte.

Infolgedessen wird die Unterscheidung zwischen Ale (engl. für Bier) und Lager (Lagerbier) als eines der ungewöhnlichsten Schlupflöcher in einem Verbraucherschutzgesetz betrachtet. Richtlinien und Gesetze können eben interpretiert und müssen nicht immer buchstabengetreu befolgt werden, ohne direkt mißachtet zu werden. Nichtsdestoweniger ist das Reinheitsgebot weiterhin ein allgemeinhin anerkannter internationaler Standard, der seine Anerkennung verdient.

Ein Brauer, der die Vorschriften des Reinheitsgebot bricht, um einen ungewöhnlichen Geschmack – beispielsweise mit ungemahlener Gerste, Extrazucker oder die Zugabe von etwas Fruchtaroma – zu entwickeln, sollte man also nicht gleich verteufeln. Am wichtigsten ist, daß der Brauer hochwertige Rohstoffe benutzt und nicht auf künstliche Zusätze und Konservierungsmittel setzt, um sein Produkt angeblich zu verbessern.

Das »flüssige Brot« mit dem schönen Zierrat »gebraut nach dem Reinheitsgebot«, befindet sich dennoch längst in einem starken Wettbewerb, muß sich behaupten. Auch die entsprechenden Marken untereinander bekämpfen sich regelrecht mit Zusatzhinweisen wie »gebraut aus natürlichem Quellwasser« oder »nur Naturhopfen verwendet« (kein Hopfenextrakt). Auch die wachsende Konkurrenz und der Erfolg anderer, »modernerer« Getränkegattungen machen dem beliebten Bier – gebraut nach dem Reinheitsgebot – zu schaffen. Zahlreiche Neueinführungen bringen zwar frischen Wind, gehen aber auch zu Lasten des »normalen« Bierkonsums. Positiv entwickelt haben sich zum Beispiel die Biermix-Getränke und ihre mannigfaltigen Innovationen, nicht zuletzt aufgrund bunter Etiketten und neuer Flaschenformen. Biere und Spezialitäten aus dem In- und Ausland, die in den immer mehr bei der jüngeren Generation beliebteren Longneck-Flaschen angeboten werden, haben gute Absatzchancen. Erste deutsche Premiumbiermarkenanbieter haben diesen Trend bereits erkannt, ziehen mit, setzen auf Innovationen in Inhalt und/oder Verpackung.

Verkehrte Brauwelt

Nicht alle deutschen Brauer beherzigen allerdings das Reinheitsgebot. Im Frühling 1986 wurde der Brauer Helmut Keininger für die Verwendung von Chemikalien in seinem Bier festgenommen. Die Verletzung des Reinheitsgebotes wurde als so verheerend betrachtet, daß er Selbstmord in seiner Münchener Gefängniszelle begann. Drei Jungbrauer aus Berlin, allesamt Absolventen der staatlichen Versuchs- und Lehranstalt für Brauer VLB in Berlin, streiten sich derzeit mit dem Gesetzgeber um die Anerkennung eines Hanfbieres. Erst kürzlich hat die Brauerei Neuzelle ein Verfahren verloren: Sie wollte die Verwendung von Zuckercoleur in einem »historischen Bier« durchsetzen. Allen Streitereien gemein ist ein hohes Öffentlichkeitsinteresse mit hoher Werbewirksamkeit. Die ursprüngliche Kopie des Reinheitsgebot ist übrigens auf Anfrage in der bayerischen Staatsbibliothek in München einsehbar. (Oder schauen Sie mal auf Seite 62 nach.)

 Das Reinheitsgebot wird nicht für Bier angewendet, das von Deutschland aus exportiert wird. Darunter einige der populärsten deutschen Biere. Sie werden nicht entsprechend dem Reinheitsgebot gebraut. Die Rezepturen sind erlaubterweise mit Zusätzen und Konservierungsmitteln für den internationalen Geschmack und für eine längere Lagerung verändert. Kein Wunder, daß viele deutsche Touristen – insbesonde US-Reisende – behaupten, daß deutsche Biere im Ausland nie so gut schmecken wie die »heimischen«. Umgekehrt wird ein deutsches Bier nie so schmecken wie ein Guinness, Heineken oder Budweiser.

Etikettenpraktiken

Die meisten Etikettenvorschriften sind per Gesetz geregelt. Dort ist länderspezifisch festgelegt, was aufgeführt sein muß oder was folglich nicht abgedruckt wird. Die meisten Biere haben einen Alkoholgehalt von 4 bis 5 Prozent. Er wird in der Regel auch angegeben, dient letztendlich dem Schutz – vor allem der jungen Verbraucher –, damit sie wissen, auf welches Abenteuer sie sich einlassen. Alkohol beflügelt schließlich die Geister und ist nichts in Kinderhand. Für Erwachsene bedeutet der Hinweis: Das Maß aller Dinge ist, daß Bier in Maßen genossen wird.

Andere Biere können auch 7 oder 8 Prozent Alkohol enthalten, und einige Auserwählte sogar 12 bis 14 Prozent. Ein Alkoholspiegel, der mit Qualitätsweinen vergleichbar ist, in der Wirkung aber oft um ein Vielfaches höher liegt. Wer einmal ein bayerisches Starkbier getrunken hat, weiß wovon hier die Rede ist.

Deutsche Etikettenvorschriften

Für deutsche *Etiketten* gibt es allgemeine Verordnungen, die einzuhalten sind:

✔ Die Aussagen müssen in deutscher Sprache verfaßt sein, was ja logisch ist, denn chinesich wird in Deutschland von den wenigsten gesprochen. Außerdem müssen die Aussagen:

◆ entweder auf der Verpackung und/oder einem Aufkleber stehen

◆ gut gesetzt und lesbar sein

◆ *Name*, *Datum*, *Alkoholgehalt* und *Inhalt* müssen schnell gefunden werden können. Den Alkoholgehalt in einem Suchbild zu verstecken, wäre wahrscheinlich eine Herausforderung für jede Werbeagentur, aber wohl kaum Verbraucherfreundlich.

Daneben gibt es weitere Verordnungen. Die Kennzeichnung »*Bier*« oder der Bier-Arten, z.B.: »*Pils*«, »*Export*«, »*Dunkel*«, »*Lager*«, »*Märzen*«, »*Spezial*« müssen enthalten sein. Phantasienamen sind ohne eine Kennzeichnung unzulänglich. Die Angabe des Alkoholgehalts ist zwingend vorgeschrieben, wenn er über 1,2 Vol.% beträgt. Bumm-Bumm ist zwar ein interessanter Name, der durchaus auf den Alkoholgehalt schließen läßt, erlaubt wäre er aber nicht.

Die Angabe des *Alkoholgehalts* erfolgt durch »% Vol.«, vorangegangen »von Alkohol« oder »alc«. Als Toleranzwerte sind erlaubt:

✔ bei 5.5 Vol.% und kleiner ± 0.5 Vol.%

✔ über 5.5 Vol.% ± 1.0 Vol.%

Der Nettoinhalt wird ausgedrückt in: l, cl oder ml plus freiwillig »e«-Zeichen

Die minimale Höhe der Buchstaben und der Zahlen beträgt bei:

✔ cl 20 – 100 4 Millimeter

✔ über 100cl 6 Millimeter

✔ auf geschlossenen Verpackungen 6 Millimeter

✔ »e«-Zeichen minimale Höhe 3 Millimeter

Auch die Flasche selbst sollte gekennzeichnet sein. Ferner muß der Name des Produzenten oder des Abfüllers oder des Importeurs einschließlich derer Adresse ersichtlich sein. Für nicht wiederverwertbare Behältnisse (Einwegware) ist der »*Grüne Punkt*«, ergänzt mit dem Hinweis »Duales System Deutschland AG« noch vorgeschrieben. Aber nur dann, wenn seitens des Bierproduzenten mit dem Dualen System ein Vertrag abgeschlossen wurde. Der Grüne Punkt soll vermitteln, daß das Leergut receycelt wird. Unsinngerweise erwirbt der Verbraucher damit das Gefühl, etwas für die Umwelt zu tun.

Bitburger erhielt »Excellence Award 1998« für 12er-Pack Longneck

Das Paperboard Packaging Council, die Dachorganisation der internationalen Papierverpackungsindustrie, hat der Bitburger Brauerei für ihren geschlossenen 12er-Pack mit der 0,33 Liter Longneck-Flasche den »Excellence Award« verliehen. Bitburger ist damit im letzten Jahrzehnt des ablaufenden Jahrtausends die erste deutsche Brauerei, die den bedeutenden Preis erhält. Im Vergleich zum Vorjahr hat die Longneck-Einführung im Export zu einer Absatzsteigerung von mehr als 15 Prozent geführt. Hergestellt wird der Bitburger 12er-Pack von dem Unternehmen Riverwood International, einem der weltgrößten Hersteller für Spezialkartons in der Getränkeindustrie. Seit August 1998 wird das Pak auch auf dem deutschen Markt sortimentsübergreifend eingesetzt.

 Für Flaschenformen gibt es übringens noch keine detaillierten Vorschriften. Durchgesetzt hat sich aber die 0,5 l-Mehrwegflasche ebenso wie die 0,33 l- Gastronomieflasche und andere Flaschengrößen. Aber auch die alte Bügelverschlußflasche hat ihre Fangemeinde, ebenso wie die aus den USA stammende Longneckflasche, die immer beliebter wird.

Inhaltsdeklaration

Die Liste der Bierzutaten ist in Deutschland gesetzlich vorgeschrieben. Über Sinn oder Unsinn läßt sich bei den bekannten vier Zutaten trefflich streiten. Die Deklaration ist ebenso verpflichtend für Bier, das legal in anderen EU-Mitgliedsstaaten produziert und in Deutschland verkauft wird. Der Zutatenliste muß das Wort »Zutaten« vorangestellt werden. Bier, produziert nach dem deutschen Reinheitsgebot darf nur enthalten:

✔ Wasser oder Brauwasser

✔ Malz oder Gerstenmalz

✔ Weizenmalz

✔ Hopfen oder Pellets

✔ Hopfenextrakt oder Hopfenauszüge

✔ Hefe nur, wenn sie noch im Endprodukt vorhanden ist

Andere importierte Biere dürfen enthalten:

✔ ungemalzene Rohstoffe müssen spezifiziert sein (z.B. Reis oder Mais)

✔ Zucker, Traubenzucker oder Glukosesirup sowie

✔ Zusätze, wenn sie im Bier zugelassen werden, begleitet von einem Kategoriennamen

Das Mindesthaltbarkeitsdatum

Jedes Bier in Flaschen oder Dosen ist in Deutschland nur verkehrsfähig (welch ein schöner Ausdruck!) wenn es ein sogenanntes Mindesthalbarkeitsdatum aufweist. Das Datum selbst oder ein Hinweis, wo es auf der Flasche oder Dose (z.B. Boden) gefunden werden kann, sind obligatorisch. Dem Datum (Tag, Monat und Jahr) sollte »mindestens haltbar bis Ende« vorangestellt sein. Keine Regel ohne Ausnahmen. Wenn das Produkt

✔ weniger als 3 Monate hält, kann das Jahr ausgelassen werden

✔ zwischen 3 und 18 Monaten hält, kann der Tag vergessen werden

✔ mehr als 18 Monate hält, genügt die reine Jahresangabe

Von schwachen, starken und unaussprechlichen Bieren

Es gibt allgemein gültige Methoden den Alkoholgehalt im Bier festzustellen. In Europa geschieht dies durch den tatsächlichen Prozentsatz nach Volumengehalt wie es die Gesetzgeber vorschreiben; in den USA haben sich die Brauer entschieden, den Alkoholgehalt nach Gewicht festzulegen (warum, sollte alles einfach sein?) Von beiden Methoden ist die erstere einfacher zu verstehen, weil Bier nach Menge und nicht nach Gewicht verkauft wird.

Warum wird die Gewichtmethode eigentlich dann noch verwendet? Ganz einfach: Alkohol wiegt weniger als Wasser. Damit scheint Bier – und viele andere hochgeistige Flüssigkeiten auch – leichter zu sein. Im englischen Maßsystem wiegt ein halber Liter Bier ungefähr ein Pfund Wasser. Ein halber Liter Alkohol dagegen wiegt nur 0,79 Pfund.

So ist ein Bier mit einem Alkoholgehalt von 3,2 Prozent nach Gewicht wirklich 4 Volumenprozent. Ein Bier, das 4 Prozent nach Gewicht hat, hat tatsächlich 5,5 vol ... Mit dem Faktor 1,25 multipliziert, erhält man leicht diesen Wert. Wer lieber die Gewichtsmethode anwendet muß beim Umwandeln von Volumenprozent in Gewicht einfach mit 0,80 multiplizieren. Ein lustiges Spielchen, oder nicht?

Einige international agierende Bierautoren arbeiten folglich mit beiden Methoden. Wichtig ist: Die Angaben auf den Bieretiketten sollten mit Vorsicht gehandhabt werden. Sorgfalt beim Lesen ist angebracht. Man kann sonst leicht viel mehr (oder weniger) Alkohol zu sich nehmen als einem lieb ist. Zur Erinnerung: Angaben in Gewicht sind niedriger als die nach Volumenprozent.

In Europa gibt es zudem noch weitere Indikatoren, an denen der Alkoholgehalt eines Bieres abgelesen werden kann.

✔ In Deutschland sind Bieretiketten oft mit einer der folgenden drei zugelassenen Stärkenkennzeichnungen versehen: Schankbier (leicht), Vollbier (Mittel) oder Starkbier (stark).

✔ Belgien hat vier Kategorien der Bierstärke. Sie reichen von Catégorie III (am schwächsten) über Catégories II und I und endet mit Catégorie S, für starkes Bier.

✔ Auch die Franzosen haben natürlich ihr eigenes System. Sie erfanden eine eigene Stärkenmaßlatte, die sie gewissenhaft pflegen. Sie reicht vom Bière petite (das leichteste) über Bière de table, Bière bock, Bière de Luxe, Bière de Choix und Bière spéciale (das stärkste Bier).

Über nichtssagende Etiketten, Zusätze und Konservierungsmittel

Die US-Brauindustrie ist eine der wenigen Konsumgüterindustrien, die nicht per Gesetz angehalten ist, genaue Produktbestandteile auf den Etiketten zu verzeichnen. Ähnliches gilt auch für Europa, zumindest für Länder, wo das Reinheitsgebot nicht greift. Die Verbraucher haben überraschenderweise bei Bier kein Verlangen nach weiteren Informationen. Dabei ist selbst Wasser nicht gleich Wasser.

Allein unter den vielen zulässigen Zusätzen und Konservierungsmitteln sind mehr als 50 Antioxydantien, Farbstoffe, Würzen und verschiedene Enzyme, wie Kolbenschimmeloryzae, Propylenglykol, Natriumbisulfit, Benzaldehyde, Äthylacetat und Nahrungsmittelfarbe. Und Sie dachten, daß Bier nur ein freundlich gewürztes Wasser sei?

Ein echtes Qualitätsmerkmal gebrauter Biere ist dann vorhanden, wenn sie ohne jegliche chemische Zusätze und Konservierungsmittel produziert werden. Das deutsche Reinheitsgebot ist hierzu ein wichtiger Schritt. Solange aber Braugerste im Anbau mit Chemie gedüngt wird, oder Wasser mit Chlor aufbereitet ist, reicht allein die Angabe der Zutaten nicht aus. Bier ist schließlich ein Nahrungsmittel und in Maßen genossen gesundheitsfördernd.

Wer weitere Details über ein bestimmtes Bier erfahren möchte, sollte in einer guten Bierzeitschrift oder –buch nachlesen.

Kontrolleure seit Jahrhunderten

Überall in der Geschichte gab es sporadische Versuche, die Brauindustrie zu kontrollieren und ein Äquivalent der Qualität-Kontrolle, des Reinheitgesetzes oder nicht durchzuführen. Echte Bierfans sollten diesen Abschnitt ernst nehmen!

✔ Der erste Bierkontrolleur war angeblich ein Ägypter, in der Zeit des Pharaos, der den Titel eines Hauptbierprüfers trug. Es gehörte zu seinen Aufgaben, das Qualitätsniveau des Bieres beizubehalten, das für den Haushalt des Pharao produziert wurde. Ob er bei Mißerfolg bestraft wurde, findet keine Erwähnung.

✔ Eine der ältesten öffentlichen Dienststellen in England ist die des »Ales-conner« oder Verkosters, ein Posten, der von William dem Eroberer im 11. Jahrhundert geschaffen wurde. Seine Absicht: Er wollte so Alepreise und -qualität stabil halten. Der Ale-conner war aber nicht nur ein Sachverständiger in Sachen Bier. Er hatte sogar die Vollmacht, eine Bierlage aus dem Verkehr zu ziehen oder ihren Verkauf zu einem geringeren Preis anzuordnen, wenn sie nicht den hohen Standards entsprach. Außer dem Verkosten, testete der Ale-conner Jungbier auf eine recht eigentümliche Weise. Gekleidet in ledernen Hosen, goß er aus einem Maß das Ale auf eine hölzerne Bank und setze sich pflichtbewußt für sage und schreibe eine halbe Stunde in die Bierpfütze. Wenn sein Hinterteil an der Bank haften blieb, wurde das Ale als zu jung und unvollständig – mit zu viel Zucker – eingestuft. Der Ale-conner konnte dann eine Strafe gegen den Brauer erheben.

✔ Im Elsass des 18. Jahrhunderts, wurden gerichtlich bestellte Bierprüfer »Bierkiesers« genannt. In den Nachbarregionen von Artois und Flandern, wurden ihre Pendants Coueriers, Egards oder Eswarts tituliert. Ihr Job war das Verkosten von frisch gebrautem Bier, um sicherzugehen, daß es lokalen Standards entsprach, die sich im Reinheitsgebot widerspiegelten. Das Hinzufügen von irgendwelchen nicht genehmigten Zutaten galt als eine strafbare Handlung.

Bier ist gut für Dich – Ernährungsinhalte

Die Gesetzesgeber fürchten Vorschläge »der heilenden und therapeutischen Ansprüche« bei Bier, wie der Teufel das Weihwasser und der Pabst den Alkohol. Gut gebrautes Bier enthält nämlich mehr *Protein* als eine trockene Schüssel Corn Flakes, die Hälfte an *Kohlenhydraten* und zweimal soviel *Kalium*. Und das ohne jegliche Zusätze oder Konservierungsmittel, wie sie häufig in anderen fertigen Nahrungsmitteln vorzufinden sind. Das Problem bei Bier ist der Alkoholgehalt, dem die Gesundheit und der Anspruch eines Nahrungsmittels auf den ersten Blick konträr gegenübersteht.

Moderater Bierkonsum fördert die Gesundheit

Schon vor fast 20 Jahren hat Prof. Dr. Anton Piendl von der Technischen Universität München festgestellt, daß Bier und Gesundheit ein Thema ist. Doch keiner wollte etwas davon wissen. 1997 war es das Thema auf dem Deutschen Brauertag in Köln. Was viele Wissenschaftler schon lange vermutet haben, scheint jetzt immer mehr den Tatsachen zu entsprechen. Bier ist keine Droge, sondern in Maßen genossen sogar der Gesundheit dienlich. Neueste amerikanische und englische Forschungsergebnisse brachten es an den Tag. Bei dem Genuß von 20 bis 40 gr. Alkohol (ein Liter Bier enthält 40 gr Alkohol) pro Tag steigt die Lebenserwartung. Prof. Dr. Hans Hoffmeister von der Freien Universität Berlin: »Moderater Bierkonsum hat einen positiven Einfluß auf verschiedene Gesundheitsrisiken, insbesondere auf Herz und Kreislauf«. Wer keinen Alkohol zu sich nimmt, ist dagegen nach neuesten Studien am wenigsten mit seiner Gesundheit zufrieden. Das gute HDL-Cholesterin steigt sogar proportional mit dem kontrollierten Bierkonsum an. Als Maßregel empfahl Prof. Dr. Piendl anläßlich der Brauertagung: »*ein Bier pro Tag ist besser als kein Bier; bis drei Biere sind garantiert nicht schädlich und können eher nützlich sein.*« Nur wer mehr als drei bis vier Biere pro Tag genießt und Mißbrauch betreibt, lebt auf Dauer gefährlich. Der deutsche Brauerbund will nun die Vorteile des moderaten Bierkonsums für die Gesundheit noch näher untersuchen lassen und mehr ins Bewußtsein der Bevölkerung rücken.

 Also saufen für die Gesundheit? Nein, natürlich nicht. So gesund Bier auch ist, gesundheitsfördernd wirkt es eben nur in geringen Mengen. Und die werden für einen gesunden Mann von etwa 80 bis 90 kg Körpergewicht mit bloß einem Liter pro Tag

angegeben. Wer dieses Optimum überschreitet, läuft schnell wieder Gefahr, einen unerwarteten Herzinfarkt zu erleiden. Das Risiko steigt beachtlich. Zur Erinnerung: Bier in *Maßen* genossen ist gesund, nicht mehr und nicht weniger.

Unabhängig davon gibt es jetzt starke Anzeichen, daß sich die Haltung der Gesetzesgeber ändert, und daß in Zukunft Nahrungsaufkleber auf Bieren erscheinen können. Zumindest im Ausland mehren sich die Anzeichen hierfür.

Tatsächlich gibt es seit 1995 in den USA revolutionäre Regierungsrichtlinien, die die diätetischen Angaben auf Nahrungsmitteln für Amerikaner verbessern. Diese Richtlinien beinhalten den Nachweis daß das gemäßigte Trinken (nicht mehr als ein oder zwei Biere pro Tag für Frauen und zwei Biere für Männer) die Gefahr der Herzinfarkte senken und den Genuß der Mahlzeiten erhöhen kann. 1990 besagten diese alle fünf Jahre überarbeiteten Richtlinien noch, daß das Trinken keinen Nettonutzen für die Gesundheit habe. Die Zeiten ändern sich. Trink Bier und lebe länger!

Die neuen Richtlinien führen aber auch aus, daß der Konsum größerer Alkoholmengen den Blutdruck beeinflusse und das Herzkrankheiten zunehmen und verweisen auf den Anstieg des Krebsrisikos. Ferner wird vor unmittelbaren Einflüssen bei Schwangeren gewarnt, ebenso vor Selbstmordgefahr und Unfällen. Die Richtlinien verweisen auf die Zusammenhänge der Gefahren des Trinkens und des Fahrens. Die Regierungswarnung auf Aufklebern »Alkohol schädigt die Gesundheit« blieb bestehen.

Cholesterin und Fett frei!

Über Jahre hinweg ist der große irische Stout, Guinness, mit dem Slogan »Guinneß ist gut für Sie«, beworben worden. Amerikaner nahmen diese Art der Aussage zu ernst, also wurde sie nicht in den USA verwendet. Aber sie war teilweise korrekt: Bier ist wirklich nahrhaft und durstlöschend, obwohl es nur zum Vergnügen und in der Freizeit getrunken werden sollte. »Du bist, was Du trinkst« lautet derzeit der neue Slogan von Guinness.

Bier ist frei vom Cholesterin und Fett. Der Beweis: 12 Unzen eines typischen amerikanischen Bieres eines hellen Lagers (trendig in Deutschland) hat wirklich weniger Kalorien als 12 Unzen von zweiprozentiger Milch oder sogar Apfelsaft. Auch Wein hat ein wenig mehr! Leichtbiere und Alkoholfreie haben sogar noch weniger Kalorien. Bier kann nicht Diätisch sein, aber es reicht doch zu wissen, daß es gute diätetische Qualitäten aufweist.

Bierige Nahrungstatsachen

Hier die Auflistung des Ernährungsinhalts auf Bieraufklebern, wenn sie der Gestzgeber so beschließen würde (Basis ist ein Drittel Liter Top gebrautes US-Lagerbier):

✔ ca. 150 Kalorien (zwei Drittel Anteil Alkohol)

✔ 0 Gramm Fett

✔ 0 Milligramm Cholesterin

✔ 25 Milligramm Natrium

✔ 13,6 Gramm Kohlenhydrat

✔ 1,1 Gramm Protein

✔ Spurenmengen Kalzium, Kalium und Phosphor sowie viele B-Vitamine

Zur Erinnerung: Zweidrittel der Kalorien im Bier kommen vom Alkohol!

Die Deutschen stehen zu ihrem Bier

Mitte des vergangenen Jahrhunderts wendeten sich einige Hebammen und Kranken-schwestern in München dagegen, bis zu 3,5 Liter Bier pro Tag an Mütter zu verabrei-chen, damit sie ihr Kind ausreichend stillen könnten. Zunächst erfolglos. 1876 ver-suchte das Münchener Gesundheitsamt, diese Gewohnheit zu brechen, indem es nur noch ein Liter pro Tag als ausreichend und notwendig betrachtete. Bier galt als das »flüssige Brot« der Bayern.

Viel hat sich seitdem nicht geändert: 1987 gab eine deutsche Petition am europäischen Gericht Auskunft darüber, daß durchschnittlich 25 Prozent der Nährstoffe, die ein deut-scher Mann täglich verbraucht, vom Bier stammen. Das ist Bierkonsum in Vollendung.

Biermarketing

Deutschlands Premiumbrauer powern werbemäßig in den letzten Jahren kräftig. Bereits jede zweite Mark der über 787 Mill. DM Werbeausgaben flossen 1997 in die TV-Werbung. Hinzu kommen unzählige Millionen im Bereich Sponsoring von Sport über Kultur bis hin zur Pop-Musik. Die »kleineren« Brauereien spüren diesen Werbedruck der nationalen »Fernsehbiere« zunehmend, kämpfen dagegen mit Maßnahmen »vor Ort« an. Bei vielen Verbrauchern hat dagegen längst Werbeübersättigung eingesetzt.

Peter Erbrich, Vorstandschef der Binding-Brauerei AG gilt als ein Fan der Fernseh-werbung. Nach seiner Erkenntnis verzeichneten vergangenes Jahr vor allem die »im Fernsehen stark beworbenen Marken« Zuwächse. Doch nicht nur er weiß die Fern-sehkraft der starken Marken zu schätzen. Auch der Handel nutzt sie gerne, bietet die beworbenen Biere in Preisaktionen an. Zu leiden haben darunter die kleinen und re-gionalen Marken, die nicht aus großen Werbetöpfen schöpfen können. Nicht jede na-tional beworbene Marken ist in Deutschland aber auch national erhältlich. Nicht mal eine Handvoll der ganz großen Marken kann eine gewichtete nationale Distribution im Handel von über 80% vorweisen. So manche Werbemark verpufft da ins Leere, wenn der Verbraucher in die Regale greift. Auch die großen Ausländer kennen das Problem.

Es rechnet sich

Dennoch scheint die Powerrechnung der großen Topmarken mit über eine Millionen hl Absatz sowie der internationalen Topbrauhäuser mit zwei- und dreistelligen Millionen hl Absatzzahlen auf allen Seiten aufzugehen. Bei Binding verbuchten die Premiummarken (u.a. Radeberger) sowie Bierspezialitäten (u.a. Schöfferhofer Weizen und das starke neue Binding-Lager) sowie die regionalen Marken Berliner Kindl Jubiläums Pilsener und Ur-Krostitzer dank Werbung ein Plus von zusammen 16,2% auf 5,2 Millionen hl 1997. Insgesamt tätigte die Gruppe vergangenes Jahr für zehn nationale Marken 163 Millionen DM an Bruttowerbeausgaben. Das entspricht fast jeder fünften Bierwerbemark in der deutschen Brauszene. Umgerechnet auf den Bindig-Biergesamtausstoß von 11,2 Millionen hl werden bei den Frankfurtern pro Liter 14,5 Pfennige oder 14,50 DM pro hl ausgegeben. Verteilt auf die tatsächlich beworbenen Marken sogar mehr als doppelt so viel. Allein um das Lager wieder in Deutschland populär zu machen, wurden Millionen im Fernsehen und im Internet ausgegeben. Zumindest hier scheint sich der Einsatz zu rechnen. Lager gewinnt wieder an Bedeutung und der Marktbereiter ist auch Marktführer.

 Insgesamt haben sich die deutschen Werbeausgaben für Bier in den vergangenen fünf Jahren quasi verdreifacht. Allein die Mediaspendings für nur 11 nationale Marken erreichten mit 384 Mill. DM im vergangenen Jahr fast die Hälfte der gesamten Bierwerbeausgaben. Vier Jahre zuvor waren es gerade mal 175 Mill. DM. Die höchsten Werbeausgaben bezogen auf einzelne Biermarken entfielen in Deutschland auf Bitburger und Krombacher mit jeweils 53 Mill. DM. Als Aufsteiger der jüngsten Vergangenheit gilt zweifelsohne Hasseröder, dessen 16 Mill. DM Werbeausgaben sich die deutsche Hannen/Tuborg (1,1 Mill. hl stark) in diesem Jahr als Maßstab genommen hat. Sie hatte vergangenes Jahr 14 Mill. DM ausgegeben, 5 Mill. DM mehr als vor fünf Jahren.

 Bei Bitburger betragen die Werbeausgaben auf die Spitzenmarke bezogen umgerechnet rund 13,2 Pfennige pro Liter, Krombacher kommt mit knapp 11,8 Pfennigen aus, die Werbe Nr. 3 und Nr. 1 unter Deutschlands Biermarken, Warsteiner, erreicht gut 8 Pfennige pro Liter. Der ostdeutsche Aufsteiger Hasseröder ist mit 9,4 Pfennigen dabei. Im Schnitt bringt der Liter Bier den Premiumbrauern zwischen 1,60 und 1,70 DM Umsatz. Da lassen sich 5% bis 10% Werbeausgaben locker verkraften.

Biermarke	Ausgaben 1993	Ausgaben 1997
Bitburger	28	53
Krombacher	26	53
Warsteiner	18	44
König	19	42
Radeberger	6	40
Holsten	20	38
Beck's	12	32
Veltins	22	25
Jever	8	21
Licher	16	20
Hasseröder	0	16
Summe	175	384

Quelle: Nielsen S+P/Tuborg

Mediaausgaben deutscher Bierspitzenmarken (in Mill. DM)

In den USA wird nur auf den ersten Blick mehr für Bierwerbung ausgegeben. Allein die drei US-Biermarktführer Anheuser Busch, Miller und Coors gaben zusammen umgerechnet rund 1,11 Mrd. DM für Bierwerbung aus. Das sind fast 50 % mehr als in Deutschland gesamt. Am meisten powert – bezogen auf den Ausstoß – die Nr. 3 Coors. Umgerechnet gibt Coors 11 Pfennige/Liter aus, Miller sogar nur etwa 8,5 Pfennig und Anheuser Busch lediglich schlappe 4,5 Pfennig/Liter oder 4,50 DM pro hl. Die Masse macht's halt, um richtig powern zu können. Doch nicht alle Etiketten, Werbespots und Werbesprüche begeistern die Konsumenten. Highlights wie Licher mit Deutschlands Popgruppe Nr. 1 »Pur«, Schöfferhofers Auftritt mit der Französin und dem Weizenprickeln im Bauchnabel sind schon eine Seltenheit, aber erfrischend.

Brauerei	Ausstoß in Mill. hl	Werbeausgaben in Mill. DM*
Anheuser Busch	107,4	455
Miller	51,2	435
Coors	24,0	219

*geschätzt für 1997 (HLW-Infodienst)

US-Biermarktführer

Sponsoring ist heute mega-in

Sponsoring schein sowieso das Zauberwort der Zukunft zu sein. Mit Unterstützung der »Rolling Stones-Tournee« im Sommer 1998 testet Deutschlands Braugruppenriese Binding derzeit mit der Marke Radeberger in größerem Umfang den Bereich Sponsoring, bewegt sich in Lichers Spuren, die den Reitsport und die Tour de France für sich zusätzlich entdeckt haben. In der Brauszene scheint sowieso ein echtes Sponsorfieber ausgebrochen zu sein. Während Veltins auf Autorennen mit dem Fomel 1-Weltmeister von 1997 Villneuve und Fußball setzt, hat neben Binding und Licher auch Diebels die poppige Musikszene entdeckt. Bitburger setzt weiterhin lieber auf den Sport und Fußball. Henninger läßt sein berühmtes Radrennen um den Henninger Turm bejubeln, während Tuborg/Hannen das Kultursponsoring mit Stella Musicals für sich entdeckt hat.

Werbe TV-Müdigkeit nimmt zu

Ein Grund für beim Sponsoring zunehmenden Aktivitäten dürfte die Erkenntnis sein, daß laut Fachzeitschrift Horizont es zwar »Lob für bessere Fernsehspots« gibt, aber die »Flut die Seher nervt«. Nur jeder dritte Deutsche, das hat eine aktuelle Untersuchung von TV-Today ergeben, ist für die Beibehaltung der jetzigen Unterbrecherwerbung. Bereits 75% der Fernsehzuschauer finden TV-Spots »nervig«. Fast jeden zweiten Fußball-Interessierten stören Werbeeinblendungen.

Verschärfte Gesetze drohen

Die zunehmende Sponsorentwicklung könnten nur heiß diskutierte und EU-geplante Gesetzeshindernisse hemmen. Alkohlwerbung soll nach Meinung einiger Politiker eingeschränkt werden. In Deutschland haben die Brauer bereits gegen geplante Verschärfung der Verhaltensregeln für Alkoholwerbung des Bundesgesundheitsministers bei alkoholischen Getränken protestiert. Während immer deutlicher wird, daß gemäßigter Bierkonsum eher nützt als schadet, plant der Gesundheitsminister einen neuen Maßnahmenkatalog zur freiwilligen Selbstkontrolle. Vorgesehen sind nach einer brisanten Runde in Bonn – zu der das Ministerium Anfang Mitte 1997 die Hersteller alkoholischer Getränke geladen hatte – eine Vielzahl von neuen Regeln. Neben dem Verbot von Werbung in den Massenmedien Fernsehen und Rundfunk zwischen 11.00 Uhr und 22.00 Uhr sind Einschränkungen bei Kinowerbung, Plakatwerbung im einsehbaren Bereich von Schulen und ähnlichem, bei Sportveranstaltungen, an und in Sportstätten, in Printmedien für Jugendliche und gewissem Umfang auch im Bereich Sponsoring seitens des Ministeriums angeregt worden. Wie heißt es doch so schön schon seit Jahren: *Wer nicht wirbt, der stirbt.* Dieser Spruch hat heute mehr Gültigkeit denn je.

Schafe in Wolfspelzen

In Großbritannien drücken die großen Brauer das *nitrokeg*-Bier (gefiltertes und pasteurisierte Faßbier, künstlich karbonisiert und mit einer Nitrogen-/Carbondioxidmischung unter Druck gesetzt) auf den Markt. Ähnlich verkleidet wie das teurere und geschätzte natürliche, ungefilterte, nicht pasteurisierte und Hand-gepumpte Faß Ale. Die Brauer liefern sogar gefälschte Handpumpen. Traditionalisten sind dort längst in Aufruhr.

Anheuser-Busch (AB), der größte Brauer der Welt, hat vor kurzem eine Abfüllung gestartet, die »American Originals« genannt wird. Hier werden die wundervoll geschmackvollen Biere wiederholt, die ursprünglich vom deutschen Gründer AB's am Anfang des Jahrhunderts, einschließlich eines vollmundigen Lagers, eines Porter und des kupferfarbenen Lagers gebraut wurden. Die Spezialitätenabteilung AB vermarktet Elk Mountain (Elchberg), Elephant red (roter Elefant) und den Red Wolf (roten Wolf). AB hat sogar ein bernsteinfarbiges Bock unter dem ehrwürdigen Namen Michelob gebraut.

Rechtzeitig zur Love Parade in Berlin präsentierte die Hannen Brauerei (Tuborg Gruppe) einen ersten Alt-Mix namens »Rave«. Das neue Getränk besteht aus einer Mischung von herbwürzigem, obergärigem Altbier und Malzlimonade. Der Alkoholgehalt des Mixgetränks in der leuchtend roten 0,5 l »Spraydose« beträgt 3,6 % vol., und soll vor allem junge Zielgruppen ansprechen. Erste Testtrinker sollen »angetan« gewesen sein ....

Der optimale Biereinkauf

In diesem Kapitel

▶ Lernen Sie die »Feinde« des Bieres kennen

▶ Erhalten Sie strategische Einkaufsempfehlungen

▶ Erfahren Sie einiges über Bierverpackungen

*B*ier ist ein Nahrungsmittel. Im Gegensatz zu den meisten läßt es sich aber nicht schneiden und kauen, sondern als flüssige Nahrung lediglich schluckweise genießen. Aber ebenso wie Brot und andere Nahrungsmittel ist Bier – einmal der frischen Luft ausgesetzt – schnell verderblich und hat nur eine begrenzte Lebensdauer. Auch in ungeöffneten Behältnissen altert es im Laufe der Zeit, es oxidiert. Je frischer und schneller also ein Bier verkonsumiert wird, desto besser schmeckt es. Als Bierkonsument haben Sie also ein Recht zu wissen, wie Sie ein frisches Bier erkennen können und wie Sie es richtig trinken. Dazu gehört auch zu wissen, welche Merkmale es gibt, ein schales oder überlagertes Bier von frischer Ware zu unterscheiden. Diese Informationen sind vor allem dann nutzlich, wenn Ihnen als Biertrinker(in) ein Bier ohne jegliche Konservierungsstoffe vorgesetzt wird. Das Naturprodukt Bier verhält sich ähnlich wie eine Blume. Frisch erblüht im Glas, entfaltet es seine volle Kraft, um dann langsam aber stetig vor sich hinzuwelken, sprich schal zu werden. Ein Bier muß also möglichst frisch und jung getrunken werden. Dabei sind wir uns wohl einig.

Doch auch frisches Bier hat ein paar Feinde. Diese sind vor allem:

✔ Zeit

✔ Hitze

✔ Licht

In diesem Kapitel wird erklärt, wie Sie sich am besten mit dieser Problematik auseinandersetzen, damit Sie das Schlimmste verhindern.

Kaufen oder stehen lassen

Viele Leute entwickeln eine Kaufscheu, wenn sie in einem Geschäft auf zerquetschte Tomaten, angefaulte Melonen, welken Salat, schimmligen Käse oder schon leicht verwestes Fleisch in den Kaufregalen blicken. Das Ablesen des Mindesthaltbarkeitsdatums auf den Verpackungen von Nahrungsmitteln hat sich längst zu einem Sport in den Geschäften entwickelt. Was nicht frisch sein darf, auch wenn es noch frisch aussieht, bleibt in den Regalen liegen.

Ganz anders ist die Situation, bei Weinenthusiasten. Ihnen kommt es weniger auf die Frische, sondern mehr auf den Jahrgang an. Je besser das Weinjahr in einschlägigen Kritikermagazinen abgeschnitten hat, desto höher die Preise für edle Weine. Je älter der Wein und je länger die Reifezeit, desto begehrter das Tröpfchen.

Bei diesen Gegensätzen müßte es doch eigentlich selbstverständlich sein, daß Biertrinker gerne die Frische eines Bieres zugestanden wird. Bier ist eben nur dann erfrischend und labend, wenn es jung und kühl über einen begrentzen Zeitraum gelagert wurde. Um es auf den Punkt zu bringen: Jedem Trinker das Seine. Frisches Bier den Bierfans, gereifter Wein den Weinenthusiasten, Whisky den Portionsgenießern für den stillen, langsamen Genuß.

Dosen verheimlichen viel

Dosenbier ist kein Faßbier. Diesem Irrtum unterliegen leicht viele Konsumenten. Vor allem dann, wenn sie auf die niedlichen kleinen 5-l-Partydosen zurückgreifen. An ein Bier – frisch vom Zapfhahn – reichen Dosenbiere aber nicht heran. Faßbier läßt sich nicht in einer Dose oder Flasche verpacken, ohne seine jugendliche Frische und Unberührtheit verlieren. Bier in Dosen muß beim Abfüllen zumindest kurzzeitig erhitzt – sprich pasteurisiert werden. Daß hier ein wenig die Frische verloren geht, ist wohl jedem klar. Nicht umsonst heißt es unter Kennern: »Bier aus Dosen schmeckt wie tote Hosen«. Einmal geöffnet muß das Bier sehr schnell getrunken oder »weggekippt« werden.

Trotzdem sind die Dosen unaufhörlich auf dem Vormarsch. Bereits 20% der abgefüllten Biermenge in Deutschland wandert in Dosen über die Ladentheken. Ihr Vorteil: Sie sind leicht und schnell zu entsorgen.

Anders die Faßabfüllung. Traditionell in der Gastronomie beliebt, sind Fässer der Inbegriff eines frischen Bieres. Auch hier wird etwas 20 Prozent der Biermenge vermarktet. Vor einigen Jahren war es noch jedes vierte Bier. In manchen Städten wie Köln – wo das obergärige Kölsch wie von Gaffel oder Küppers zu Hause ist – ist es heute sogar noch jedes zweite. Moderne Bierfässer heißen KEG's (Metallfässer mit direktem Leitungsanschluß). Sie lassen sich leicht und problemlos reinigen. Die von früher bekannten Fässer sind nur noch, außer in Teilen von Köln und Düsseldorf, recht selten anzutreffen. Bei der Abfüllung wird zunächst ein Gegendruck im Faß erzeugt. So kann das Bier nicht aufschäumen und es geht keine Kohlensäure verloren. An Zapfanlagen mit zugefügter Kohlensäure versehen, erhält ein Faßbier seinen unnachahmlichen frischen Geschmack. Für den privaten Bereich waren solche Fässer bislang im wesentlichen unbekannt. Kleine 10-l-Holzfässer – sogenannte Pittermänchen – tauchten hier und da auf, waren aber nur für den schnellen Verzehr des Bieres gedacht. KEG-Fässer in 12,5-l-Größe mit eingebautem Kohlensäurevorrat gibt es erst seit kurzem. Die norddeutsche Flensburger Brauerei gilt als einer der Vorreiter. Sie passen in jeden normalen Kühlschrank. Vorteil: Nach dem Anstich bleibt das Bier gut eine Woche lang frisch. Nachteil: Die Faßmietgebühr ist beträchtlich.

Wer Bier liebt, soll Faßbier trinken und das möglichst frisch.

Begrentze Haltbarkeit

Wie schon erwähnt, Bier hat nur eine kurze Lebensdauer. Bier wird mit der Zeit schnell alt ohne ein »Alt« zu werden. In verschlossenen Behältnissen beträgt seine Lagerfähigkeit etwa drei Monate. Vollständig pasteurisierte Biere sind dabei länger haltbar als kurzzeitig erhitzte Biere. Ebenso können gut gehopfte und mit einem höheren Alkoholgehalt versehene Biere länger aufbewahrt werden. In der Regel ist die Lebensuhr aber nach einem halben Jahr abgelaufen.

Dank des angegebenen Mindesthaltbarkeitsdatums (MHD) auf dem Etikett oder Dosenboden, können Sie leicht erkennen, wie alt das Bier ist, und wann es ungefähr abgefüllt wurde. Gute Bierverkäufer legen Wert darauf, ihren Kunden möglichst frisches Bier anzubieten. »Ältere« Biere werden meist zu Aktionspreisen verscherbelt. Ist das MHD überschritten – was bei ausgesuchten Spezialitäten schon einmal vorkommen kann – werden die Biere aus den Regalen genommen. Ein Bierkenner kauft kein altes Bier, höchstens ein »Alt« (wie von Diebels oder Hannen), eine obergärige Spezialität vom Niederrhein!

Rund um den Leuchtturm

Hier nur ein paar Superlative: Deutschland ist das Land mit den meisten Braustätten. Auch die Biervielfalt gilt weltweit als einmalig. Auch der Bierkonsum erreicht Spitzenwerte. Die deutschen Brauereien sind, anders als die in Frankreich, den Niederlanden oder den USA vorwiegend mittelständisch strukturiert. Es gibt nur eine Handvoll echter nationaler Marken. Die meisten Brauereien verkaufen ihr Bier »rund um den Leuchtturm«, d.h. im Umkreis von rund 50 Kilometern. Und die Brauer verweisen gerne darauf, daß Bier möglichst nahe der heimischen Sudkessel getrunken werden soll. So ist die Frischegarantie des Bieres am besten gewährleistet und lange, teure Transportwege werden vermieden. Seltsamerweise ist jedoch manches Bier, das über Hunderte von Kilometern gekarrt wurde, preiswerter als in seinem Heimatort. Anderseits werden manche internationale Biere weltweit an verschiedenen Brauereistandorten gebraut, um die Transportkosten zu minimieren. Das verstehe wer will.

Begrenzt transportfähig

Die Marke Guinness hat den Ruf, angeblich nur begrenzt transportfähig zu sein. Ein Fan wollte es genau wissen und hat es überprüft. Er pilgerte in die Heimat seines Lieblingsbieres nach Dublin. Das amüsante Resultat: Natürlich setzte man ihm ein perfekt ausgeschenktes, frisches Guinness vor die Nase. Aber bevor er – versunken von der Schönheit des Anblicks – seinen ersten Schluck zu sich nehmen konnte, hatte ein Spaßvogel längst an seinem Glas genippt. Sein Kommentar: »Das Bier hat eine weite Reise von der Brauerei bis hierher zurücklegen müssen. Da darf man nicht lange warten.«

 In seiner Heimat schmeckt Bier immer noch am besten.

Bier ist kein Wein!

Mit der Auflistung folgender Bierarten erhalten Sie eine kleine Handhabe, welche Biere problemlos länger lägerfähig sind als angegeben. Diese Biere können – ähnlich wie guter Whisky oder Wein – »überlagert« werden. Zu diesen Bieren zählen unter anderen:

✔ Doppel- und Dreifach Bock, wie sie in Bayern oft anzutreffen sind

✔ Altes Ale

✔ Einige belgische Trappistenbiere

Doch auch bei diesen Bieren hat nach spätestens zwei Jahren die Oxidation eingesetzt, das Bier ist fertig mit dieser Welt. Es ist ungenießbar geworden.

 Leute, die Bierflaschen oder hübsche Dosen sammeln, sollten dies beachten! Anders als bei Wein, wo der aufgeprägte Jahrgang schon ein entscheidendes Sammlerkriterium für späteren Genuß sein kann, spielt dies bei Bier keine Rolle. Echte Jahrgangsbiere kann es beim »flüssigen Brot« nicht geben. Sie sind höchstens ein Gag ausgebuffter Marketing-Strategen.

Bier braucht Kälte

Der größte Feind des Bieres ist die Hitze. Ihr einmal ausgesetzt, wird der schon kurze Lebenszyklus eines Bieres nochmals erheblich reduziert. Es bildet kaum Schaum und schmeckt schnell schal, wie ein aufgewärmtes Süppchen. Es lohnt sich also, beim Bierkauf die Augen aufzuhalten!

 Händler, die ihr Bier im Sommer draußen im Freien ungeschützt stehen lassen (manche sogar in unmittelbarer Nähe von Zapfsäulen), sollten Sie meiden. Sie sind keine ideale Einkaufsadresse. Ein Bier braucht Kühle und Schatten. Bierfans kaufen ihr Bier in kühlen Abholmärkten. Dort, wo sich Experten auf den Verkauf von Getränken spezialisiert haben.

Auch in Supermärkten großer Einkaufsketten fristet Bier oft ein kärgliches Dasein. Als Kundenlockmittel für Aktionen beliebt, ist es oft in Schaufensternähe grellem Licht und Hitze ausgesetzt. Nur, damit es nicht übersehen wird! Begrenzt vorhandener Kühlplatz ist teilweise nur den Markenrennern von Bitburger über Krombacher, Veltins bis hin zu Warsteiner vorbehalten.

 Manche Bierspezialitäten lagern oft hübsch drapiert in den Regalen. Leider häufig ohne jegliche Kühlung dem Wärmestau im Regal ausgesetzt. Da haben es Butter, Eier und Käse meist besser. Bier liebt die Kühle in dunklen, schattigen Ecken.

Bier ist Lichtscheu

Jede mögliche Art von Licht ist für Bier schädlich. Licht produziert chemische Reaktionen im Hopfen. Diese Reaktionen verursachen einen leicht müffelnden Geruch im Bier. Weißglühende Beleuchtung ist ebenso schädlich, aber noch mehr die beliebten Neonleuchten, wie sie in den meisten Lagerräumen üblich sind. Das Licht im Kühlschrank, da es nur kurzzeitig angeht, zerstört dagegen kein Bier. Das (Tages-)Licht ist einer der größten Feinde des Bieres, vor allem in Verbindung mit Hitze.

Ein Bier, das müffelnd riecht, hat also einen Lichtschock erlitten. Um dieses Risiko zu vermindern, setzen die Brauer auf eingefärbte Bierflaschen. Je undurchlässiger das Glas, das besser: Die Farbe Grün ist daher gut, aber noch besser ist bernsteinfarbenes. Die meisten Brauer berücksichtigen dies.

Zur Erinnerung:

✔ lange Lagerung = Schlecht

✔ Kühlung = Gut

✔ Licht = Schlecht

✔ Hitze = schlecht

✔ Dunkelheit/Schatten = gut

Kontrolle ist gut, kontrollieren ist besser

Wie können Sie, der Kunde, in Erfahrung bringen, wie ein bestimmtes Bier gelagert wurde oder sein Transport ablief? Leider haben Sie kaum die Möglichkeit dazu. Aber Sie können gewisse Anhaltspunkte im Bier oder auf der Verpackung finden. Damit können Sie leicht erkennen, ob Sie ein frisches oder altes Bier vor sich haben. Hier ein paar allgemeine Kaufhinweise im Überblick:

✔ Ob Sie Bier in Dosen oder in Flaschen kaufen, greifen Sie immer zuerst nach gekühlten Bieren.

✔ Achten Sie auf das Mindesthaltbarkeitsdatum. Je länger die Lagerzeit noch möglich ist, desto besser ist Ihr Bier.

✔ Achten Sie bei Flaschenbier auf die Glasfarbe (klares Glas ist lichtfreundlich, grünes Glas läßt mehr Licht durch als braunes).

✔ Halten Sie eine Flasche ins Licht und beurteilen Sie die Klarheit des Bieres (Ausnahme Hefeweizen oder ungefilterte Biere). Je kristallklarer, desto besser. Achten Sie auf Ablagerungen (Ausnahme s.o.).

✔ Schütteln Sie leicht die Flasche. Wirbeln kleine Klumpen herum, dann sind dies vermutlich Proteinflocken, ein Zeichen, daß das Bier krankenhausreif ist.

Schaffen Sie sich Freunde

Halten Sie Ihrem einmal ausgewählten Bierlieferanten die Treue. Je mehr Biere er im Sortiment hat, umso besser. Je mehr Sie in Ihrem Freundeskreis für ihn werben, desto größer wird auf Dauer sein Bierangebot sein. Je mehr Sie ihm abkaufen, desto eher wird er Ihre Wünsche erfüllen.

 Scheuen Sie sich nicht, Ihrem Bierverkäufer lästige Fragen zu stellen. Wenn Sie ein gutes Kundenverhältnis zu ihm haben, wird er Ihnen schon verraten, welche Biere bei ihm gut laufen und welche nicht, oder wie lange er sie schon auf Lager hat. Vor allem, wenn er auch der Eigentümer ist.

Er wird Ihnen sicherlich gute Tips geben. Die besten erhalten Sie, wenn er genauso wie Sie ein engagierter Bierliebhaber ist. Im Laufe der Zeit wird er auch auf Ihre speziellen Bierwünsche eingehen und Ihnen sogar ausgefallene Spezialitäten besorgen. Wer weiß, vielleicht macht er Sie sogar zu seinem Teilhaber.

 Ein anderer Weg, sich seinen Biernachschub zu sichern, ist die Mitgliedschaft in einem Bierclub. Sie sind vor allem für Leute geeignet, die auf dem Land und nicht in einer Stadt leben, wenig Zeit zum Einkauf haben und die verschiedensten Biere ausprobieren möchten. Für sie bieten sich solche Clubs an. Dank Boom im Internet haben sich auch die ersten Bierclubs in Deutschland etabliert. Einer der bekanntesten ist das »Haus der 131 Biere«, Hamburg, das einen solchen Bierservice anbietet. Im Internet ist er zu finden unter www.bierclub.de!

Meist erhalten Mitglieder 2 Sorten à 6 Flaschen frischen Biers pro Monat und eine Clubzeitschrift übersandt. Dafür zahlen Sie rund 40 bis 50 DM monatlich. Nachbestellungen sind natürlich möglich.

Sind Sie abgebrannt?

Erst wenn Sie genug Geld zum Geld zum Fenster hinaus geworfen und endlich Ihr Bier-Haus gefunden haben, können Sie mit der nachträglichen Feinbewertung Ihres Bieres beginnen. Jetzt können Sie sich zu einem wahren Bierkünstler weiterentwickeln.

Verschlußsache

Die inhaltliche Bewertung eines Bieres beginnt mit dem Öffnen der Flasche. Erst, wenn der Verschluß geknackt wird, zeigt das Bier sein wahres Gesicht. Gab die Flasche ein schnelles, gesundes Zischen von sich? Strömte wie bei einem Vulkanausbruch das Bier aus der Flasche? Sprudelte es über, oder nichts von alledem?

Wenn die Flasche nicht allzu warm vor dem Öffnen war oder einen kleinen, kräftigen Stubs erhalten hat, deutet ein selbstständiger Erguß auf einen wilden Gärungsprozeß in der Flasche hin. Das ist nicht allzu schlimm, und wird Sie nicht gleich töten. Ein kurzes Schnuppern am Bier oder ein kleiner Schluck verschaffen hier schnell Gewißheit.

Essigsaurer Geschmack und Aromen sind normalerweise gute Anzeichen einer Gärung, die wild begonnen hat. Korrekte Pasteurisierung verhindert dies jedoch, so daß diese Kennzeichen recht selten anzutreffen sind.

Wenn Sie beim Öffnen der Flasche das übliche kurze Zischen (fizzzzt) nicht erhielten, ist entweder das Bier unsachgemäß in der Brauerei karbonisiert (sehr unwahrscheinlich) worden, oder die Dichtung des Verschlusses (meist Kronenkorken) hat eine Leckstelle, die die Kohlensäure entweichen ließ. Diese Art von Problemen sind aber bei bekannten Markenbieren heutzutage unwahrscheinlich.

Bierregen!

Nachfolgende Information sollten Sie nicht allzu ernst nehmen:

Jeder Biertrinker hat sicher schon bemerkt, daß sich nach dem Öffnen einer Flasche eine kleine »Wolke« am Flaschenhals bildet. Es ist eine reale Wolke, so wie sie auch außen am Himmel entsteht.

Die Sache ist ganz einfach: Im ungeöffneten Zustand enthält der Engpaß, quasi zwischen Bier und Flaschendeckel Kohlendioxyd und Wasserdampf. Weil der innere Druck ungefähr dem doppelten Luftdruck am Meeresspiegel entspricht, entweichen die Gase und die Dämpfe sehr schnell, wenn die Verschlußkappe entfernt wird. Diese Dekompression führt zu einem jähen Temperatursturz im oberen Flaschenhals um bis zu minus 30 Grad!

Dieser Sturz veranlaßt die Wassermoleküle, so träge zu werden, daß sie sich an kleine Luftpartikel anhängen und dann zu Wassertröpfchen (Kondensation) werden. Das geschieht in gleicher Weise, wie sich die Wolken am Himmel bilden. Bei genügend gleichzeitigem Bierkonsum weltweit wäre uns ein Bierregen sicher.

Oxidiert oder nicht

Jedes Bier, das lange gelagert wird, unabhängig davon, ob es oder ob es nicht pasteurisiert wurde, erreicht einen Punkt, an dem sein Lebenzyklus endet. Es geht langsam vor die Hunde, *oxidiert*. Das Resultat ist ein Bier, das im frühen Stadium wie Papier riecht und schmeckt und im vorgerückten Stadium wie Pappe. Gekühltes Bier läuft weit weniger Gefahr zu oxidieren, aber mit der Zeit führt auch hier kein Weg daran vorbei.

 Kontrollieren Sie daher schon beim Kauf den Luftraum am Flaschenhals. Bei korrekter Abfüllung darf er rund 2,5 Zentimeter Abstand von der Oberfläche der Flüssigkeit bis zur Kappe nicht überschreiten. Ein größerer Abstand fördert die Oxidation, besonders bei ungekühltem Bier. Kaufen Sie dieses Bier nicht nicht! Bevor Sie ein lange gelagertes Bier endlich zu sich nehmen (vielleicht nach dem Urlaub), prüfen Sie erneut und schmecken Sie vorsichtig.

Dosen, Flaschen und Fässer

Biertrinker argumentieren endlos über, ob Bier besser in Flaschen, Dosen oder Fässern (KEG's) abgefüllt werden soll. Anstelle einer »maßgebenden« Äußerung teile ich Ihnen an dieser Stelle mein Urteil (das selbstverständlich das Richtige ist) mit. Die nachfolgenden Abschnitte stellen Ihnen die Fakten vor, und lassen Sie Ihre eigenen Rückschlüsse ziehen.

Aber lassen Sie mich eins vorweg sagen: Die Bierdose scheint derzeit – da besonders »in« –, die meiste Bequemlichkeit anzubieten. Aber gegen die Ästhetik, den Klang und die Umweltfreundlichkeit der schönen alten braunen Glasflasche kommt sie nicht an. Sie mögen mich für altmodisch halten und argumentieren ich sei von gestern. Aber, was würden große Flaschenhalsmusiker wie Eric Clapton und Bonnie Raitt ohne Bierglasflaschen sein? Oder haben Sie schon von Aluminiumdosengitarristen gehört? Madonna trinkt bestimmt kein Bier!

Die (un-)geliebte Dose

Flaschen gibt es ungefähr schon seit 4.000 Jahren. Bierdosen, wurden erstmals 1935 eingeführt. Sie revolutionierten weltweit die Brauindustrie. Nur in Deutschland führten sie lange Zeit ein Schattendasein. Dort dominieren dank ausgeklügeltem Mehrwegpool (noch) die Flaschen.

 Früher gingen die Leute zum Biertrinken in die Kneipe um die Ecke. Dort gab es frisches Faßbier (oder sie trugen das Bier in einer Kanne nach Hause). Der Großteil wurde als lose Ware gekauft. Flaschen und Dosen wurden erst in den letzten Jahrzehnten immer beliebter. Statt Außer-Haus-Konsum geriet – dank Fernsehen – der Heimkonsum in Mode.

Flaschen, Mehrwegkisten, und Sixpacks wurden nachgefragt. In den letzten Jahren erlebten vor allem die Dosen eine wahren Boom.

Im Sixpack oder einzeln lassen sie sich gut transportieren und kühlen und sind bequemer als Flaschen. Schade nur, daß das Bier (am Anfang) zu häufig nach Dose schmeckte. Schließlich wurde eine synthetische Zwischenlage erfunden, die das Bier abschirmte, und die Dose wurde populärer als alles andere. Aluminium ersetzte die alte Blechdose und das Massenmarketing tat sein übriges.

Abgefüllt in Flaschen oder eingemacht in Dosen, Bier sollte eigentlich immer gleich schmecken. Aber die Brauer nutzen die Flaschenabfüllung zunehmend nur noch für ihre Premiumbiere, weil die Dosenabfüllung angeblich preiswerter (eine Milchmädchenrechnung) ist. Aber auch der Verbraucher trägt zum Aufstieg der Dosen bei. Er verbindet scheinbar Dosen mit Massenmarktbier ....

Triviales rund um Dosen:

✔ Krueger Cream Ale Krueger (Gottfried Krueger Brauerei), war das erste Bier, das überhaupt in der Dose verkauft wurde. Die Freigabe erfolgte am 24. Januar 1935.

✔ Coors Brewing Company war die erste Brauerei die Bier in den frühen fünfziger Jahren in Aluminiumdosen anbot.

✔ Die Brauerei Pittsburghs war die erste, die den Aufreißverschluß »lift-tab« (1962) vorstellte.

Schmerz im Glas

Trotz der Popularität der Bierdose hat die Bierflasche nie an ihrer Marktmacht eingebüßt. Die umweltfreundlichen 0,5 l-Mehrwegflaschen erreichen in Deutschland einen Marktanteil von über 60 Prozent. Insgesamt kommen sie auf rund 80 Prozent Marktanteil im Handel. Die Tendenz ist aber rückläufig. Eine Bepfandung von Einwegware wird bei dieser Entwicklung immer wahrscheinlicher.

Die einzigen bemerkenswerten Änderungen bei den Glasflaschen haben vorwiegend der Schönheit und Bequemlichkeit gedient. Die alte, schwere Pfandflasche wurde in den meisten Märkten in Deutschland durch die schlanke NRW-Flasche ersetzt. Der Plop-Verschluß wich dem Kronkorken oder den ganz neuen Aufreißverschlüssen a la Veltins. Die hübsche, nostalgisch anmutende Bügelverschlußflasche ziert nur noch wenige Spezialitäten (Flensburger). Derzeit im Trend liegt die Longneckflasche, aus der sich das Bier dank langen Flaschenhals gut und direkt aus der Flasche trinken läßt.

Nicht nur eifrige Anhänger des Bieres im Glas argumentieren zugunsten der Flaschen, diskutiert wird auch über Flaschengrößen (0,33 l oder 0,5 l) und –formen. Ob Longneck oder NRW-Flasche, ob Kunstformen oder 3-Liter-Krüge, letztendlich ist es eine Frage des Geschmacks und der persönlichen Vorlieben. Heute werden Dutzende Bierflaschenformen von allen Brauereien rund um die Welt verwendet; manche sind kurios und haben grosse Öffnungen (wie Mickey's Big Mouse) andere sind gezwirbelt (wie bei Wedelbräu).

KEG-Parties

Sie werde nicht häufig Bier im Faß kaufen müssen, aber mindestens einmal pro Jahr ergibt sich die Gelegenheit dazu. Sei es für ein Picknick, Vereinsfest, einen runden Geburtstag (20, 30, 40 oder 50) oder ein Grillabend. Der einzige Weg außerhalb der Kneipe ein wirklich frisches Bier zu genießen, ist der Griff zum Faß.

Es gibt sie in verschiedenen Größen. Populär sind die 5-Liter Dosen; sie müssen allerdings schnell geleert werden. Die »Zapfanlage« ist bei dieser Größe primitiv und einfach. Ein einschiebbares »Hähnchen« am Sockel aus dem das Bier rausfließt und ein kleines Sauerstoffloch auf dem oberen Deckelrand genügen, das Bier fließen zu lassen.

Hier ein paar Tips für eine gelungene KEG-Party:

✔ Überprüfen Sie, ob Sie den richtigen Hahn für Ihr Faß zur Verfügung haben, wenn Sie sich ein Faß ausleihen. Behandeln Sie die Hahnausrüstung mit Obacht, damit Sie keine Rückvergütung an den Verleiher zahlen müssen.

✔ Das neue 12,5 Liter Keggy ist eine gute Alternative zur bislang beliebten 5 l-Dose. Achtung: An der Dose besteht Verletzungsgefahr durch unsachgemäße Handhabung.

✔ Das Bier bis zum Ausschank so kühl halten, wie möglich. Notfalls in eine Wanne mit kaltem Wasser stellen, oder mit feuchten Tüchern abdecken.

✔ Die ersten Gläser schäumen stärker als die nachfolgenden. Es sind meist weniger, wenn dem Bier im Faß nach dem Transport ein wenig Ruhe vergönnt war. Füllen Sie die ersten Gläser langsam.

✔ Sollte Ihr Faß vor der Rückgabe nicht ganz leer geworden sein, dann schütten Sie das Bier nicht einfach weg. Füllen Sie damit ein paar saubere, leere Plastikkrüge (z.B. für Milch) und stellen Sie diese abgedeckt in den Kühlschrank. Trinken Sie das Bier in den nächsten ein bis zwei Tagen.

Bei größeren Parties helfen nur echte KEG-Fässer. Sie gibt es mittlerweile ab 12,5 Liter, bei 50 l ist Schluß. Gängig sind vor allem 20 und 30 l-Fässer. Benötigt wird hier eine professionellere Ausschankanlage mit frischer Kohlensäurezuführung. Als Innovation gilt die 12,5 l-Variante. Drei im Internet präsente Brauereien haben sie im Programm: Hoepfner, Schmucker und Flensburger führen das neue 12,5 Liter Mehrweg-Keggy-Faß. Es bietet auch Gastronomen mit geringen Bierausschankmengen, wie Bars, Restaurants und Hotels, die bislang auf Flaschen setzen mußten, eine gute Chance frisch gezapftes Bier den Gästen auszuschenken. Das Mini-Faß kommt ohne pflegebedürftige Ausschankanlage aus, paßt sogar in jeden Kühlschrank.

Ein Faß zu kaufen, sprich auszuleihen, ist heute wirklich einfach; es zu transportieren dagegen schon schwieriger.

 Die grossen KEG-Fässer sind tatsächlich sehr schwer, wiegen leicht 75 Kilo. Da kann man sich als Ungeübter schnell einen Bruch heben. Das notwendige Zubehör zum Bierzapfen (Ausschankanlagen) stellen viele Händler zu günstigen Preisen leihweise zu Verfügung. Achten Sie darauf, daß sie gut gepflegt sind und sauber aussehen, behandeln Sie diese so als wäre es Ihre eigene. Unsaubere Leitungen sind des Bieres Tod, und Keime schaden dem Biergenuß. Wer ganz sicher gehen will und öfters eigene Feste arrangiert, kann sich auch eine eigene Profizapfanlage zulegen. Dies ist aber kein billiges Vergnügen und äußerst pflegeaufwendig. Überlassen Sie diese Arbeiten lieber dem Fachmann!

Marke	Sorte	Faßbierausstoß in Tsd. hl	Anteil in % am Gesamtausstoß der Marke
Bitburger	Pils	1.270	31
Warsteiner	Pils	1.190	22
Krombacher	Pils	840	18
König	Pils	800	36
Veltins	Pils	600	26
Diebels	Alt	420	26
Jever	Pils	320	20
Gaffel	Kölsch	300	75
Herforder	Pils	290	30
Fürstenberg	Pils	270	35

Quelle: Unternehmensangaben / Veröffentlichungen

Die zehn größten Faßbiermarken Deutschlands

 ### Faß ohne Boden

Wußten Sie schon, ...daß es eine Sonderbriefmarke zum Hopfenanbau gibt? Nach »Brauanlage« und »450 Jahre Reinheitsgebot« kam jetzt als dritte Bier-Briefmarke »Über 1.100 Jahre Hopfenanbau in Deutschland« dazu. Ob die vierte Marke das »Faß« zum Thema hat? Hoffentlich nicht ohne Boden.

Teil IV

Hobbybrauen

In diesem Teil...

Dieser Teil ist für all diejenigen, die bereits über 5.000 deutsche Biermarken probiert haben oder denen Briefmarken sammeln zu langweilig ist. Entsprechend behandelt dieses Kapitel das Hausbrauen. Er ist nicht so sehr als Anleitung zum Hausbrauen zu verstehen, sondern um Ihnen zu zeigen, daß Hausbrauen gar nicht so kompliziert sein muß.

Man unterscheidet beim Hausbrauen inzwischen zwei verschiedene Arten des Brauens. Dem ursprünglichen Brauen, bei dem die Maische selber hergestellt wird, und dem Extraktbrauen, bei dem die Würze fertig in Dosen geliefert wird. Es ist wohl selbstverständlich und leicht ersichtlich, welche der beiden Möglichkeiten dem Hausbrauer mehr Möglichkeiten läßt, aber auch komplizierter in der Durchführung ist.

Entsprechend wird im 10. Kapitel das Maischebrauen und im 12. Kapitel das Extraktbrauen beschrieben. Das 11. Kapitel behandelt allgemeine Fragen, die beim Hausbrauen auftreten, so zum Beispiel die Flaschenabfüllung.

Selber Bier brauen

In diesem Kapitel

▶ Allgemeines und Wissenswertes

▶ Warum eigentlich Hausbrauen?

▶ Die benötigten Zutaten

▶ Die Gerätschaften

▶ Der Brauvorgang

Wollten Sie nicht schon immer mal Ihr Bier selber brauen – oder zumindest wissen, daß Sie es könnten, wenn Sie es wollten? Dieses Kapitel zeigt Ihnen, wie Sie Ihre Küche in eine moderne Braustätte umwandeln und welche Zutaten Sie benötigen. Hier wird das herkömmliche Brauverfahren beschrieben, wie es seit Jahrhunderten praktiziert wird. Eine einfachere Methode finden Sie in Kapitel 12.

Allgemeinenes und Wissenswertes

Das Hausbrauen steckt in Deutschland noch in den Kinderschuhen. Es ist ein Hobby, das nur von wenigen betrieben wird. Erst nach und nach wird die Marktlücke erkannt und Spezialgeschäfte für Hausbrauen entstehen. Dies bedeutet aber nicht, daß es nur fünf Hausbrauer in Deutschland gibt! Das Problem war in der Regel die Beschaffung von Rohstoffen. Man brauchte schon besonders gute Beziehungen zu einer lokalen Brauerei, um an diese zu kommen. Dies ist heute anders – die schon angesprochenen Geschäfte bieten jegliche Art an Rohstoffen, und geben diese auch in kleinen Mengen ab.

Da diese Spezialgeschäfte – meistens im Versandhandel – diese Marktlücke füllen, steigt die Anzahl der Hausbrauer in Deutschland rapide. Der Trend an sich stammt aus den USA, wo es inzwischen über 600 Geschäfte für Hausbraubedarf gibt. Im Gegensatz zum deutschen Biermarkt wurde der amerikanische bis vor rund 10 bis 15 Jahren von nur einigen Biermarken, anstatt von einigen tausend geprägt. Um dieser bierigen Langeweile zu entfliehen, entdeckten immer mehr Amerikaner das »Selbstgebraute« für sich.

Da nicht alle Lust oder Zeit zum Selberbrauen hatten, begannen einige clevere Geschäftsleute unter den Hausbrauern mit dem Verkauf ihres Bieres. Schnell wurde ihnen klar, daß dies ein lukratives Geschäft darstellte und aus den Garagenbrauereien wurden schnell große Brauereien – sogenannte *Microbreweries* – die sich durchaus mit deutschen Brauereien messen können, und das nicht nur in der Technik – viele Microbreweries brauen nach dem deutschen Reinheitsgebot!

Selbstverständlich hat die deutsche Industrie schnell erkannt, daß bei einer solchen Ausrichtung auf den deutschen Biermarkt auch deutsche Gerätschaften gefragt sein müßten – und sie hatte Recht! Die Technik für diese Brauereien stammt meistens aus Deutschland – ein neuer Markt mit unbegrenzten Möglichkeiten.

Entwicklungsland Deutschland?

1996 gab es in den USA 1.5 Millionen Hausbrauer, mehr als 1.500 Fachgeschäfte für Hausbrau-Artikel und mehr als 600 Hausbrau-Vereine. Diese Vereine sind meistens recht klein, doch die »American Homebrewers Association« hat mehr als 25.000 Mitglieder. Auf der ganzen Welt werden Hausbrau-Vereine gegründet, die sich an regem Zulauf erfreuen. Nur Deutschland ist in Sachen Hausbrauen noch Entwicklungsland – aber warum sollte der Deutsche auch brauen – es gibt genug Biermarken zum probieren.

Die amerikanischen Bierriesen staunten nicht schlecht und sahen ihre Felle schon davon schwimmen, aber aufgrund der finanziellen Reserven stellten die Microbreweries nie wirklich eine Gefahr für diese Konzerne dar. Dennoch sahen sich diese gezwungen zu reagieren! Zum einen wichen sie davon ab, nur noch eine Biermarke zu brauen, sondern sie bieten inzwischen eine große Sortenvielfalt an, und zum zweiten kauften sie die erfolgreichsten Microbreweries einfach auf. Diese behielten zwar ihre Autonomie, gehörten aber nicht mehr den Hausbrauern. Vielleicht ändert man in Amerika das Sprichwort »vom Tellerwäscher zum Millionär« bald in »vom Heimbrauer zum Millionär« – Amerika ist und bleibt das Land der unbegrenzten Möglichkeiten.

Mittlerweile weist der amerikanische Biermarkt rund 1.000 verschiedene Sorten Bier auf. Nicht annähernd so viele Marken wie in Deutschland aber dennoch beachtlich für die kurze Zeit, in welcher dieser Umbruch stattgefunden hat. Da die USA durch englische, irische und deutsche Einwanderer geprägt sind, werden neben den in Deutschland üblichen Biertypen auch Ale, Stout und Porter gebraut. Manche Biere muten sehr exotisch an, z.B. Kürbis-Bier oder das Alimente Bier, welches sich rühmt, das bitterste Bier der Welt zu sein. Durch fehlende Beschränkungen ist der Experimentierfreude natürlich keine Grenze gesetzt. Wer's mag ...

In Deutschland selbst wird die Hausbrau-Kultur aufgrund der riesigen Biervielfalt wahrscheinlich nicht so erfolgreich werden wie in den USA – schließlich gibt es genug Biere für ein ganzes Leben voller Probierleidenschaft. Dennoch mag es den einen oder anderen durchaus interssieren, einmal etwas »Neues« zu probieren, und sein persönliches Bier herzustellen – dies ist auch der Grund dieses Thema anzuschneiden

Warum eigentlich Hausbrauen?

Nun, warum eigentlich selber kochen? Schließlich gibt es im Restaurant auch fertiges Essen! Natürlich ist das Essen im Restaurant teurer aber nicht unbedingt besser als die heimische Küche, der Vergleich hinkt also ein wenig. Aber es kommt dem Ganzen schon ziemlich nahe, denn der Geschmack vom Selbstgebrauten unterscheidet sich natürlich vom Bier großer Brauereien.

 Geschmacklich sind Ihnen beim Hausbrauen keine Grenzen gesetzt, außerdem können Sie jede Biersorte herstellen, nach der Ihnen gerade der Sinn steht! Englisches Stout, belgisches Kriek und amerikanisches Lager werden für Sie keine teuren Exoten mehr sein – mal ganz abgesehen davon, daß Sie wohl kaum in den Besitz frischer exotischer Biersorten kommen können, falls doch – schreiben Sie uns ...

Zu guter Letzt bietet Hausbrauen eine wunderbare Ausrede dafür, unheimliche Mengen von Bier in Ihrem Keller zu lagern, die sich dort natürlich nur aus wissenschaftlichen Zwecken befinden – aber dies interessiert wahrscheinlich nur die wenigsten von Ihnen.

Die benötigten Zutaten

Die zu verwendenden Zutaten werden nur kurz erklärt. Zum einen werden die Zutaten an anderer Stelle dieses Buches genauer erläutert, zum anderen wird davon ausgegangen, daß Sie nicht planen, die Zutaten selber anzubauen. Sollten Sie dies dennoch tun wollen, sollten Sie sich mit einem Umzug in die Hallertau anfreunden. Haben Sie es dann geschafft, braufähigen Hopfen anzubauen, sollten Sie über soviel Fachwissen verfügen, daß Sie diesen Absatz getrost überspringen können.

Die Zutaten erhalten Sie am besten in einer lokalen Brauerei, oder bei einer Bezugsquelle für Heimbraubedarf, die im Anhang aufgelistet sind.

Malz

Bei Malz handelt es sich um nichts anderes als Gerste, bzw. Weizen bei sogenannten Weizenbieren. Das Getreide wird durch hinzufügen von Flüssigkeit zum Keimen gebracht, wodurch sich im Korn Enzyme bilden. Die Körner werden dann getrocknet, was der Fachmann auch Darren nennt. Durch die beim Darren verwendete Temperatur bestimmt man die Farbe des Malzes. Äußerlich unterscheidet sich das Malz kaum von der Gerste, es ist jedoch wesentlich weicher und schmeckt bereits süßlich, denn ein Teil der enthaltenen Stärke ist bereits in Zucker gewandelt worden, den man auch Maltose-Zucker, oder kurz Maltose nennt.

Da es viel zu umständlich wäre, Malz aus Gerste herzustellen, empfehlen wir die Verwendung von bereits fertig hergestelltem Malz.

Hefe

Hefe ist eine der Grundsubstanzen im Bier, es wandelt Zucker in Alkohol. Hefe wird in drei Arten vertrieben: in flüssiger Form, wie sie meistens in Brauereien benutzt wird, in Trockenform, wie sie meistens zum Hausbrauen benutzt wird und in gepreßter Form, wie sie in Supermärkten zu finden ist. Falls möglich, sollten Sie versuchen, an Flüssighefe zu kommen; gerade Anfänger werden jedoch Trockenhefe – Hefe in Pulverform – verwenden.

Gefriergetrocknete Hefe

Trockenhefe ist gefriergetrocknet, also darauf ausgelegt, eine sehr lange Zeit zu halten. Unglücklicherweise ist der Vorgang des Gefriergetrocknens, der der Hefe das Wasser entzieht, nicht vollkommen steril. Dies hat zur Folge, daß zum einen unreine Hefe-kulturen aber auch Bakterien in die Hefe gelangen. Man kann also nur hoffen, daß mehr gute als schlechte Hefekulturen in dieser Form der Hefe vorkommen.

Trockenhefe ist außerdem dafür bekannt, daß sie mehr des entstehenden Zuckers in der Würze verkonsumiert – ein oftmals unerwünschter Effekt.

Wasser

Auch an das Wasser werden besondere Ansprüche gestellt, so daß unter Umständen einfaches Leitungswasser nicht ausreichend ist. Das Brauwasser muß besonders weich sein, nicht umsonst werben Brauereien mit der Qualität ihres Quellwassers. Ein Anruf beim lokalen Wasserwerk oder den Stadtwerken gibt Aufschluß über die Wasserhärte, in Apotheken gibt es auch Teststreifen. Ist das Leitungswasser zu hart, muß es entkalkt werden, die einfachste Methode hierzu ist wohl das Abkochen des Wassers.

Hopfen

Hopfen ist eine leicht verderbliche Frucht, die nur an sehr wenigen Anbaugebieten in Deutsch-land gedeiht. Am besten läßt er sich kühl, dunkel, trocken und unter Luftausschluß lagern. Also in einer undurchsichtigen Dose im Kühlschrank. Aufgrund der Sensibilität des Hopfen wird die-ser nach der Ernte sofort verarbeitet. Er wird überprüft, so daß nur die besten und geeignetsten Dolden benutzt werden, und dann getrocknet. Nach dem Trocknen wird er zu gepreßten Tablet-ten verarbeitet, sogenannten Pellets. Dies dürfte die einzigen Form des Hopfen sein, die Sie in Ihren Besitz bringen können.

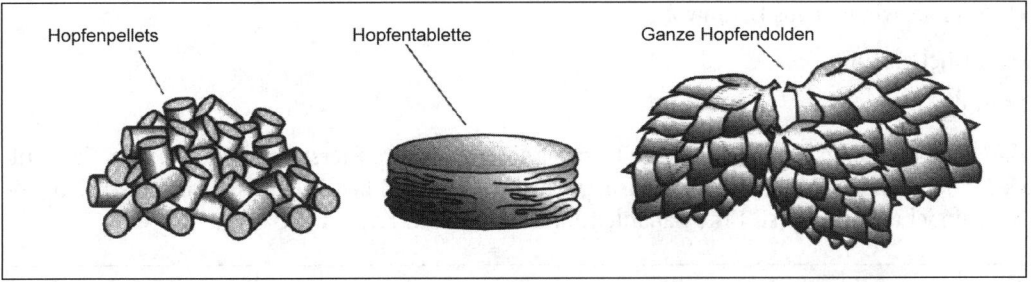

Hopfen wird in verschiedenen Formen angeboten.

Die Gerätschaften

In Anbetracht dessen, daß man bereits vor 6.000 Jahren Bier gebraut hat, sollten alle benötigten Geräte bereits in Ihrer Küche vorhanden sein. Sollten sie es nicht sein, dürfte es angebracht sein, sich Gedanken über eine gesunde Ernährung zu machen. Sowieso kommt es nicht so sehr auf die Gerätschaften an (man kann sich immer mit Ersatzgeräten behelfen), sondern auf eine peinliche Sauberkeit. Alle Geräte müssen absolut sauber und steril sein. Der Fachhandel bietet hierfür spezielle Reinigungsmittel an, die auch benutzt werden sollten. Die meisten mißlungenen Brauvorgänge lassen sich auf mangelnde Reinlichkeit zurückführen.

Um mit dem Brauen beginnen zu können benötigen Sie folgende Gegenstände:

✔ 1 10 Liter-Topf (zum Beispiel einen Einmach-Topf)

✔ 1 3-4 Liter-Topf

✔ 1 6-8 Liter Topf

✔ 1-2 handelsübliche Plastikeimer als Ablauf und Gärgefäße

✔ 1 großes Küchensieb

✔ 2 Kochlöffel

✔ 1 Schöpflöffel

✔ 1 Schaumkelle

✔ 1 Meßbecher

✔ 1 Küchenwaage oder Briefwaage

✔ 1 zylindrisches Bier-Glas (Kölsch-Stange)

✔ 1 Einmachthermometer bis 110°C, das aus der Metallhülle entfernt werden sollte

✔ 1 Schrotmühle (oder Kaffeemühle)

✔ 1 Bierspindel (zum Messen des Würzegehalts)

✔ 2-3 Babywindeln aus Baumwolle

✔ 1 Küchenstuhl

✔ Bindfaden, Schere

Das einzige unübliche Gerät in dieser Liste ist die sogenannte Bierspindel. Sie können diese entweder bei einer Bezugsquelle für Hausbrauer (siehe Anhang) beziehen, oder Sie bauen sich eine Bierspindel einfach selbst. Eine Bauanleitung finden Sie in Kapitel 11.

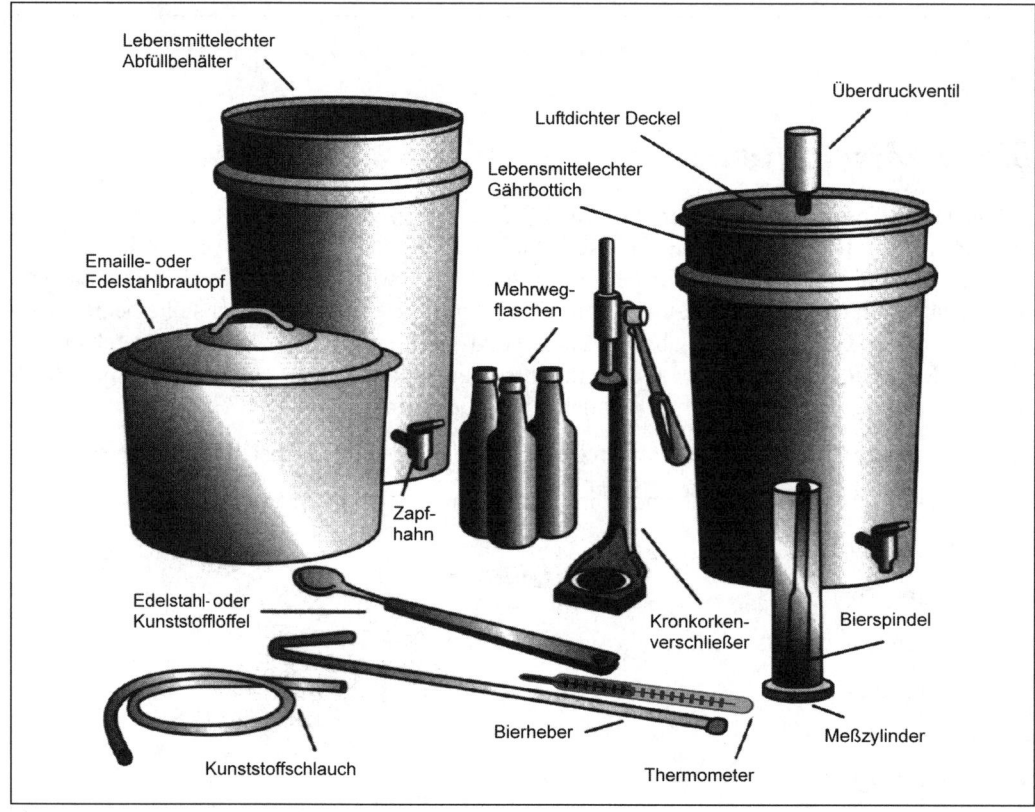

Spezialgeschäfte für Hausbrauer verkaufen die benötigten Gerätschaften als Starterkits.

Der Brauvorgang

Das folgende Beispiel für das Brauen von eigenem Bier ergibt ca. 4 bis 5 Liter. Dies ist nicht viel, hat aber den Vorteil, daß Sie das Ganze einfach in Ihrer Küche herstellen können und keine speziellen Gerätschaften (extra große Eimer oder Töpfe zum Beispiel) anschaffen müssen. Sie benötigen die folgenden Menge an Rohstoffen:

✔ 900 bis 1000 g Malz

✔ 10 g Hopfenpellets (90%iger Hopfen mit 7%iger Alphasäure)

✔ 10 g frische Bierhefe oder 5 bis 10 g Preßhefe oder 2 g Trockenhefe

Nachdem man alle Gerätschaften zurechtgelegt und gereinigt hat und über die Rohstoffe verfügt, kann man mit dem Brauen beginnen:

Das Schroten

Damit im Malz die Umwandlung von Stärke zu Zucker besser gelingt, muß dieser grob geschrotet werden. Es sollte zum einen nur frisch geschrotetes Malz verwendet werden, zum zweiten bedeutet in diesem Fall feiner nicht gleich besser.

Das Einmaischen und die Eiweißrast

Nehmen Sie den 6 bis 8-Liter Topf und füllen Sie ihn mit 2 Liter Brauwasser. Das Wasser muß dann auf exakt 55°C erhitzt werden, was Sie mit dem Einmachthermometer kontrollieren können. Rühren Sie nun zügig das geschrotete Malz in das Wasser ein. Hierbei ist darauf zu achten, daß die Temperatur nicht unter 50°C fällt. Stattdessen sollte die Temperatur ziemlich exakt bei 50°C gehalten werden. Dies bedeutet, daß Sie die Temperatur des Herds regeln, und den Topf auch schon mal von der Platte nehmen müssen. Rühren Sie den entstandenen Brei, den der Fachmann Maische nennt, von Zeit zu Zeit mit dem Holzlöffel um. Die Temperatur von 50-55°C muß ungefähr 10-15 Minuten gehalten werden, was einen ziemlichen Balance-Akt darstellt. Diese Phase wird auch Eiweißrast genannt.

Die Maltoserast

Die Maltoserast dient der Bildung des Alkohols. Sie findet bei 65°C statt und dauert 20 Minuten. Die Temperatur muß, wie schon bei der Eiweißrast, ziemlich genau gehalten werden. Experten überprüfen den Verzuckerungsgrad durch die sogenannte Jodprobe (siehe Kapitel 11). Ein erfolgreiche Jodprobe zeigt an, daß die Maltoserast abgeschlossen ist.

Die Verzuckerungsphase

Die Maische muß nun weiter erhitzt werden, und zwar auf 72°C bis 74°C. In dieser Phase geht es darum, die Maltose in der Flüssigkeit vollständig aufzulösen. Diese Temperatur muß etwa 30 Minuten gehalten werden, wobei diesmal Abweichungen von 5°C nicht so schlimm sind, allerdings korrigiert werden sollten.

Das Abgießen und erste Filtern

Zunächst brauchen Sie einen Filter: Stellen Sie einen Stuhl mit der Sitzfläche auf einen Tisch. Den Bindfaden spannen Sie nun etwa 2 cm unter dem Stuhlbeinende um alle vier Füße. Jedes Bein sollte dabei ein paarmal umwickelt werden da die Schnur eine große Last tragen muß. Auf die Schnur spannen Sie nun, zum Beispiel mit Wäscheklammern, eine Windel. Unter die Windel kommt der 3-4 Liter Topf oder der Plastikeimer.

Die Maische wird nun nicht einfach aus dem Topf in die Windel gegossen, sondern filtriert. Die festen Bestandteile der Maische verteilen Sie dabei mit einem Schaumlöffel auf der Windel. Danach wird die Flüssigkeit vorsichtig und langsam auf der Windel verteilt, so daß sie langsam durch die festen Bestandteile der Maische sickert. Sorgen Sie mit dem Schaumlöffel dafür, daß die Windel stets bedeckt bleibt.

In dem Topf unter der Windel sammelt sich nun eine Flüssigkeit, die der Fachmann Würze nennt, dabei entsteht natürlich viel zu wenig Flüssigkeit (ca. 1-1,5 Liter), so das wir das ganze auf 4-5 Liter auffüllen. Hierzu bringen wir die benötigte Menge Wasser zum Kochen und geben sie mit einer Schöpfkelle langsam auf die Maische, so daß diese ebenfalls durchsickert, bis genug Würze vorhanden ist. Der Fachmann nennt diesen Vorgang läutern.

 Beim Aufgießen des zusätzlichen Wassers sollten Sie darauf achten, das die Maische gut ausgeschwemmt wird – schließlich wollen wir ja allen wichtigen Bestandteile der Maische in der Würze wissen. Vergessen Sie nicht, die Windel am Ende des Läuterns auszupressen – damit auch wirklich die gesamte Flüssigkeit in die Würze fließt.

Messen des Würzegehalts

Den Würzegehalt mißt man mit der Bierspindel. Der Würzegehalt bestimmt die Art des entstehenden Biers. Ein Vollbier besitzt einen Würzegehalt zwischen 11 und 14%, ein Starkbier über 16%. Sie können den Würzegehalt verringern, indem Sie der Würze Brauwasser zufügen.

Das Hopfen

Das Hopfen bestimmt den Geschmack des Bieres wesentlich. Kleine Hopfenmengen erzeugen ein mildes Bier, große Mengen ein kräftiges und bitteres Bier. Der Hopfen wird in die Würze eingerührt. Bei unserem Beispiel sollte man 5 g Hopfen für ein mildes Bier und 10 g Hopfen für ein kräftiges Bier wählen. Das Abmessen von frischem Hopfen ist sehr kompliziert, so daß gerade Anfänger Pellets benutzen sollten.

Das Kochen der Würze

Die Würze wird nun zusammen mit dem Hopfen bei mittlerer Hitze gekocht. Dieser Vorgang dauert etwa 45 bis 60 Minuten. Natürlich verdunstet bei einer solch langen Kochphase eine ganze

Menge Flüssigkeit, die mit frischem Wasser wieder aufgefüllt werden muß. Dieser Vorgang hat eine starke Geruchsbildung zur Folge, so daß es ratsam ist, alle Fenster zu öffnen.

Das zweite Filtern

Ab sofort muß sehr sauber gearbeitet werden, da jeder Fremdkörper die ganze Mühe zunichte machen könnte. Die Würze muß nun gefiltert werden, und zwar durch das Küchensieb, das mit einer vierfach gefalteten Windel ausgelegt worden ist. Die Windel muß natürlich auch sterilisiert (gekocht) worden sein. Da dieses Filtern unter Umständen sehr lange dauern kann, schütten Sie nicht den ganzen Topf in das Sieb, sondern schöpfen Sie die Flüssigkeit mit einer Kelle in das Sieb. Das Sieb können Sie auf einen sterilen Eimer oder größeren Topf setzen.

Abkühlen und Hefen

Die Würze muß nun mit Hefe versetzt werden, zu diesem Zweck muß die Flüssigkeit zunächst einmal abkühlen. Die Temperatur, auf die abgekühlt werden muß, hängt dabei von der verwendeten Hefe ab. Bei obergärigen Hefen muß die Würze auf 16 bis 22°C abgekühlt werden, bei untergäriger Hefe auf 6 bis 10°C. Entsprechend dürfte klar sein, daß sich obergäriges Bier leichter herstellen läßt. Am besten läßt sich die Würze in einem kalten Wasserbad abkühlen, ganz Eilige können dem Wasser (nicht der Würze!) auch Eiswürfel hinzufügen. Während Sie auf das Abkühlen warten, sollte die Würze unbedingt abgedeckt werden, damit keine Fremdkörper hinein geraten.

Bakterien

Aufgrund der Tatsache, daß unvergorenes Bier warm und süß ist, ist es die ideale Spielwiese für alle Arten von Bakterien. Nichtsdestotrotz – keine der Bakterien die sich im Bier ansiedeln können, sind auch nur annähernd so gefährlich wie die allseits bekannten Salmonellen. Die Bakterien im Bier sind nichts anderes als unmotivierte und gelangweilte Quälgeister, die gerade nichts besseres zu tun haben als den Biergeschmack zu beeinflussen. Diese Bakterien werden Ihnen keinen Schaden zufügen (so brauchen Sie also nicht Ihr Selbstgebrautes dem Abfluß zu überlassen, bevor es überhaupt eine Flasche zu Gesicht bekommen hat – was Sie wohl eher um den Verstand bringen dürfte als die Bakterien). Aus diesem Grund müssen Sie Ihr Bier auch nicht in einem Operationssaal brauen, sondern ein gesundes Maß an Reinlichkeit ist ausreichend.

Die Hauptgärung

Ist die richtige Temperatur erreicht, können Sie das aktuelle Gefäß auch als Gärbottich benutzen. Allerdings sollten Sie noch 2 Liter für den entstehenden Schaum einplanen. Gegebenenfalls müssen Sie die Würze in ein absolut steriles Behältnis umfüllen. Fügen Sie der Würze nun die Hefe hinzu und verrühren Sie diese. Der Topf muß nun sofort abgedeckt, jedoch nicht luftdicht verschlossen werden, da beim Gären Gase entstehen. Der Topf muß nun ca. eine Woche bei den bereits oben angesprochenen Temperaturen gelagert werden. Wiederum empfiehlt sich die obergärige Hefe, die sich unproblematisch lagern läßt. Die Hauptgärung ist abgeschlossen, wenn der entstandene Schaum in sich zusammengefallen ist, und sich die Hefe am Boden des Gefäßes abgesetzt hat. Wer ganz sicher gehen will, kann auch mit der Bierspindel nachmessen: Sie sollte einen Wert von 4,5 bis 5% anzeigen. Liegen die Werte über diesen, sollte man die Hauptgärung entsprechend verlängern.

Das Jungbier ist nun fertig und kann zur Nachgärung in Flaschen abgefüllt werden (Siehe Kapitel 11).

Rund ums Hausbrauen

In diesem Kapitel

✔ Die Abfüllung & Nachgärung

✔ Die Lagerung

✔ Bierspindel selbst gebaut

✔ Die Jodprobe

✔ Braugenehmigung

Dieses Kapitel behandelt alle Fragen, die nach der Herstellung des Jungbieres auftreten können. Es zeigt Ihnen, wie Sie mit einfachen Hilfsmitteln Ihre Brautechnik verfeinern können, und last but not least geht es auf die steuerlichen Aspekte des Bierbrauens ein. Es zeigt Ihnen allerdings nicht, wie Sie an leere Bügelverschlußflaschen kommen, oder was Sie mit Ihrem Bier machen, nachdem es abgefüllt ist. Aber nach einigem Überlegen wird Ihnen dazu bestimmt selber eine Lösung einfallen.

Die Abfüllung in Flaschen & die Nachgärung

Bei der Nachgärung werden die restlichen Kohlenhydrate (Zucker), die nach der Hauptgärung verblieben sind, umgewandelt. Die Nachgärung ist somit ein wichtiger Bestandteil des Brauprozesses. Erst durch die Nachgärung entsteht die notwendige Kohlensäure, die für die Schaumbildung des Bieres notwendig ist, und erst jetzt entwickelt es seinen ureigenen Geschmack. Außerdem trägt die Nachgärung zur Klärung des Bieres bei. Denn während sich die Hefe mit der Zeit am Boden der Flasche absetzt, zieht sie während des Absinkens trübende Bestandteile mit sich und lagert diese als Sediment ab.

Die Flaschen, in die das Jungbier abgefüllt werden soll, müssen 100% steril sein. Besonders empfehlen sich hierbei Bügelverschlußflaschen mit mindestens 1 Liter Inhalt. Reinigen Sie die Flaschen zunächst mit Wasser und einer speziellen Flaschenbürste. Ist dies geschehen, müssen die Flaschen im Backofen sterilisiert werden. Hierzu entfernen Sie die Gummidichtung der Bügelverschlußflaschen (die in Fachgeschäften für Hobbybrauer auch nachgekauft werden können), und legen Sie die Flaschen auf ein Rost in Ihren Backofen. Hierbei ist zu beachten, daß die Flaschen weder die Backofenwände noch sich untereinander berühren. Stellen Sie den Backofen nun auf 150°C ein. Durch das langsame Erhitzen wird den Flaschen nichts geschehen, und sie werden zu 100% sterilisiert. Sind die 150°C erst einmal erreicht, schalten Sie den Backofen aus und lassen die Flaschen langsam abkühlen.

 Beim eigentlichen Umfüllen in die Flasche sollten zwei Dinge beachtet werden: Es sollte eine übermäßige Schaumbildung vermieden werden, und die Hefe, die sich im Gärgefäß abgesetzt hat, sollte da verbleiben, wo sie jetzt ist – also im Gärgefäß. In der Praxis hat sich das Absaugen des Jungbieres mit einem Schlauch bewährt. Achten Sie zum einen darauf, daß Sie keine Hefe absaugen, und stecken Sie das andere Ende des Schlauchs bis zum Boden in die Flasche, um eine übermäßige Schaumbildung zu verhindern. Der Schlauch muß natürlich auch 100% steril sein.

Es sei nochmals erwähnt, das es sehr wichtig ist, daß die abgesetzte Hefe dort verbleibt, wo sie ist, da es sich hierbei meistens um tote, gärunfähige Zellen handelt. Bei einer übermäßigen Schaumentwicklung entweicht dem Jungbier zuviel Kohlensäure; stecken Sie den Schlauch deshalb immer bis zum Boden in die Flasche. Die Flaschen sollten übrigens nur bis zu 90% gefüllt werden, um somit Raum für den Kohlensäuredruck zu schaffen.

Kronkorken – woher nehmen?

Spätestens beim Abfüllen des Jungbieres in Flaschen wird man sich wundern, wie man diese eigentlich verschließen soll, wenn man keine Bügelverschlußflaschen benutzt. Hausbrau-Fachgeschäfte bieten hierfür neue Kronkorken und maschinelle Geräte zur Befestigung eben dieser an. Ein kleiner Hinweis am Rande: Kronkorken sind nicht gerade empfehlenswert bei Flaschengärung, da diese ja noch mehrmals geöffnet und wieder verschlossen werden müssen.

Die Lagerung des frisch abgefüllten Bieres

Für die Lagerung von frisch Gebrautem gelten fast die gleichen Regeln wie für die Lagerung von handelsüblichem Bier: kalt und dunkel. Jedoch gelten noch einige zusätzliche Regeln, die vor allem dazu beitragen sollen, daß die Flaschen nicht platzen und der Geschmack des Bieres nicht beeinträchtigt wird.

Zuallererst ist zu beachten, daß die Flaschen nur stehend gelagert werden sollten. Dadurch ist gewährleistet, das eventuell noch vorhandene Hefereste sich am Flaschenboden ablagern können. Zum zweiten ist zu beachten, daß die Flaschen in den ersten 2 bis 3 Tagen nach der Abfüllung täglich einmal ganz kurz entlüftet werden müssen. Das erste Mal sollte dies 12 bis 18 Stunden nach der Abfüllung erfolgen. Durch das Öffnen der Flaschen wird ein zu hoher Kohlendioxid-Druck vermieden. Würde der Druck nicht abgelassen, würden die Flaschen platzen. Aufgrund der Tatsache, daß die Flaschen mehrmals geöffnet werden müssen, empfehlen sich die Flaschen mit Bügelverschluß, wie sie in jedem Getränkemarkt erhältlich sind.

Ab wann die Flaschen kühl gelagert werden müssen, ist abhängig von der verwendeten Hefe. Während untergäriges Bier sofort nach der Abfüllung kühl gelagert werden muß, ist dies bei obergärigem Bier erst nach 3 bis 4 Tagen der Fall.

Bierspindel selbst gebaut

Eine Bierspindel ist nicht sehr teuer, man muß nur wissen, wo man sie bekommt. Während alle anderen Gerätschaften zum Brauen in jedem gut sortierten Haushaltswarengeschäft zu finden sind, verhält es sich mit Bierspindeln anders. Mit einer Bierspindel können Sie den Würzegehalt messen, und sie ist somit für den Brauvorgang unerläßlich. Das Prinzip ist sehr einfach: Je höher der gelöste Zuckergehalt der Würze ist, desto höher ist ihr spezifisches Gewicht. Dieser Wert kann auf einer Skala der Bierspindel abgelesen werden.

Für die Herstellung einer Bierspindel benötigen Sie folgendes Zubehör:

✔ Ein ca. 20 bis 30 cm langes Rundholz mit einem Durchmesser von 2-3 mm (Schaschlik-stäbchen)

✔ Etwas Blumendraht

✔ 1-2 Stücke Balsaholz (erhältlich in jedem Bastelbedarf). Abmessungen: 1x1 cm Durchmesser, 2 bis 3cm lang

✔ Etwas Holzleim

✔ Etwas wasserfester Lack (z.B. Tauchlack)

Auf den Stab kommt später die Meßskala. Er muß also in der Würze aufrecht »stehen«. Um dies zu verwirklichen, umwickeln Sie ihn am unteren Ende mit ca. 2,5 bis 3 cm Blumendraht. Der Gewicht dieses Drahtes hält den Stab in der Würze senkrecht, indem es ihn nach unten zieht. Das Balsaholz muß nun durchbohrt werden, und zwar so, daß die Dicke des Lochs der Dicke des Stabs entspricht. Seien Sie beim Bohrvorgang vorsichtig, da das Balsaholz leicht bricht. Schieben Sie das Stück Balsaholz nun über das Rundholz, bis es das obere Drahtende erreicht. Fixieren Sie das Balsaholz nun mit dem Holzleim und lackieren Sie den gesamten Stab mit dem wasserfesten Lack (am besten direkt zweimal), so daß dieser wasserfest wird.

Die Herstellung der Bierspindel ist nun beendet, es muß nur noch die Skala angebracht werden. Hierzu füllen Sie ein Bierglas mit Wasser und stecken Sie die Spindel in das Glas. Berührt die Spindel den Boden des Glases, müssen Sie etwas Draht von der Spindel wegnehmen, steht es nicht senkrecht im Glas, müssen Sie etwas Draht hinzufügen. Beachten Sie, daß Sie die Spindel neu lackieren müssen, wenn Sie Draht hinwegnehmen oder hinzufügen.

Steht die Spindel stabil im Wasser, markieren Sie mit einem Filzstift die Stelle auf dem Stab, die aus dem Wasser herausragt. Dieser Wert entspricht einem Zuckergehalt von 0%. Nun bereiten Sie eine 10%ige Zuckerlösung vor (110g Zucker in 1 Liter Wasser) und stecken die Spindel in diese Lösung. Markieren Sie die Stelle auf dem Stab, die aus dem Wasser herausragt. Die Spindel zeigt nun die beiden Werte einer 0%igen und einer 10%igen Lösung an.

Zu guter Letzt tragen Sie den Wert für eine 20% Lösung mittels eines Lineals auf der Spindel ein. Der Abstand zwischen 10% und 20% ist hierbei genauso groß wie der Abstand zwischen 0% und 10%.

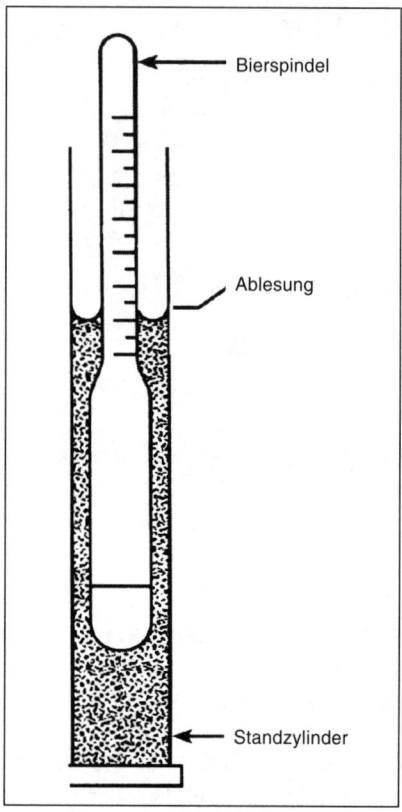

Die Bierspindel: einfach aber wirkungsvoll

 Jetzt bleibt noch zu bemerken, daß sowohl für die 0%ige Lösung, als auch bei der 20%igen Lösung die Temperatur des verwendeten Wassers bei ca. 20°C liegen sollte, in beiden Fällen aber auf jeden Fall gleich sein muß. Außerdem muß die Spindel 100%ig wasserdicht sein, lackieren Sie lieber einmal zuviel, als einmal zu wenig. Ist die Spindel nicht wasserdicht, saugt sie sich voll Wasser und versinkt dementsprechend tiefer im Wasser. Die Spindel »geht« dann falsch, da der Nullpunkt nicht mehr stimmt.

Die Jodprobe

Die Jodprobe gibt darüber Aufschluß, ob während der sogenannten Maltoserast ausreichend Stärke in Zucker gewandelt worden ist. Bei fertigen Rezepten, wie bei unserem in Kapitel 10, ist eine Jodprobe nicht unbedingt erforderlich, sollten Sie jedoch anfangen eigene Rezepte zu entwickeln oder bestehende zu verändern, ist eine Jodprobe unerläßlich. Um eine Jodprobe durchführen zu können, benötigen Sie eine Jod N/50-Lösung (einprozentige Kaliumjoditlösung), die Sie bei Ihrem Apotheker bekommen können.

Für die Jodprobe geben Sie einen Teelöffel der Würze auf eine weiße Untertasse und geben nach kurzer Abkühlung der Würze 1 bis drei Tropfen der Jod-Lösung hinzu. Wenn sich die Probe rot oder blau färbt, muß die Maltoserast um ca. 10 Minuten bei 72°C verlängert werden, denn es wurde noch nicht genug Stärke in Zucker gewandelt. Verfärbt sich die Lösung gelb, ist alles o.k. und der Brauvorgang kann fortgesetzt werden.

Die Braugenehmigung

Falls Sie es noch nicht wußten, jetzt wissen Sie es: in Deutschland existiert eine sogenannte Biersteuer. Kein Grund zur Aufregung, solange Sie nicht planen, Ihren ganzen Stadtteil mit selbstgebrautem Bier zu versorgen. Nichtsdestotrotz, auch die Herstellung von kleinsten Mengen Bier ist meldungspflichtig (und somit auch steuerpflichtig). Das aktuelle Biersteuergesetz von 1993 und das Biersteuerdurchführungsgesetz von 1994 sagt unter anderem folgendes aus, was besonders für Hobbybrauer von Relevanz ist:

✔ Bevor Sie mit dem Brauen beginnen, müssen Sie diese Absicht dem Hauptzollamt mitteilen, denn als Hobbybrauer unterliegen Sie der Steueraufsicht. Hierzu reicht es aus, einen formlosen Antrag zu stellen, der zumindest folgende Daten enthält: Name, Anschrift und die Menge Bier, die Sie beabsichtigen herzustellen. Ferner müssen Sie den Stammwürzegehalt des noch herzustellenden Bieres angeben, da aus diesem Wert die eigentliche Steuerlast errechnet wird. Die Genehmigung für die Herstellung des Biers ist mit der Einreichung des Antrags automatisch erteilt.

✔ Wenn Sie im Jahr weniger als 200 Liter Bier herstellen, und dieses ausschließlich für private Zwecke verwenden – das heißt, daß Sie das von Ihnen hergestellte Bier nicht verkaufen – sind Sie von der Biersteuer befreit.

✔ Wenn Sie jährlich mehr als 200 Liter Bier für den eigenen Bedarf brauen, müssen Sie bei Ihrem zuständigen Hauptzollamt eine sogenannte Biersteuererklärung abgeben, und zwar spätestens am 7. Tag nach Ablauf des Monats, in dem das Bier gebraut worden ist. Ein entsprechendes Formular hält Ihr Hauptzollamt für Sie zur Verfügung.

Wieviel muß ich denn nun bezahlen?

Bezahlen müssen Sie nur, wie bereits gesagt, wenn Sie mehr als 200 Liter Bier jährlich herstellen. In diesem Fall ist die Höhe der Biersteuer abhängig von der Stammwürze des jeweils hergestellten Bieres. Laut Biersteuergesetz gilt folgende Formel: Soweit nicht mehr als 5.000 hl Bier pro Jahr hergestellt werden, besteht die Biersteuer für einen Hektoliter Bier in 0,77 DM pro Grad Plato. Natürlich enthält das Biersteuergesetz auch eine genau Definition für »Grad Plato«: »Grad Plato ist der Stammwürzegehalt des Biers in Gramm je 100 Gramm Bier, wie er sich nach der großen Ballingschen Formel aus dem im Bier vorhandenen Alkohol- und Extraktgehalt errechnet«.

 Da es wohl in der Natur von Gesetzbüchern liegt, einfaches kompliziert auszudrükken, hier ein Beispiel: Angenommen Sie haben 25 Liter Bier mit einem Stammwürzegehalt von 12% hergestellt, was 0,25 hl entspricht. Die zu entrichtende Biersteuer beträgt demnach (0,25 hl x 12% Stammwürze x 0.77 DM) = 2.31 DM. Wohl weniger als man aufgrund der Definition vermutet hätte.

Extraktbrauen

In diesem Kapitel

▶ Was ist Extraktbrauen?

▶ Wie funktioniert Extraktbrauen?

Wie in den vorangegangenen Kapiteln bereits geklärt, ist das Brauen ein langwieriger Vorgang für den eine Menge Hilfsmittel notwendig sind. Aus Zeitgründen und in machen Fällen auch aus Platzgründen, ist es vielen Leuten deshalb nicht möglich, Bier im Maische-Verfahren selbst zu brauen. Aber natürlich hat die Industrie diesen Notstand erkannt und Abhilfe geschaffen. Das Zauberwort lautet: Extraktbrauen. Es ist weniger Zeitaufwendig und nimmt dem Heimbrauer den aufwendigen Vorgang der Maische-Herstellung ab. Extraktbrauen ist die passende Alternative für diejenigen, die nicht ihre gesamte Freizeit mit dem Brauen verbringen möchten, aber dennoch nicht auf Selbstgebrautes verzichten wollen.

Was ist Extraktbrauen?

Extraktbrauen ist eine andere Art des »Brauens«. Statt der normalen Zutaten kauft man in diesem Fall im Fachhandel eine Dose mit Malzsirup und etwas Trockenhefe. Der Hersteller das Malzsirups hat den Maischprozeß bereits vollständig beendet und die zähflüssige Maltose in Dosen verpackt. In den meisten Fällen ist diesen Extrakten bereits der Hopfen zugefügt worden. Natürlich kann man dem Extrakt noch selbst Hopfen zur Aromaverfeinerung zufügen.

Am einfachsten ist es natürlich, wenn man bereits gehopften Malzsirup kauft, dem man – so sagen zumindest die Anbieter – nur noch Wasser, Hefe und in manchen Fällen Zucker zufügen muß, um Bier zu erhalten. Ganz so ist es natürlich nicht, man benötigt schon einige Erfahrung und Geschicklichkeit, um aus Malzsirup ein wohlschmeckendes Bier zu kreieren. Es bleibt zu bemerken, daß selbst das beste Bier aus Malzsirup nie so schmecken wird, wie ein von Hand gemaischtes – schmecken tut es aber dennoch.

Sparen Sie nicht am falschen Ende! Bedenken Sie, daß es 25 Liter Bier nicht umsonst gibt. Die Herstellung des Extrakts ist ein aufwendiger und langwieriger Prozeß, begehen Sie deshalb nicht den Fehler – gerade bei Ihren ersten Tests – auf einen billigen Anbieter zurückzugreifen. Qualität hat ihren Preis, und das Resultat wird Sie entlohnen.

Beim Brauen mit Extrakt, oder Neudeutsch Bierkits, spricht man aufgrund seiner einfacheren Herstellung im Normalfall von Heimbrauen, wohingegen man beim umständlicheren Maische-brauen auch vom Hausbrauen spricht. Auch wenn diese Einleitung vielleicht den Eindruck ver-mittelt, das Extraktbrauen sehr einfach ist, so ist dem nicht so! Sowohl beim Maische- als auch beim Extraktbrauen, sowie bei der Herstellung von jedem beliebigen anderen Lebensmittel, sollte man sehr wohl wissen, was gerade passiert und warum dem so ist. Gerade Anfänger geben sehr schnell auf, wenn das erste Bier nicht so schmeckt, wie sie es sich vorgestellt haben, doch auch beim Extraktbrauen gilt: Übung macht den Meister.

Die Gebrauchsanweisungen auf den Dosen können niemals Erfahrungen aus der Kü-che oder über grundlegende biologische Vorgänge (in unserem Fall die Gärung) er-setzen. Ein ungeübter Heimbrauer kann nicht erkennen, wenn die Gärung falsch ver-läuft, und kann entsprechend nicht reparierend einwirken. Es ist nicht immer das Extrakt schuld, wenn das Bier nicht schmeckt, deshalb geben Sie nicht so schnell auf und lesen Sie auch ein wenig in dem vorangehenden Kapitel über das Maischebrauen, denn Gärung bleibt Gärung.

Wie funktioniert Extraktbrauen?

Nachdem man im einschlägigen Fachhandel eine Dose mit Konzentrat erstanden, und die beilie-gende Gebrauchsanweisung gelesen hat, kann man mit dem Brauen auch schon beginnen. Die Zubereitung des Bieres ist bei fast allen Braukits gleich, so daß nun eine grundlegende Anleitung zum Extraktbrauen mit Malzsirup folgt. Sie soll demonstrieren, daß wirklich jeder auf einfache Art und Weise sein eigenes Bier brauen kann. Im Zweifelsfall folgen Sie immer der Anleitung des Herstellers!

In einer Beziehung unterscheidet sich das Extraktbrauen in keiner Weise vom Maischebrauen: in der Sterilisation des Zubehörs. Die meisten Fehler beim Extrakt-brauen lassen sich auf mangelnde Sterilisation zurückführen. Lassen Sie sich also ausreichend Zeit, um alle zum Brauen benötigten Hilfsmittel ausgiebig zu reinigen. Verwenden Sie hierfür weder Seife noch handelsübliche Reinigungsmittel. Bedenken Sie: Sie müssen das Bier noch trinken! Der Fachhandel bietet aus diesem Grund spe-zielle Sterilisationsmittel zu diesen Zweck an.

Der nächste Schritt ist das Rehydrieren der Trockenhefe. Füllen Sie dazu lauwarmes Wasser in ein sauberes Glas, und geben Sie die Trockenhefe hinzu. Nach ca. 15 Minuten rühren Sie das Wasser um, damit sich auch die noch nicht aufgelöste Hefe auflöst.

Als nächstes kommt das Umfüllen des Malzsirups. In manchen Fällen empfiehlt es sich, die Dose mit dem Extrakt in warmes Wasser zu stellen, das Extrakt läßt sich dann leichter umfüllen. Ent-fernen Sie auf jeden Fall das Etikett von der Dose. Dies soll unter anderem verhindern, daß die Dose im Gäreimer landet und Sie nur noch das Etikett in der Hand halten! Außerdem steht in den meisten Fällen die Gebrauchsanweisung auf der Rückseite des Etiketts. Nachdem das Etikett ent-fernt worden ist, öffnen Sie die Dose und füllen Sie den kompletten Inhalt in den Gäreimer.

Trockenextrakte gegen Sirup

Trockene Malzextrakte sind Sirups, denen die Flüssigkeit entzogen worden ist. Dementsprechend werden Trockenextrakte genauso hergestellt wie Sirup, neu ist lediglich der Prozeß des Dehydrierens (ein zusätzliche Prozeß, der zur Folge hat, das Trockenextrakte teurer sind als Sirups). In Amerika wird Trockenextrakt nicht in festen Verpackungsgrößen abgegeben, man kann selbst bestimmen wieviel Pulver man kaufen möchte.

Und genau dies ist einer der großen Vorteile von Trockenextrakten: Die Portionierbarkeit. Normalerweise gilt für Trockenextrakte ein Kilopreis und man kann selber bestimmen, wieviele Eimer oder gar Schubkarren man kaufen möchte. Hinzu kommt, daß nicht der gesamte Trockenextrakt auf einmal verbraucht werden muß – entnehmen Sie so viel wie Sie benötigen, und legen Sie den Rest zurück in den Kühlschrank. Beim klebrigen Sirup ist eine Portionierbarkeit zwar auch möglich, jedoch dürften nach der Portionierung Sie, der Raum im dem Sie umgefüllt haben und die Sirup-Behälter eine gründliche Reinigung benötigen.

Natürlich gibt es Unterschiede beim Brauen – denn Sirup enthält bereits Wasser und Trockenextrakt keines. Begehen Sie also nicht den Fehler und verfahren Sie mit Trockenextrakten genauso wie mit Sirupen.

Achten Sie darauf, daß keine Reste in der Dose zurückbleiben. Am besten geschieht das, indem Sie die Dose mit ca. 2 Liter kochendem Wasser nach und nach ausspülen und den Rest des Wasser in den Gäreimer schütten. Rühren Sie gründlich um, damit sich der gesamte Extrakt vollkommen auflöst. Achten Sie darauf, daß keine Reste am Boden des Gäreimers kleben bleiben.

Die Angabe der Wassermenge auf den Dosen ist in den meisten Fällen nur eine circa-Angabe. Sie können den Alkoholgehalt und den Geschmack des Bieres über die verwendete Wassermenge beeinflussen. Weniger Wassr ergibt ein stärkeres Bier, mehr Wasser ergibt ein leichteres Bier. Probieren Sie einfach die Würze und verlassen Sie sich auf Ihren Geschmack. Wundern Sie sich übrigens nicht, wenn die Würze sehr süß schmeckt, der Zucker wird während der Gärung in Alkohol gewandelt.

Füllen Sie nun den Gäreimer mit der vorgeschriebenen Menge Wasser unter ständigem Rühren auf (Bedenken Sie, daß Sie bereits 2 Liter kochendes Wasser in den Gäreimer gefüllt haben). Überprüfen Sie die Temperatur der Flüssigkeit (Würze) und warten Sie ab, bis die Temperatur unter den angegebenen Wert zur Verwendung der Hefe gefallen ist. Ist diese Temperatur unterschritten, fügen Sie die Hefe der Flüssigkeit hinzu. Das ganze muß nun kräftig umgerührt werden. Bei manchen Braukits ist es notwendig, daß der Sirup zusammen mit dem Wasser gekocht wird. Beachten Sie also auf jeden Fall die Gebrauchsanweisung, da die Herstellung von Braukit zu Braukit unterschiedlich sein kann.

Nun ist es an der Zeit, die Gärung einsetzen zu lassen. Bedecken Sie den Gäreimer mit einem Deckel, achten Sie jedoch darauf, daß dieser nicht luftdicht abschließt. Der Eimer sollte nun an einem warmen Platz untergebracht werden (die Temperatur sollte zwischen 18 bis 21°C liegen). Haben Sie alle Anweisungen korrekt durchgeführt, wird in den nächsten 48 Stunden die Gärung sehr stark einsetzen. Während dieser bilden sich Schaumberge auf der Flüssigkeit, die unter Umständen auch kleine braune Punkte enthalten kann. Diese Punkte bedeuten nicht, daß etwas mit Ihrem Bier nicht stimmt, sondern sind völlig natürlich. Je nach Braukit empfiehlt es sich jedoch, diese Punkte abzuschöpfen, ohne die Schaumkrone (den sogenannten Hefekopf) zu zerstören.

Die Gärtemperatur ist sehr wichtig für den Gärprozeß. Je wärmer der Aufbewahrungsort ist, desto unreiner vollzieht sich die Gärung. Resultat ist ein unangenehmer Nachgeschmack. Lagern sie die Würze allerdings zu kalt, kann die gesamte Würze verderben. Halten Sie sich bezüglich der Temperatur in jedem Fall an die Angaben auf der Anleitung.

3 bis 5 Tage nachdem Sie die Hefe zugegeben haben, wird die Gärung rapide abnehmen, jedoch nicht aussetzen. Dies ist der richtige Zeitpunkt, um das Bier in einen zweiten Gäreimer umzufüllen. Hierbei sollten Sie größte Vorsicht walten lassen; Sie sollten nur die Flüssigkeit umfüllen und die Hefe im alten Gäreimer belassen. Diese setzt sich in den meisten Fällen am Boden des Eimers ab. Nachdem Sie die Flüssigkeit umgefüllt haben, verschließen Sie den Gäreimer luftdicht und versehen Sie ihn mit einem Gärröhrchen. Dieses sollte mit abgekochtem Wasser mindestens bis zur ersten Blase aufgefüllt werden. Die Gärung verläuft für 5 bis 6 Tage weiter, bis keine Blasen mehr an die Oberfläche steigen. Warten Sie auf jeden Fall diese Zeit ab: Keine Aktivität bedeutet nicht zwangsläufig, das die Gärung abgeschlossen ist.

Nach dem Umfüllen in den zweiten Gäreimer kann das Aroma des Bieres verändert werden, indem man der Würze Hopfen hinzugibt. Sie können zum Beispiel 10 g Aromahopfen in einem sterilisierten Stoffbeutel zugeben.

Das junge Bier kann nun in Flaschen oder Spezialfässer abgefüllt werden. Füllen Sie die Flüssigkeit vorsichtig um, so daß eventuell vorhandene Hefe-Rückstände im Gäreimer verbleiben. Für das Abfüllen selbst, und die Flaschengärung gelten die gleichen Vorschriften wie für im Maische-Verfahren hergestelltes Bier.

Probieren Sie die erste Flasche Ihres Bieres, und es schmeckt nicht, so lassen Sie es ein wenig länger lagern. Eine Woche später kann es schon ganz anders und wesentlich besser schmecken.

 Wer mit Malzextrakten braut, wird in manchen Fällen Probleme mit der Blume bekommen. Selbst gemaischtes Bier ist bzgl. der Schaumbildung wesentlich zuverlässiger. Nichtsdestotrotz: Kein Schaum bedeutet nicht, daß das Bier nicht schmeckt.

Die 10 häufigsten Fehler von angehenden Hausbrauern:

✔ Das Bier ist infiziert mit Bakterien, weil die Gerätschaften nicht ausreichend gereinig worden sind.

✔ Das Bier ist infiziert mit Bakterien, weil die Würze unsachgemäß behandelt worden ist, oder das Umfüllen der Würze oder des Bieres nicht sachgemäß durchgeführt worden ist.

✔ Die vorgegebenen Temperaturen wurden nicht genau eingehalten.

✔ Man beginnt mit dem Brauen und stellt erst dann fest, daß wichtige Bestandteile oder Zutaten fehlen.

✔ Die Gärung wird zu früh unterbrochen oder dauert zu lange.

✔ Bei der Abfüllung in Flaschen wurden diese zu voll gemacht, so daß der Verschluß abspringt oder die ganze Flasche gar explodiert.

✔ Flaschengärung in mit Kronkorken verschlossenen Flaschen.

✔ Man versteht das Ganze nicht und legt einfach mal los – Sie sollten wissen, was Sie wann und warum tun (dies trifft übrigens für Ihr gesamtes Leben zu)!

✔ Man weiß nicht mehr, wann man das Bier hergestellt hat und wundert sich, wann denn nun das Bier konsumiert werden kann – machen Sie Notizen während des Brauvorgangs, so daß sie beim nächsten Brauen variieren können.

✔ Man ist zu ungeduldig! Auch wenn es beim ersten Mal schief geht – lernen Sie aus Ihren Fehlern. Auch wenn das Ergebnis nicht das gewünscht ist, so können Sie – vorausgesetzt sie haben ausgiebige Notizen erstellt, und den Brauvorgang verstanden – beim nächsten Brauvorgang Ihre Fehler korrigieren.

✔ Sie nehmen das Ganze viel zu ernst! Es soll immer noch ein Hobby sein, und Bier bleibt Bier – denken Sie immer daran: Läuft etwas schief, bricht nicht gleich der Biernotstand aus – ein gutes Bier ist überall zu haben.

Teil V

Biertouren und Sammeln von Bierigem

The 5th Wave By Rich Tennant

»Fritz, wir sollten uns mal über dein neues Hobby unterhalten ...«

In diesem Teil...

Dieser Teil ist für all die Leute gedacht, denen es nicht reicht Bier zu trinken, sondern die es in Rudeln tun müssen, oder für all die Leute, die genau wissen wollen, wo ihr Lieblingsbier herkommt, und dem Braumeister erst dann glauben, wenn sie die Quelle für das Brauwasser mit eigenen Augen gesehen haben. Auf deutsch: Es geht um Bierfeste und Bierreisen innerhalb Deutschlands und ins Ausland. Auch die wichtigsten deutschen »Bierstädte«, ihre Geschichte und ihre Bierspezialitäten werden in diesem Teil ausreichend gewürdigt.

Aber auch an die diebischen Elstern unter Ihnen ist gedacht. Haben Sie von Ihren Reisen eine entsprechende Anzahl von Souvenirs mitgebracht, gehören Sie wohl schon zu den Volk der Sammler und Jäger. Das letzte Kapitel dieses Teils zeigt Ihnen, was Sie eigentlich sammeln können, wo Sie es herbekommen und wie Sie sich mit anderen Sammlern organisieren.

Unterwegs in Sachen Bier

In diesem Kapitel

▶ Allgemeine Ratschläge & Reisetips

▶ Ausflugsziele in Deutschland

Okay, Sie sind total verrückt nach Bier, aber etwas stört Sie – die Flasche. Sie wollen Bier frisch vom Faß, direkt aus dem Braukeller? Sie wollen das Bier aus dem richtigen Glas mit Liebe serviert? Sie wollen, daß Ihr Biergenuß durch nichts gestört wird? Kein Problem – Sie haben sich den richtigen Wohnort ausgesucht! Auch wenn Bier nicht in Deutschland, oder besser Europa, erfunden (besser sagt man wohl gefunden) worden ist, so ist es doch dessen Heimat. Den europäischen Braumeistern ist es zu verdanken, daß Bier zu einem der weltweit beliebtesten Getränke wurde. Wieso sich dies also nicht zunutze machen, und das Bier an der »Quelle« trinken, denn die ist oft näher als man glaubt ...

Außerhalb Europas haben neben Australien eigentlich nur die USA und Kanada eine gewisse Bierkultur vorzuweisen, die wirklich sehenswert ist. Andere Länder bieten dem Bierenthusiasten kaum Interessantes, denn die meisten großen Brauereien außerhalb Europas und Nordamerikas sind im allgemeinen von deutschen oder britischen Brauern beeinflußt. Die Tsingtao Brauerei in China sieht beispielsweise wie ein bayerisches Dorf aus. Die wenigsten Biere im Ausland haben einen eigenständigen lokalen Charakter; die Rezepte und Sorten sind meist europäisch beeinflußt (wie helle Lager, Pils oder Starkbiere (Stouts)). Ob sie nun in Ghana, Nigeria, Südafrika, Sri Lanka, Barbados, Jamaika, Singapur oder an anderen Orten in der Welt gebraut werden, der Stil ist europäischen Ursprungs. Kein Wunder, denn viele international berühmte Braumeister haben in Deutschland studiert. Lassen Sie es uns so ausdrücken: Eine Reise durch die Welt der Biere ist eine Reise duch Europa, und vor allem durch Deutschland ...

Natürlich können Sie in allen europäischen Staaten die lokale Braukultur genießen, aber Sie werden nie sagen können, daß Sie die Seele des Bieres erforscht haben, wenn Sie nicht im Freistaat Bayern – insbesondere München – gewesen sind. Natürlich sind auch England, Irland, Belgien oder die tschechische Republik eine Reise wert – aber warum in die Ferne schweifen, wenn das Gute so nahe liegt?

Bierverrückte Führer und Reiseleiter gibt es in jeder Stadt, und sie zeigen Ihnen gerne auf einer Tour die größten, ältesten, ursprünglichsten, schönsten und interessantesten Biere und Bierorten. Meistens haben Sie sogar Probleme sie wieder los zu werden – sie sind halt in ihrem Element.

Nicht nur für Hartgesottene kann eine kleine Bierspritztour das Tüpfelchen auf dem »i« einer Geschäftsreise oder einer Urlaubsreise sein. Auch »normale« Biertrinker erleben hier schnell Genüsse, wie sie vielen eigentlich nur aus der Welt des Weines bekannt sind.

Reisetips

In den meisten großen Bierländern gibt es auch eine intakte Kneipen- und Gaststättenkultur. Ob Brauereiausschank, Szenetreff, Top-Restaurant oder Hotelbar. Kein Ort, an dem nicht ein Bier oder zwei oder vielleicht sogar drei angeboten werden. Aufpassen sollten Sie beim Biertrinken übrigens in Köln, die Bedienung – auch liebevoll Köbes genannt – schenkt unaufgefordert nach, bis Sie einen Bierdeckel auf das Glas legen.

In Deutschland gibt es nicht weniger als rund 1.200 Brauereien mit über 5.000 verschiedenen Bieren. Sie unterscheiden sich nach Bierarten, ob sie obergärig (Weizen, Kölsch, Alt) oder untergärig (Pils, Export etc.) gebraut wurden. Allein in Bayern sind nahezu 800 Brauereien und Gasthausbrauereien beheimatet. Bierreisende ins Nachbarland Belgien sind schier überwältigt von der Vielzahl an ungewöhnlichen Bierarten, die dort angeboten werden. Ob Bier pur oder Bier mit Frucht, fast jedes Lokal bietet eine endlos erscheinende Auswahl.

Die beste Art sich durchzuwurschten und sich den Titel »Bierkenner« zu verdienen, ist, sich schon im Vorfeld einer Bierreise ein wenig mit dem Thema auseinanderzusetzen. Probieren Sie neue Biere ohne Angst vor einem dicken Kopf, schmecken Sie die Unterschiede und Feinheiten verschiedener Sorten heraus. Wenn Sie die Gelegenheit haben, an einem Biertasting oder -festival teilzunehmen, notieren Sie sich Ihre Eindrücke auf ein Stück Papier, notfalls auf einem Bierdeckel oder einer Serviette. Überall, wo Sie später einmal landen, behalten Sie diese Angewohnheit bei. Werden Sie ein echter Bierforscher! Sind Sie unterwegs, fragen Sie nach lokalen Besonderheiten, bitten Sie um besondere Spezialitäten, erkundigen Sie sich nach den besten Bieren vor Ort. Studieren Sie deutsche Fachzeitschriften wie Brauwelt, Getränkemarkt, Getränkefachgroßhandel, Biergroßhandel oder Brauindustrie. Surfen Sie in Onlinediensten wie `http://www.bier.de` oder dem Getränke-Newsletter unter `http://www.infodienst.de`. Bilden Sie sich Ihre Meinung mit Obacht. Bewahren Sie Ihre persönlichen Aufzeichnungen und Notizen wie ein Andenken auf. Sie helfen Ihnen beim Einkauf, wenn Sie nach Hause kommen und die Biere trinken wollen, die Sie unterwegs kennengelernt haben.

Es gibt einige ausgezeichnete Bierführer als Buchtitel. Sie sollten unbedingt vor einer geplanten Bierreise zu Rate gezogen werden. Am Ende dieses Kapitel werden einige Bücher genannt, eine Literaturliste finden Sie im Anhang C.

Neckermänner und Co – Organisierter Biertourismus

Für diejenigen, die Reisen unter fachkundiger Leitung und Führung lieben, etabliert sich langsam aber stetig ein neuer Markt: der organisierte Biertourismus. Bierliebhaber finden bereits in manchen Orten und bei ausgesuchten Veranstaltern vorgefertigte Reisepakete und können so ihre Wahl treffen. Oft angekündigt als »sanfte Bildungsreise« sind es oftmals mehrtägige Ausflüge, die Sie nach München – zum Oktoberfest – nach England oder nach Belgien locken. Auch Tschechien ist eine Reise wert.

Auskünfte und Hinweise hierzu erhält man leicht bei regionalen Reisebüros, Fluglinien oder nationalen Brauereiverbänden. Es soll auch Bierjournalisten geben, die solche Reisen organisieren und/oder betreuen.

Deutschland, Deine Biere

Deutschland, Heimat des Bieres und das Mußland für jeden Bierliebhaber. Es steht außer Zweifel, daß die Deutschen Bier lieben. Vor allem ihr eigenes! Über 131 Liter Bier pro Kopf und Jahr gelten als weltmeisterlich. Die Bayern – alleine betrachtet – trinken sogar noch mehr, angeblich über 170 Liter. Fast jedes fünfte Bier ist dort ein obergärig gebrautes Weizenbier.

Zahlen & Fakten

Den höchsten Bierausstoß gibt es in Nordrhein-Westfalen, wo 1997 allein rund 30. Mill. hl Bier produziert wurden. Platz 2 hält Bayern mit 24,8 Mill. hl. Insgesamt beträgt der deutsche Bierausstoß rund 114,8 Mill. hl. Die Kapazität liegt bei 170 Mill. hl. Der Umsatz der Branche erreicht schlappe 19,4 Mrd. DM. Deutschland ist nach wie vor Bierland Nr. 1 in Europa, und die deutsche Brauwirtschaft ist in ihrer Struktur einzigartig auf der Welt.

Das Buch des Brauens und der Braukunst haben die Deutschen geschrieben. Nirgendwo ist die Bierkultur mehr etabliert als in Deutschland; nirgendwo wird sie mehr gepflegt. Das Land mit seinen über 1.200 Brauereien ist das Biermekka der Welt. Und die meisten sind in der südöstlichen Provinz von Bayern, zentriert auf München anzutreffen. Vor allem München, aber auch Bamberg oder Köln (mit seiner Spezialität »Kölsch«) gelten als Biermetropolen, die ihresgleichen suchen. Was Rom für die Christen, Jerusalem für die Juden und Mekka für die Moslems ist, stellt München für die Bierliebhaber auf der ganzen Welt dar.

 In München sind Traditionshäuser wie *Spaten*, *Augustiner*, *Hacker-Pschorr*, *Lowenbräu*, *Paulaner* und *Hofbräu* beheimatet. Jede Brauerei – teilweise wirtschaftlich miteinander verflochten – verfügt über einen riesigen »Bierkeller« in dem das Bier nicht gelagert, sondern ausgeschenkt wird. Mit Platz für 1.000 Personen und mehr, gleichen diese Orte der Gastlichkeit eher Lagerhallen, ausgestattet mit derber Gemütlichkeit. Es sind hervorragende Orte, um die lokalen Spezialitäten in Ruhe auszuprobieren. Man muß nur genügend Zeit mitbringen, um in der Lage zu sein, mehrere Maß-Krüge zu leeren. Auch das Münchener Oktoberfest mit seinen riesigen Festzelten sucht seinesgleichen in der Welt. Damit nicht genug: Während der heißen Sommermonate scharen sich gesamte Familien in Münchens unzähligen Biergärten; einige Besucher bringen sogar ihr eigenes Essen mit, ohne vom Wirt davongejagt zu werden.

 Noch mehr Gemütlichkeit versprechen aber die lokalen, kleinen Brauereien, verstreut im ganzen Land. In ihren hauseigenen Braustuben, sowie den meist per festen Bierlieferungsverträgen angeschlossenen Gaststätten vor Ort und in der näheren Umgebung wird Bier noch richtig erlebt. Vor allem wer einmal eine kleine urtümliche oder auch moderne Gasthausbrauerei aufgesucht hat, weiß wovon hier die Rede ist. Da kann die Nacht leicht zum Tage werden und umgekehrt. Hauptsache man weiß, wo das müde Haupt letztendlich gebettet werden kann (gleichgültig, bei wem und wo) und nicht gerade eine andere Entschuldigung benötigt wird, um die Stätte der Gastlichkeit zu verlassen.

Vielen andere großen Städte, wie Berlin, Dortmund, Hamburg, Hannover oder Köln, können sich gleichfalls rühmen, einige große Brauhäuser und Namen vorzuweisen. Ob Berliner Kindl in Berlin, DAB oder DUB in Dortmund, Holsten in Hamburg, Gilde in Hannover oder Gaffel, Früh, Reissdorf oder Küppers in Köln, keine Großstadt, die nicht ihr eigenes Bier hat.

Im nächsten Kapitel finden Sie mehr zur Geschichte der »Bierstädte« und zur Entstehungsgeschichte der Bierspezialitäten.

Aber auch kleinere Städte wie Jever, Bitburg, Radeberg, Warstein, Krombach, Erding, Wernesgrün oder Lich haben berühmte Biere. Das sind Biere, die nicht nur den Namen ihrer Heimatstadt tragen und ihn in die Welt hinausposaunen, sondern auch weit über die engen Grenzen des »Kernabsatzgebietes« (im Radius von rund 50 km um den Brauereischornstein) ihre Käufer finden.

Andere wie Beck's, Diebels, König, Maisel oder Veltins tragen Familiennamen, die längst im ganzen Lande und auch teilweise im Ausland bekannt sind. Jede Stadt hat quasi – trotz der Beschränkung auf das Reinheitsgebot und der Dominanz der Sorte Pils – ihre eigenen Biertypen, und – Spezialitäten, fast so wie beim Wein.

 In Kulmbach beispielsweise rühmt man sich, das angeblich stärkste Bier der Welt zu brauen: den Eisbock mit 28 Prozent Stammwürzegehalt und 9% vol. Alkohol.

Sogar manch kleinere Orte und Dörfer rühmen sich einer eigenen Brauerei, sind teilweise sogar national bekannt. Wer einmal Donaueschingen (Fürstenberg Bier) oder Alpirsbach im Schwarzwald (Alpirsbacher Klosterbräu) oder in Schwetzingen bei Heidelberg (Weldebräu) oder Pott's in Oelde oder die große Karlsberg Brauerei im saarländischen Homburg besucht hat, erkennt schnell die Vielfalt und sieht die Besonderheiten. Deutschland ist mit Bier gesättigt und das schon seit Jahrhunderten. Da bleibt kein Wunsch offen.

Top-Weizenbiere

Die beliebtesten Weizenbiermarken sind:

✔ Erdinger

✔ Franziskaner

✔ Maisel

✔ Paulaner

✔ Schneider

✔ Schöfferhofer

✔ Tucher

Deutsche Bierheiligtümer

Touristen, die Deutschland bereisen, lernen gerne sogenannte Bierpaläste kennen. Sie merken schnell, daß Sie nicht alle Biere Münchens an einem Platz verkosten können, geschweige denn alle Biere Deutschlands. Das geht auch den »Einheimischen« auf Erkundungstour durch Deutschland so. Jeder Ort hat entweder seine eigenen Biere oder Brauhäuser, die nicht selten an einen der großen Braukonzerne gebunden sind. Gute regionale und überregionale Führer nennen die Besonderheiten beim Namen, erläutern die Zugehörigkeiten, weisen Sie in die Geheimisse einer jeden Bierstadt ein.

✔ **Schlenkerla, Bamberg:** Mit rund 200 Sitzplätzen fast klein, aber sehr fein. Eigenes Rauchbier und große DLG Preise locken. Allein der Gewölbekeller ist schon eine Reise wert.

✔ **Luisen-Bräu, Berlin:** Die Nr. 1 am Platz in Charlottenburg, wo Bier eine lange Brautradition hat. Luisen-Bräu liegt in unmittelbarer Nachbarschaft von Schloß Charlottenburg, ein zünftiges Brauhaus mit allem Drum und Dran. Nur wenige Straßen entfernt von der heutigen Luisen-Bräu wurde in der Dankelmannstraße in der Engelhardt-Brauerei gebraut (heute nur noch Sitz der Zentrale). Engelhardt Bier ist nach wie vor ein fester Bestandteil der Berliner Gastro-Szene. Sehenswert auch die Aschinger Gasthaus-Brauerei auf dem Ku'damm.

✔ **Zum Uerige, Düsseldorf:** Eine »Kneipe« der Region, typisch und einfach urig. Man sagt, daß hier das feinste Altbier in ganz Deutschland zu finden sei.

✔ **Köln:** Hier gibt es rund ein Dutzend meist kleine, mittelständische, lokale Brauereien, deren Bier das obergärige Kölsch ist (P. J. Früh, Päffgen, Reissdorf, Malzmühle und das Gaffelhaus sowie der Küppers Biergarten gelten als touristische Leckerbissen). Ein eigener Bierwanderführer (siehe Anhang) hilft weiter.

✔ **Brauhaus Hoepfner, Karslruhe:** Die Brauerei ist eine Burg mitten in der Stadt der Richter und Henker (Sitz des Bundesgerichtshof) gelegen. Hoepfner experimentiert viel, entsprechend breit ist das Bierangebot.

✔ **Auerbachs Keller, Leipzig:** Hier, im riesigen Faßkeller in der berühmten Mädler Passage tafelte schon Goethe. Er ist auch Schauplatz seines Werkes »Faust«.

Das radelnde Bier

Im Juni 1922, als Franz Kugler, ein unternehmungslustiger junger Münchener Biergartenbesitzer, einen Fahrradweg durch den Wald schlug, der sein Gasthaus umsäumte, probierten ihn gleich über 13.000 Fahrradfahrer aus. Schnell ahnend, daß sein helles Bier nicht reichen würde, entschied sich Herr Kugler fix, das reichlicher vorhandene dunkle Bier in Zitronenlimonade zu mischen. Werbewirksam erklärte der clevere Kugler den Radfahrern, daß er dieses Getränk extra für sie erfunden habe, damit sie heil nach Hause kämen. Seitdem trägt es den Namen »Radler«. Heute auch als fertiges Biermischbiergetränk erhältlich, hat es längst einen Siegeszug ohne gleichen angetreten. Als bekannteste Marke gilt das Henninger Radler aus Frankfurt. Die Stadt ist international berühmt, nicht zuletzt durch das jährlich stattfindende Radrennen »Rund um den Henninger Turm«.

✔ **Das Hofbräuhaus, München:** Hier befindet sich der älteste und berühmteste Bierkeller in ganz Deutschland (und vermutlich auch der Welt). Trotz seiner riesigen Dimensionen (er faßt über 4.000 Menschen auf drei Ebenen), seines Alters (es wurde 1589 von Herzog Wilhelm V. in Auftrag gegeben) und seiner – teilweise unrühmlichen politischen Geschichte – (Adolf Hitler und Vladimir Lenin haben hier ihre Verschwörungen geschmiedet), ist er dennoch ein Bierwallfahrtsort geblieben. Der Biergenuß scheint hier auf den ersten Blick zweitrangig zu sein. Das ist aber nicht der Fall. Ob Pils oder Saisonbiere die häufig auf »-ator« enden oder Maibock im Mai und Märzen von September bis Oktober oder Festbier zur Weihnachtszeit, sorgen sie alle für genügend Abwechslung auf der Getränkekarte. Alle Biere sind ein Genuß, ein moderner Klassiker.

Deutschlands berühmtester Bierkeller: Das Hofbräuhaus in München

 Die kleinste Kneipe Deutschlands befindet sich übrigens im norddeutschen Varel am idyllischen Hafen des Jadebusens.

Deutsche Bierfeste

In Deutschland wird viel gefeiert. Vor allem die Bierfeste sind im ganzen Land bekannt und beliebt. Die großen, oft originellen, traditionsreichen Veranstaltungen drehen sich natürlich fast nur ums Bier, um was denn sonst?

Fränkische Bierfeste – Tradition bei der »Kärwa«

Beginnen wollen wir unseren kleinen Streifzug durch die deutschen Bierfeste in Erlangen, wo Deutschlands ältestes Bierfest stattfindet, der Erlanger Bergkirchweih. Seit 1755 feiert man am Burgberg alljährlich zu Pfingsten ein Volksfest, das aus dem Markt der Erlanger Altstadt und aus einem Schützenfest hervorging. Traditionelle Eröffnung ist am Donnerstag vor Pfingsten mit dem Anstich des ersten Fasses (der »Bierprob«). Die Bergkirchweih dauert elf Tage, bis einschließlich dem Wochenende nach Pfingsten. Am darauffolgenden Montag wird dann in einer feierlich-traurigen Zeremonie dar letzte Faß Bier begraben.

Eine andere bedeutende Kirchweih findet in Forchheim statt: das Annafest, ein fränkisches Volksfest der besonderen Art. Alles spielt sich in den schattigen Eichenwäldern des Kellerwalds ab, wo an den insgesamt zehn Tagen über eine halbe Millionen Gäste begrüßt werden.

Ein weiteres bekanntes Bierfest in dieser Gegend ist das Kirschenfest in der Markgemeinde Pretzfeld (Deutschlands größtes Kirschenanbaugebiet) Ende Juli, das seit 25 Jahren gefeiert wird. Weiter zurückverfolgen läßt sich die Geschichte des Kreuzbergfests auf dem Kreuzberg bei Hallerndorf (Anfang Mai). Entstanden ist es aus der Wallfahrtstradition in die namensgebende Kreuzbergkirche. Heute treffen sich hier zigtausende, um eher weltlichen Genüssen nachzugehen.

Auch das Walberlafest am 1. Maisonntag an der Walburgiskapelle, dem Berg über Kirchehrenbach, Wiesenthau, Schlaifhausen und Leutenbachwalberlafest, hat eine lange Tradition. Erste Berichte stammen noch aus dem 17. Jahrhundert. Heute ist das Walberlafest ein fränkisches Bergfest von beeindruckender Schlichtheit unter dem Maibaum, ein kleines, stimmungsvolles Highlight im fränkischen Kärwa-Kalender.

Das Oktoberfest in München

Witzigerweise beginnt dieses weltweit einzigartige und berühmte Fest schon am vorletzten Septemberwochenende und endet am ersten Sonntag im Oktober. Mehr als sechs Million Gäste strömen jährlich hin.

Das Oktoberfest, auch die »Wies'n« genannt, hat eine lange Tradition. Dieses weltweit größte Volksfest findet 1999 zum 166. Mal statt. Auf der »Wies'n« werden durchschnittlich an die fünf Millionen Maß Bier getrunken und über 200.000 Paar Schweinswürstl verzehrt – vor allem in den Festzelten der Münchner Traditionsbrauereien.

Am 12. Oktober 1810 feierten Kronprinz Ludwig von Bayern (später König Ludwig I.) und Prinzessin Therese von Sachsen-Hildburghausen ihre Vermählung. Zu dem Fest lud das Paar auch die Münchner Bürger ein – auf eine Wiese, die damals noch außerhalb der Stadt lag und zu Ehren der Braut den Namen »Theresienwiese« bekam – das Oktoberfest war geboren.

Zum festlichen Rahmenprogramm gehören übrigens auch der Einzug der Festwirte und Brauereien, der Trachten- und Schützenzug und das Konzert aller Wies'n-Kapellen. Reservierungen sind angebracht. Am besten unter http://www.munich-tourist.de!

Canstatter Volksfest (Stuttgart), buntes Treiben am Neckarufer

Erstmals fand das Cannstatter Volksfest am 28. September 1818 statt. König Wilhelm I. von Württemberg stiftete es seinerzeit. Ein Streifzug durch die Bierfeste Deutschlands kann natürlich nicht vollständig sein ohne einen Blick auf die Cannstatter Wasen zu werfen. In Cannstatt herrscht jedes Jahr 16 Tage lang buntes Treiben am Neckarufer. Doch nicht nur das Bier steht hier im Mittelpunkt: Ein imposantes Bild präsentiert sich dem Besucher beispielsweise im Oktober dieses Jahres, wenn große Heißluftballons zu ihrer Wettfahrt vom Wasen aus starten.

Karneval in Köln

Meist im Februar, spätestens Anfang März vor Beginn der Fastenzeit findet hier das Kölner Volksfest mit dem Höhepunkt Rosenmontagszug statt. Mehr als 1 Millionen Besucher jährlichen besuchen dann die Stadt, feiern ausgelassen und kostümiert auf Straßen und in über 10.000 Kölner Kneipen. Das Kölsch fließt von Weiberfaßtnacht (Donnerstags) bis Aschermittwoch in Strömen und macht dem nahen Wasser des Rheins Konkurrenz.

Starkbierfest in München

Es wird als Münchens geheimes Bierfestival im März bezeichnet, ist aber nicht so stark besucht wie das Oktoberfest. Dafür ist das Bier stark. Aus triftigem Grund: Das Starkbierfest gilt als eine Feier der jährlichen Freigabe des »Doppelbocks«, eines der stärksten Biere der Welt. Da wird Standfestigkeit verlangt.

Rheinland-Pfalz: Hier herrscht der Bierkönig

Alle zwei Jahre im Frühjahr feiert die Stadt Mendig das Gambrinusfest, das Fest zu Ehren des angeblichen Begründers der Braukunst nach klassischer Rezeptur. Es ist das größte Bierfest in Rheinland-Pfalz. »Bierkönig« Gambrinus herrscht dann an jenen fünf Tagen, dem der Sage nach einst Beelzebub selbst das Bierbrauen schmackhaft gemacht haben soll. Das nächste Gambrinusfest findet 1999 statt.

Püttbierfest – Jahresbeginn in Jever

Das traditionsreiche Püttbierfest ist das erste große Bierfest im Jahr. Der Name »Pütte« kommt vom Lateinischen »Puteus« und bedeutet »Brunnen«. Vor über 400 Jahren bildeten die Bürger Jevers sogenannte »Püttachten«, d.h. Gemeinschaften, die jeweils von einem Brunnen ihr Wasser bezogen. Schon damals war es Sitte, beim alljährlichen Püttbierfest vom gewählten Puffmeister die Abrechnung über Reparaturen an der »Pütt« vorgelegt zu bekommen. Das wurde dann meist recht stimmungsvoll begangen. Diese historische Brunnenbegehung findet auch noch heute, jeweils am Montag nach dem Dreikönigsfest, statt.

Offenbacher Bierfest – Streifzug durch die deutsche Bierlandschaft

Auch in Offenbach weiß man, Feste zu feiern. Beim traditionellen Offenbacher Bierfest werden rund ums Rathaus an über 100 Ständen, ebenso viele Biermarken und -sorten angeboten, wie zwischen Ostsee und Oberbayern, Rhein und Oder gebraut werden. Eine wundervolle Möglichkeit also, die vielfältige deutsche Bierlandschaft umfassend kennenzulernen.

Schützenfeste u.a. Hannover

Schützenfeste finden überall in Deutschland statt. Ursprünglich als Scharfschützentreffen vor Jahrhunderten für den Zivilschutz der Bürger entwickelt, haben sie heute eher einen Volksfestcharakter mit Wahl des Schützenkönigs oder -königin. Das imposanteste Schützenfest wird jedes Jahr im Juli in Hannover abgehalten.

Feste feiern in Ostdeutschland

In den neuen Bundesländern weiß man, mit und rund ums Bier prächtig zu feiern. Wachsender Beliebtheit erfreuen sich beispielsweise die Kneipenfestivals Mitte Mai in der Leipziger City. Schon zwei Wochen später sorgt dann das Stadtfest für schäumende Zapfhähne. In Erfurt feiert man am 3. Wochenende im Juni mit dem »Krämerbrückenfest« Thüringens größtes Altstadtfest. Zahlreiche Buden sorgen für den Bier- und Speisennachschub. Gegründet wurde dieses Fest im Jahre 1975.

 Neben den traditionellen Bierfesten finden eine Vielzahl von Bierbörsen über das Jahr in den verschiedensten Städten statt. Organisiert werden sie von der Werner Nolden Gesellschaft mbH in Leverkusen (Telefon 02171-3801). Auch sogenannte Messen wie »Brau« in Nünberg, »Internorga« in Hamburg, »Anuga« in Köln oder »Imega« in München (genaue Termine finden Sie in fast jedem Taschenkalender) bieten gute Gelegenheiten viele Biere zu verkosten. Der Eintritt wird hier meist aber nur »Fachbesuchern« gestattet.

 ## *Deutsche Mischbiergetränke*

Die Zahl der Hersteller von Biermischgetränken in Deutschland wächst stetig. Wurden 1996 erst 243 deutsche Hersteller gezählt, waren es 1997 bereits 274. Auch der Ausstoß bei Biermischgetränken hat sich beträchtlich erhöht. 1994 erreichte die Absatzmenge laut Deutscher Brauer-Bund e.V. 193.000 hl. Vergangenes Jahr steigerte sich die Menge um 209.000hl und überschritt damit erstmals mit 1,106 Mill. hl die Millionengrenze. Biermischungen sind vor allem in Hessen und Bayern beliebt, wo mehr als die Hälfte der Menge abgesetzt wird. Neben fertig Gemischtem in Flaschen und Dosen wie Henninger Radler, Eichbaum Radler oder Königsbacher »Schüsschen« wird in vielen Gasthäusern und Lokalen noch »per Hand« gemischt. Ein beliebtes Spiel des Wirtes, damit vor allem Autofahrer problemlos ein Glas mehr trinken können, ehe sie die Promillegrenze erreichen. Aber es gibt auch hochprozentigere Mischungen, da heißt es aufpassen. Hier eine kleine Auswahl:

Alt mit Schuss

Zu gleichen Teilen gemischtes Altbier mit Cola oder Limonade.

Alsterwasser

Exportbier oder Pils vermischt mit Limonade- oder Zitronesoda (im Süden des Landes unter »Radler« bekannt).

Bananenweißbier

Weißbier mit Bananensaft.

Bierbowle

Sechs Flaschen Helles (Export oder Pils), 250 gr. Sauerkirschen, die Grundmasse einer Zitrone, 2½ Eßlöffel Zucker und genügend gut gekühlter Whisky.

Biergrog

Eine »heiße« Mischung aus 3 Flaschen erwärmtem dunklem Schwarz- oder Starkbier und 3 Eßlöffel Zucker, abgeschmeckt mit zerriebener Zitroneschale

Bismarck

Das Lieblingsgetränk des preussischen Kanzlers Otto von Bismarck war ein dunkles Bier gemischt mit Champagner.

Heller Moritz

Weizenbier in gleichen Teilen gemischt mit Champagner oder Sekt.

Honigbier

Eine angewärmte Mixtur von Lager-Bier, 1½ Eßlöffeln Honig und einer ¼ Tasse Haferflocken – auf Wunsch verfeinert mit einem Schuß Whisky.

Lüttje Lage

Mehr eine Fingerübung als ein Mischgetränk ist der Lüttje Lage – wie man aufgrund des Namens schon schließen kann – besonders im Norden unseres Landes beliebt. Der Lüttje Lage wird aus zwei Gläsern gleichzeitig getrunken – einem Bierglas und einem Schnapsglas, die mit den entsprechenden Flüssigkeiten gefüllt sind. Beide Gläser müssen gleichzeitig mit einer Hand gehalten werden, wobei das Schnapsglas über dem Bierglas sein muß. Beim Trinken fließt dann der Schnaps in das Bier und vermischt sich in der Kehle zu einem explosiven Gemisch – man kann es also nicht all zu oft hintereinander probieren!

Radler

Helles Bier mit Zitronenlimonade.

Russ

Ähnlich dem Radler, nur statt hellem Bier wird Weißbier genommen.

Schneegestöber

Erwämtes helles Bier (Export), vermischt mit 2 verrührtem Eigelb und geschlagenem Eiweiß mit Zucker und Zitronenaroma.

Schuß

Helles Kölsch zu gleichen Teilen gemischt mit alkoholfreien Malzbier (sieht dann aus wie Alt)

Deutsche Biermuseen – eine kleine Auswahl

Brauereimuseum Alpirsbach

Brauereileiter von Süßkind (Vetter des gleichnamigen Buchautors von »Das Parfüm«) hat hier mit Brauereinhaber Carl Glauner viel historisches zusammengetragen. Sehenswert ist auch eine angegliederte Glasbläserei.

Brauereimuseum Dortmund

Teil der Biergeschichte der Kronenbrauerei.

Brauereimuseum Lüneburg

Unterbgebracht in einem Gebäude, das über 500 Jahre als Brauerei diente. Eine große Steinkrügesammlung bildet das Herzstück des Museums.

Schwäbisches Brauereimuseum Stuttgart

Museum der Braugeschichte sowie gegenwärtiger Brautechniken.

Biermuseum Gebr. Maisel (Bayreuth)

Das Brauerei- und Büttnerei Museum ist wohl einmalig. Die Brüder haben in der alten Brauerei zusammengetragen, was weltweit in Brauereien nicht mehr niet- und nagelfest war und nicht mehr gebraucht wurde. Aber auch schöne Dinge aus der Geschichte der Gastronomie werden gezeigt.

Biermuseum Einbeck

Hier dient ein ehemaliger Urbock-Keller als Museum

Museum der Privatbrauerei Stauder (Essen)

Das Brauereimuseum der Privatbrauerei in Familienbesitz ist ganzjährig werktags geöffnet. Besucher erhalten für 10 DM eine Brauereivesper mit Bier und ein Gastgeschenk.

Litfaßbier (Köln)

Gaffelbrauereinhaber Heinrich Becker hat nicht nur ein sehenswertes Privatmuseum mit Werbeschildern, Gläsern und Krügen, sondern avancierte gar zum Kunstfachmann. Er gilt als Initiator der »Litfass-Ausstellung«, die 1998 erstmalig stattfand. Zwei Monate lang konnten Kölner und Besucher der Stadt eine sehenswerte Ausstellung rund um das Thema Bierwerbung aus der Sammlung Litfass-Bier Heinrich Becker im Museum für angewandte Kunst in Köln betrachten. Werbeplakate und Schilder des letzten Jahrhunderts aus der gesamten Bierwelt waren hier zu betrachten. Weitere Ausstellungen in München, Cottbus und im Ausland (Frühjahr in Salzburg) sollen 1999 und 2000 folgen.

Bier-Lektüre

Bier-Metropole Berlin

Bier-Geschichte, Brauereien und Kneipen in der Hauptstadt Deutschlands. Autor Frank P. Freudenberg hat hier einiges Interessante zusammengefaßt. Das Buch ist 1996 im Hans Carl Verlag, Nürnberg erschienen.

Kölner Brauhaus-Wanderweg.

Einen feuchtfröhlichen Rundgang durch Geschichte und Gegenwart um den Kölner Dom und die Kölner Altstadt unternimmt dieser einmalige Führer. Herausgegeben von der Hans Sion Stiftung und verlegt von J.P. Bachem Verlag, enthält die dritte überarbeitete Auflage von 1997 auf 60 Seiten eine Vielzahl Informationen und Tips rund um die Spezialität »Kölsch« bereit. Neben Begriffen wie »Köbes« und anderen kölschen Spezialitäten führt ein Brauhaus Wanderweg durch interessante Braustätten.

Brauerei-Museen

Brauerei-Museen in Deutschland, Österreich und der Schweiz, heißt der Titel eines Wegweisers von Anton Piendl und Wolfgang Mayer. Das lesenswerte Buch mit Tips und Ortsbeschreibungen ist 1996 gleichfalls im Verlag Hans Carl in Nürnberg erschienen.

Ins Wirtshaus!

Von Gästen, Wirten, Stammtischrunden handelt ein neues Buch von Andrea Dee/ Conrad Seidl. Auf 207 Seiten wird das Wirtshaus – soziale Einrichtung und Institution mit Charakter beschrieben und mit informativen Geschichten untermalt. Lange Zeit galt es als Treffpunkt der »kleinen Leute«. Während sich einst die »ehrsamen« Bürger im Restaurant ihr Stelldichein gaben, während im Kaffeehaus Pläne für Revolutionen geschmiedet wurden, versammelten sich die eher proletarischen Kreise beim »Wirten ums Eck«, in der Kneipe nebenan. Politisiert wurde dort zwar heftig, aber primär ging man hin zum essen, feiern und dem Vereinsleben frönen. Heute ist einiges anders, viele Wirte kämpfen ums Überleben. Von Vergangenheit und Gegenwart wissen Andrea Deo und der selbsternannte Bierpabst Conrad Seidl so manches zu erzählen: etwa von einer skurrilen Rittertafelrunde in Wien oder von Thekenkämpfen zwischen Wirten und handybesitzenden Gästen; von verbotenen Glücksspielen und Hausmannskost. Über dies und vieles andere mehr berichten die Autoren auf höchst amüsante Weise. Und sie zeigen damit : Wirtshäuser haben Tradition und Zukunft, denn McDonalds und Co, trendige Szenelokale werden sie niemals ersetzen können.

Wallfahrtsorte

In diesem Kapitel

▶ Brautradition deutscher Städte

▶ Mehr über die Herkunft Deutschlands großer Biersorten

▶ Geschichten für den Stammtisch

Wir wollen nicht ungerecht sein:
Eines ist gut an den Deutschen: das Bier.

Honoré Daumier

Fast jeder Deutscher kann mit einer lokalen Bierspezialität dienen, und warum in die Ferne schweifen, wenn das gute so nahe liegt? Planen Sie doch mal einen Wochenendausflug in eine der deutschen Biermetropolen, und kosten Sie die lokalen Spezialitäten. Oder noch besser: Null-Null-Bier jagt Doktor Pils – begeben Sie sich auf eine Biertour quer durch Deutschland!

Bier gehört zu München, wie die Lederhose zum Bayer.

Beginnen sollte man die Reise in München, am besten zur Oktoberfestzeit, oder im Frühjahr zur Zeit des Starkbierfestes. Aber auch das Münchner Umland hat eine große Anzahl an Biersorten zu bieten, nicht umsonst ist Bayern das Bundesland mit dem größten Brauerei- und Markenreichtum. Es ist also nicht verwunderlich, daß hier auch das stärkste Bier der Welt gebraut wird: das Kulminator (wer hätte den Bayern dies schon zugetraut?). Schauen Sie auf Ihrem Weg nach Norden doch einfach mal in Kulmbach vorbei, und vergessen Sie nicht die Hallertau – eines der großen deutschen Hopfenanbaugebiete.

Eine kleine Auswahl an Deutschlands Biermetropolen

Weiter geht es in Richtung Norden, kleine Exkursionen nach Stuttgart, Nürnberg und Frankfurt natürlich nicht ausgeschlossen. Alle diese Städte verfügen über hervorragende Braustätten und über noch hervorragenderes Bier. Auf dem Weg von Nürnberg nach Frankfurt könnten Sie übrigens mal einen Blick auf Bamberg werfen – Heimat des berühmten Bamberger Rauchbiers. Ein Stil (es wird über offenem Feuer gemälzt), der im übrigen Deutschland kaum bekannt ist. Bamberg hat aber noch ein anderes Superlativ zu bieten: Der Bereich um Bamberg ist die am dichtesten mit Brauereien besiedelte Gegend der Welt – wohl dem der ein Bamberger ist!

Wie man es dreht und wendet – alle Wege führen nach Köln. Auf Ihrem Weg nach Norden werden Sie unweigerlich in dieser großen deutschen Stadt vorbeischauen und ihre einzigartige Spezialität, das Kölsch, genießen. Die Karnevals-Metropole hat außer den vielen Brauhäusern auch ein echtes Schmankerl für den Bierenthusiasten zu bieten: die »Historische Braustätte«. Eine komplett eingerichtete Hausbrauerei, wie sie zur Jahrhundertwende existiert hat. Mehr zu Köln später, aber seien Sie gewarnt: Die Geschichte von Kölsch ist so spannend wie ein »Hitchcock-Film« und so lang wie »Krieg und Frieden« – halten Sie also ein kühles Bier parat.

Im Norden von Köln liegt Düsseldorf, oder besser: die längste Theke der Welt. Die Düsseldorfer Altstadt ist fast genauso berühmt wie das dort getrunkene Bier: das Alt. Frei nach dem Motto: den Kölnern den Karneval, und den Düsseldorfern die Altstadt, sollten Sie beides einmal besucht haben.

Ein wenig weiter nördlich liegt Europas Bierstadt Nummer 1 (eine Maxime, die sogar die Münchner noch nie angefochten haben): Dortmund. Das Pils und das Export ist hier das Lieblingsgetränk der Einheimischen, und wer sein Bier so sehr liebt, baut ihm sogar ein Museum: Das Dortmunder Brauereimuseum stellt auf 1.800 Quadratmetern alles Wissenswerte zum Thema Bier vor.

Wer möchte kann nun einen kleinen Abstecher nach Hamburg, Bremen oder sogar Lüneburg wagen. Lüneburg? Ja, Lüneburg – in einem alten Giebelhaus befindet sich ein Biermuseum mitsamt einer urgemütlichen Gaststätte. Was für die Lüneburger wohl selbstverständlich ist, ist für uns wohl eher erstaunlich: Das Museum befindet sich in dem ehemaligen Verwaltungsgebäude einer Brauerei, die bereits 1485 gegründet wurde. Aber auch Hamburg und Bremen – als ehemalige Hansestädte – können auf eine jahrhundertealte Brautradition zurückblicken. Nicht umsonst sind hier zwei der exportstärksten Pils-Sorten Deutschlands beheimatet. Hamburg hat übrigens auch ein Brauereimuseum zu bieten.

Wenden wir unseren Blick nach Osten, dann führt uns unser Weg über Einbeck in die Hauptstadt Berlin. Doch zunächst zu Einbeck, der Heimat des Bockbieres. Schon im 13. Jahrhundert wurde hier Bier gebraut. Zu dieser Zeit waren es die Einbecker Brauer, die als eine der ersten Bier mit Hopfen anreicherten. Das Bier veränderte durch den Hopfen nicht nur seinen Geschmack, sondern wurde auch haltbarer, wodurch dem Verkauf in entfernte Gebiete nichts mehr im Wege stand. Sogar die Bayern genossen das »Ainpöckisch Bier«.

Erst einmal im Osten Deutschlands angelangt, konzentriert sich das Geschehen schnell auf die Hauptstadt. Eine »Berliner Weiße« sollte man hier auf jeden Fall einmal probiert haben. Achten Sie bei der Weiße auch auf die verschiedenen Variationsmöglichkeiten, die Sie mit verschiedenen Siruparten erreichen können – das grüne oder rote Getränk am Nebentisch muß nicht immer das neuste deutsche Trendgetränk sein!

Noch vor einem Jahrzehnt hätte Ihre Bierreise nun abrupt ein Ende gefunden, doch dank der Wiedervereinigung stehen Ihnen nun alle Wege offen, und Sie können sich auch in den neuen Bundesländern auf die Jagd nach Bierspezialitäten machen. So zum Beispiel in Jena: Die lokale

Bierspezialität ist ein Weißbier, das nach einem Geheimrezept mit einem Schuß Kümmel versetzt wird. Die ortsansässige Städtische Brauerei kann übrigens auf eine über 660 Jahre alte Brautradition zurückblicken. Elisabeth von Thüringen war es, die seinerzeit die Erlaubnis zum Brauen erteilte.

Im Osten Deutschland liegt auch Bad Köstritz, und somit Deutschlands älteste Brauerei (gegründet 1543). Und genau hier wartet ein Leckerbissen für den Bier-Gourmet: Schwarzbier. Eine Bierspezialität, die vielleicht vergleichbar mit der Thüringer Bratwurst ist. Aber Bad Köstritz ist nicht der einzige Stern am Bierhimmel der neuen Bundesländer. Beispiele hierfür sind Freiberg zwischen Dresden und Chemnitz, wo seit dem 12. Jahrhundert gebraut wird, oder auch Torgau, wo 1559 in über 250 Häusern Bier gebraut wurde.

Erwähnenswert sind noch Wernesgrün im Vogtland, wo die Braurechte über 550 Jahre alt sind und Potsdam. Friedrich I. war es, der hier 1761 eine Brauerei gründete, in der Friedrich der Große das Brauhandwerk erlernte. Sehr zur Freude des Kriegsministers, der mit den Biererlösen seine Soldaten finanzierte. Noch heute weist die ortsansässige Brauerei auf diese großen Namen in ihrem Etikett hin.

Auch im Osten Deutschlands wird Bier gebraut.

Wenn Sie nun denken, daß dies alles war, müssen wir Sie leider enttäuschen. Fast jede Stadt kann in ihrem größeren Umkreis auf eine traditionsreiche Brauerei oder eine Bierspezialität verweisen. Ein Umstand, der den meisten gar nicht bewußt ist, denn mit Sicherheit gibt es auch in Ihrer Nähe eine Brauerei zu der sich ein Tagesausflug lohnt.

Wie Sie nun sicherlich einsehen, ist eine Bierreise durch Deutschland ein fast ausagesloses Unterfangen – bereisen Sie das Bierland Deutschland in mehreren Etappen – nicht nur Ihre Leber wird es Ihnen danken, Sie brauchen sich auch keinem Streß auszusetzen: Bedenken Sie nur, wie lange es dauert, jede größere deutsche Stadt anzufahren, die lokalen Bierspezialitäten zu testen und dort zu übernachten (denn nicht vergessen: don't drink and drive).

Wenn Sie ganz Deutschland bereist haben, und nicht mehr wissen, was Sie nun mit Ihrem Urlaub anfangen sollen: Fangen Sie einfach wieder von vorne an, denn etwas Neues zu entdecken, gibt es immer! Noch ein Tip am Rande: Gerüchten zufolge soll man Deutschland immer von Süden nach Norden bereisen, der umgekehrte Weg verspricht Kopfschmerzen. Wahrscheinlich ist dies aber nur ein Aberglauben ähnlich dem, daß schwarze Katzen Unglück bringen.

Im weiteren Verlauf dieses Kapitels stellen wir Ihnen einige große deutsche Städte mit einer großen Brautradition und ihren lokalen Spezialitäten vor.

München

Willkommen in einer von Deutschlands schönsten Städten, Willkommen in Süddeutschland! Die bayrische Landeshauptstadt ist die führende Fremdenverkehrsstadt Deutschlands, und so ist es nur natürlich, daß die meisten Ausländer München bzw. Bayern als Deutschland ansehen. Das Bild der Deutschen im Ausland ist somit stark geprägt von der bayrischen Lebensart: Der Mann trägt Lederhosen, die Frau ein Dirndl, gewohnt wird in einem mittelalterlichem Fachwerkhaus und pro Tag werden 5 Liter Bier getrunken. Sie lachen? Das sollten Sie nicht – besuchen Sie einmal Disneyland und Sie werden sehen, daß dies keineswegs übertrieben ist.

Zu sagen, daß es in München eine Bierspezialität gibt, wäre genauso, als würde man sagen, daß die Belgier nur Pommes Frittes essen. Der Münchner kennt viele Biere, die sowohl in der Stadt selbst als auch in der Region beheimatet sind. Darunter sind vor allem Saisonbiere, also Bockbiere, aber auch andere Spezialitäten, wie zum Beispiel das Oktoberfestbier, das Münchner Helle oder auch das Weißbier. Vorstellen wollen wir in diesem Kapitel das Weißbier, das typisch für die süddeutsche Region ist, von Nicht-Bayern meist Weizenbier genannt ...

Münchner Braugeschichte

Das Bierbrauen hat, wie überhaupt alles in München, eine lange Tradition. Wie in den Chroniken der Stadt nachzulesen ist, wurde bereits 1328 von den Augustiner-Mönchen Bier gebraut. Überhaupt war das Bier brauen bei den Geistlichen sehr beliebt. Das Motto der Mönche war »Ora et labora« (Bete und arbeite) und es war ein hartes Leben, das sie im Mittelalter führten. Hinzu kam, daß zahlreiche Fastentage den Körper schwächten, und auch in der fastenfreien Zeit war der Tisch nicht gerade üppig gedeckt. Den Kirchenoberen wurde wohl schnell klar, daß dies auf Dauer der Gesundheit der Mönche nicht zuträglich war, und so gab es eine Ordensregel, die besagte: *»Liquida non frangunt ienum«* (Flüssigkeiten brechen das Fasten nicht). Und Bier, das flüssige Brot, war wie geschaffen für die Mönche.

 Im Mittelalter gab es über 500 Bier brauende Klöster in ganz Deutschland, davon im Jahre 800 alleine 300 in Bayern, und viele davon brauten bereits seit über 150 Jahren Bier! Die geistliche Konkurrenz war dem Braugewerbe natürlich ein Dorn im Auge, denn die Mönche brauten keineswegs nur für den Eigenbedarf. Man muß ihnen aber zugute halten, daß sie ein sehr gutes Bier brauten (nicht umsonst brauen manche dieser Klöster noch bis heute Bier).

 Was allerdings zu denken geben sollte, ist die Rationierung des Bieres in den Klostergemäuern. Jedem Klosterinsassen wurden am Tag 5 Maß Bier zugestanden. Eine ganze Menge Flüssigkeit, um genau zu sein 5 Liter! Natürlich verpflegten die Mönche und Nonnen mit dem Bier auch Bedürftige und Pilger.

Saisonbiere waren und sind in München sehr beliebt.

Die Geschichte des Münchner Bieres ist eng mit der Geschichte des Bayernherzogs Ludwig I. verflochten, der zu Ende des 12. Jahrhunderts (kurz nach der Stadtgründung) das Münchner Bier als endlos sprudelnde Steuerquelle für sich entdeckt hatte – die Vergabe des Braurechts wurde zur Chefsache. Bier wurde zur damaligen Zeit übrigens nicht nur zu besonderen Anlässen getrunken, sondern es war ein Alltagsgetränk wie heute Wasser, Kaffee oder Tee. Rechnet man einmal mit einem spitzen Bleistift nach, kommt man schnell darauf, daß Ludwig I. sich abends – wenn er sich unbemerkt glaubte – vor lauter Freude wohl auf der Erde kugelte …

Bier wurde übrigens nicht nur als Getränk gesehen, sondern auch als Kraft- und Heiltrunk. Und überhaupt kam der gesundheitliche Aspekt ziemlich früh ins Spiel: 1487 erließ Herzog Albrecht IV. für die damalige Residenzstadt München eine Bierordnung, die zur Qualitätsbasis der Münchner Biere wurde. Das Reinheitsgebot wurde übrigens erst 1516 erlassen und galt für ganz Bayern – die Münchner waren ihrer Zeit also mal wieder voraus. Der Inhalt dieser Bierordnung unterschied sich im Wesentlichen übrigens kaum vom Reinheitsgebot des Wittelsbacher Herzogs Wilhelm IV.

Um die Jahrhundertwende gab es 25 Brauereien in München, 1930 waren es noch 10. Im zweiten Weltkrieg war München, als eine der größten deutschen Städte, ein Hauptangriffsziel der Alliierten und die Brauereien wurden fast vollständig ausgebombt. Der Wiederaufbau erfolgte dann nach den neusten technischen Gesichtspunkten.

Aber dies ist noch nicht alles: Nicht nur in Deutschland ist das Münchner Bier beliebt, sondern auch international. Münchner Brauer exportieren ihr Produkt in 140 Länder. Mehrere Millionen Hektoliter Bier werden jährlich ausgestoßen und ein Gesamtumsatz im Milliardenbereich wird erzielt. 6 Großbrauereien sind heutzutage noch in München beheimatet: Augustiner, Hacker-Pschorr, Hofbräuhaus, Löwenbräu, Paulaner und Spaten. Zusammen beschäftigen diese Brauereien weit über 3.000 Angestellte – nicht umsonst gilt München als Bierstadt.

Münchner Bier-Jahreszeiten

Wenn wundert es – in Bayern ticken nicht nur die Uhren anders, sondern ganze Jahreszeiten fallen dem lokalen Brauchtum zum Opfer. Beginnen tut das Jahr im März mit der Starkbierzeit. Das Bier war ursprünglich dazu gedacht, die lange Fastenzeit zu überstehen. Kaum ist diese vorbei, folgt im Mai auch schon der Maibock.

Im Sommer folgt die Biergartenzeit. München hat in seinen Biergärten sage und schreibe 150.000 Plätze anzubieten, wobei manche Biergärten alleine schon auf 5.000 Plätze kommen. Das Oktoberfest läutet das Ende der Biergartenzeit ein, und so kann auf der Wies'n das schmackhafte Oktoberfestbier genossen werden.

In der Winterzeit gönnt man sich dann einen Festbock, der Weihnachten in Geschenkkartons als »Gruß aus München« weltweit verschickt wird.

Der Bierpreis

Die Münchner und die Bierpreiserhöhungen – wahrlich eine Geschichte, die sich lohnt erzählt zu werden, denn während man in anderen deutschen Städten die Erhöhung murrend akzeptierte, führte dies in München zum offenen Aufruhr der Bürger!

Die Obrigkeit wußte sich oft nicht anders zu helfen und ließ das Militär ausrücken. Freiwillig ergab sich natürlich niemand, und so gingen regelmäßig die Fensterscheiben und das Mobiliar der Münchner Brauhäuser zu Bruch, gelegentlich gab es sogar Tote und Verletzte. Und wer nun glaubt, daß dies im Mittelalter stattfand, weit gefehlt, die Salvatorschlacht wurde zum Beispiel 1888 geschlagen.

Erst 1910 schafften es die Brauer eine Bierpreiserhöhung auf friedliche Art und Weise durchzusetzen, denn zuvor mußten die Erhöhungen immer wieder rückgängig gemacht werden.

Lediglich 1823 gelang es den Brauern eine Erhöhung um sage und schreibe einen Pfennig durchzusetzen. Allerdings hatte dies auch einen guten Grund: Bei einem Feuer im Hof- und Nationaltheater waren alle Löschbrunnen zugefroren. Die Feuerwehr löschte den Brand deshalb mit Bier und räumte die Lager sämtlicher Münchner Brauereien aus. Ein vergebliches Opfer, denn das Theater brannte völlig aus, und das gesamte Bier war auch weg. Die Münchner waren aber gerne bereit, den einen Pfennig mehr zu bezahlen, da dadurch zum einen die Brauer entschädigt wurden, und zum anderen der Wiederaufbau des Theaters finanziert wurde.

Weißbier/Weizenbier

Etwas über Weizenbier zu schreiben, ist fast genauso, als wolle man alle deutschen Biersorten auf einmal charakterisieren. Es gibt helles und dunkles Weizen, es gibt hefetrübes und kristallklares. Man kann es mit Zitronen trinken, aber auch ohne, aus der Flasche oder aus dem Glas, wie wäre es denn mit einem Weizenbock?

Die Unterschiede liegen zumindest bei den verschiedenen Weizenbieren, oder auch Weißbieren genannt, klar auf der Hand: Ein hefetrübes enthält Heferückstände, ein kristallklares ist gefiltert und ein Dunkelweizen wird mit einem dunklen Malz hergestellt. Der Stammwürzegehalt dieser Biere liegt meist zwischen 12 und 13,5%, beim Weizenbock liegt er etwa bei 16%. Im Vergleich hierzu: Pils besitzt einen Stammwürzegehalt von 12%.

Das Weizenbier ist herrlich erfrischend und wird von den Münchnern besonders gerne im Sommer in den unzähligen Biergärten genossen. Als besonders erfrischend gilt es hierbei, eine Zitronenscheibe in das Glas zu geben. Auch wenn der Nutzen umstritten ist: Schön anzusehen ist es allemal, und es betont die spritzige Note des Weißbieres.

Ein bekanntes Weizen stammt aus der Brauerei Weihenstephan, welche zu den ältesten Brauereien Deutschlands zählt. Ihre Geschichte läßt sich bis in das Jahr 725 zurückverfolgen, wo Benediktiner-Mönche sich in Freising niederließen. Wie alle Mönche zur damaligen Zeit brauten auch die Benediktiner Bier – belegt ist das ganze seit 1040. Und das ist auch schon alles was man weiß, da Weihenstephan leider mehrmals geplündert und gebrandschatzt wurde – an seinem Ambiente hat das Kloster dadurch aber nichts verloren. Heutzutage beheimatet Weihenstephan wohl die weltweit berühmteste Hochschule für das Brauwesen und gehört zur technischen Universität München.

Köln

Willkommen in Köln, der romanischen Stadt am Rhein. Berühmt geworden durch den Dom, die romanischen Kirchen, den Karneval, seine Einwohnern und das Kölsch, das hier Nationalgetränk ist.

Köln ist ein wahrer Schmelztiegel an Kulturen und Sprachen. Kölsch, die Heimatsprache der Kölner, bedient sich zum Beispiel auch des Französischen, so wurde aus dem mocca faux (falscher Kaffee) der Muckefuck, oder aus dem fils de noel (uneheliches Kind) das Fisternöll. Wie bei allen deutschen Mundarten, brauchen die Zugereisten (oder Imis, wie diese in Köln genannt werden) eine gewisse Zeit, um den durchaus lebhaft geführten Diskussionen der Einheimischen zu folgen.

Weit über die Stadtgrenzen hinaus ist auch der Kölsche Klüngel bekannt geworden. Die Vorgehensweise der Kölner bei Problemlösungen mag für den Außenstehenden nicht immer schlüssig sein, hat aber für die Kenner der Materie immer Hand und Fuß – frei nach dem Motto: Eine Hand wäscht die andere, wird in Köln stets gemauschelt und getratscht.

Köln selbst ist übrigens zum größten Teil katholisch und gehört gleichzeitig zu den ältesten und reichsten Diozösen weltweit. Der Dom ist nur ein Zeugnis des rheinischen Glaubens, die uralten romanischen Kirchen sind für Historiker genauso wertvoll wie der Dom selbst, dessen Bau übrigens erst am Ende des letzten Jahrhunderts abgeschlossen worden ist.

Kölner Braugeschichte

Kölsch kann auf eine über tausendjährige Geschichte zurückblicken, und zwar eine schriftlich belegte Geschichte. Eine Besonderheit, die seinesgleichen sucht! Das Kölsch gehört zu Köln wie der Dom zum Stadtbild. Es dürfte wohl klar sein, daß wir der rheinischen Spezialität einen besonderen Stellenwert in diesem Kapitel einräumen (Der Umstand, daß die Autoren in Köln geboren wurden, spielt hierbei ganz bestimmt keine Rolle).

Bis in die alemannische Zeit war es üblich, daß die Bürger und Bauern ihr Bier für den eigenen Verzehr selber brauten. Erstmals schriftlich erwähnt wurde das Bier in der Stiftungsurkunde das Klosters Gerresheim, die auf der Kölner Synode im Jahr 873 bestätigt wurde. Aus der Urkunde geht hervor, daß ein Teil der kirchlichen Einkünfte für die Beschaffung eines besseren Bieres ausgegeben werden sollten, auch Kölner Brauereien wurden in diesem Schriftstück erwähnt. Die Mönche waren wohl nicht sonderlich zufrieden mit dem bisher ausgeschenkten Bier. Der durchschnittliche Kölner würde jetzt übrigens anbringen, daß die Mönche mit Sicherheit Düsseldorfer Bier bezogen. Eine These, die wir aber entkräften können – Düsseldorf existierte zu diesem Zeitpunkt noch nicht.

Danach ist es lange ruhig um das Bier, zumindest schriftlich, aber es war klar, daß es eine immer größer werdende Rolle spielte. Erst im 12. Jahrhundert stoßen wir wieder auf Aufzeichnungen. In dieser Zeit wurde die Braugerechtigkeit so weit eingeschränkt, daß nur noch privilegierte Brauer Bier herstellen und ausschenken durften. Ein Umstand, der darauf schließen läßt, daß die ersten Ideen für eine Kooperation der Brauer kurz darauf aufkamen, auch wenn die Gründung der Kölner Brauer-Korporation auf das Jahr 1396 datiert wird.

Die St. Peter von Mailand Bruderschaft

Petrus von Mailand war ein Dominikaner, der ungefähr 1205 in Verona geboren wurde. Aufgrund seines ausgesprochenen Rednertalents macht er im Mönchsorden schnell Karriere und wurde 1251 päpstlicher Großinquisitor in Norditalien. Ein Beruf, der einem nicht nur Freunde beschert, und so wurde er bereits 1252 auf dem Weg von Como nach Mailand durch gedungene Mörder umgebracht.

Sein Märtyrertod erweckte großes Aufsehen, und so wurde Petrus bereits ein Jahr später vom Papst heilig gesprochen. Schon bald stellten sich Bruderschaften unter den Schutz des Heiligen. So ist Petrus von Mailand der Schutzpatron für die Schuster von Palma de Mallorca, für die Weber im katalonischen Manresa und für die Brauer in Köln.

Wie lange diese Bruderschaft besteht, kann man allerdings nicht mehr nachvollziehen, man geht aber davon aus, daß sich die Geschichte bis kurz nach der Heiligsprechung zurück verfolgen läßt. Die Bruderschaft besteht (natürlich) noch heute, und alle Kölner Brauer gehören ihr an.

Die Geschichte des Brauens ist eng mit der Geschichte des Hopfens verbunden, und es ist klar, daß auch die Kölner diesen irgendwoher beziehen mußten. In einem Schenkungsbrief des Königs Pipin an die Abtei St. Denis wird dieser erstmals erwähnt. Natürlich vergißt der König nicht, Abgaben auf den Hopfen zu erheben (und überhaupt schien es, daß es ein beliebtes Hobby bei Königen, Herzögen und Grafen war, alle möglichen und unmöglichen Dinge mit Abgaben zu belegen). Aber auch der berühmte Kölner Gelehrte Albertus Magnus erwähnt wiederholt Hopfengärten. Heute wissen wir, das im Magdeburger Raum bereits im Jahr 1000 der Hopfen systematisch angebaut wurde.

Natürlich war es in Köln nicht anders, als in anderen Städten. Und so wurde auch hier die Verwendung von Hopfen für die Herstellung von Bier zunächst verboten. Auch die Kölner Brauer stellte ihr Bier aus Grut her, die hier Gruit genannt wurde. In manchen Fällen wurde die Gruit auch mit Honig vermischt, wodurch ein schmackhaftes Honig-Bier entstand. Das Lehen-Register Kölns ging in den Jahren 1285-1361 sogar so weit, einen Unterschied zwischen normalen Brauern und Metbrauern zu machen.

 Welche und wieviele Kräuter für die Herstellung der Gruit verwendet wurden, läßt sich heute natürlich nicht mehr feststellen, zumal die Brauer ein wahres Geheimnis aus ihrer Gruit machten. Jeder benutzte ein anderes Rezept, das wie der eigene Augapfel gehütet wurde. Sicher wissen wir nur, daß alle benötigten Zutaten in der Umgebung von Köln gefunden werden konnten. Dazu gehörten Kräuter ebenso wie Rinden, Wurzeln und anderen Absonderlichkeiten. Alles in allem eine bunte Mischung, die jedem Lebensmittelchemiker die Haare zu Berge stehen lassen. Man war übrigens auch nicht gerade zimperlich, wenn es um die Genießbarkeit der einzelnen Zutaten ging – Tollkirschen waren durchaus akzeptiert.

Die Kölner Brauer konnten, auch nachdem der Gebrauch des Hopfens durch ein Gesetz eingeführt worden war, die Finger nicht von der Gruit lassen. So wurde das Bier trotz des Hopfens meist immer noch durch einige Zutaten verfeinert. Immer wenn die Hopfenpreise stiegen, wurde so oder so auf die Gruit zurückgegriffen. Die Brauer brauchten allerdings nicht mit der Sichel durch den Wald zu kriechen, denn die benötigten Zutaten konnten in Köln zentral eingekauft werden. Im sogenannten Gruithaus saß der »fermentarii«, der für den Einkauf und den Wiederkauf der Kräuter zuständig war. Er prüfte die einzelnen Kräuter und zog auch die Gruitsteuer ein.

Ein ständiger Diskussionspunkt zwischen den Brauern und den Stadtoberen war übrigens die Biersteuer. Diese wiederum führten meist die gleiche Diskussion mit dem Erzbischof, von denen einige die geistliche Führung zu sehr mit der weltlichen verwechselten. Im Jahre 1238 war es, als sich der pfiffige Erzbischof von Köln von dem damaligen Kaiser Friedrich II. zusichern ließ, daß er eine Biersteuer erheben dürfe. Die Stadtoberen weigerten sich natürlich diese abzuführen, und so wurde schließlich Albertus Magnus als Vermittler gerufen. Dieser entschied, daß auf zehn Jahre die Steuer je zur Hälfte zwischen dem Erzbischof und der Stadt aufgeteilt wird.

Die Brauer erhielten, außer der Tatsache, daß sie nun Steuern bezahlen durften, auch noch Auflagen. Sie sollten nur gutes und reines Bier brauen und dies zu einem angemessenen Preis verkaufen. Die Kontrolle über die Brauer war sehr einfach, den der Ausschank war leicht zu überprüfen, und so fand man in der Biersteuer eine gute Einnahmequelle für den öffentlichen Haushalt.

 Um das Jahr 1400 wurde in Köln das sogenannte Keutebier bekannt, das aus Getreidemalz und Hopfen hergestellt wurde. Dieses Bier hatte seinen Ursprung in Norddeutschland und war den bis dahin in Köln gebrauten Bieren bei weitem überlegen. Als die Einfuhr dieses Bieres immer stärker wurde, und anfing die Existenz der Brau-

er zu gefährden, schritt der Rat der Stadt ein – wenig erfolgreich wie man später feststellte. Denn eins konnte man in Köln schon immer gut – »maggeln« (Böse Zungen würden es in diesem Zusammenhang Schwarzhandel nennen – Kölner nennen dies allerdings Tauschhandel). Die einzige Lösung war also die, das die Kölner Brauer selbst Keute herstellten. Das neue Bier wurde von den Kölnern schnell akzeptiert, aber es spaltete die Brauer in zwei Lager: die Dünnbierbrauer, die weiter ihr Bier nach alter Brauweise herstellten, und die Dickbierbrauer, die das Keutebier herstellten. Gegen Ende des 15. Jahrhunderts existierten in Köln 41 Dickbierbrauer und nur noch 18 Dünnbierbrauer.

Bruderschaft, Zunft und Gaffel

Nun, das Ganze läßt sich am einfachsten so ausdrücken: Die Kölner Brauer waren seit 1396 sehr gut organisiert, und das nicht nur einmal. Wirtschaftlich und gesellschaftlich organisierten sie sich in der Zunft, politisch in der Gaffel und kirchlich in der Bruderschaft.

Von den über 500 im Mittelalter brauenden Klöstern standen sechs in Köln, ein Umstand, der von den Kölner Brauern nicht gerade als angenehm empfunden wurde. Hinzu kam, daß diese sehr abergläubisch waren, denn bis in die Neuzeit bestand beim Brauen immer die Gefahr, daß das Bier »umschlug«, also sauer wurde. Entsprechend wurde rund um den Braukessel allerhand Schabernack getrieben, in der Hoffnung böse Geister abzuhalten. Das Ganze ging sogar soweit, daß in Köln die weit verbreitete Meinung galt, daß einem Mädchen, das Bier in Gesellschaft verschüttete, eine uneheliche Schwangerschaft bevorstand.

Das Gründungsjahr der Kölner Brauer-Korporation liegt im Jahre 1396, in dem auch der Verbundbrief ausgestellt wurde. Die Kölner konnten also erst vor kurzem ein großes Fest feiern – die 600-Jahr-Feier dieser Korporation. Seit dieser Zeit muß man auch zwischen der Gaffel, also der politischen Zunft, und dem Amt, also der Wirtschaftszunft unterscheiden. Die Zahl der Gaffeln wurde in Köln übrigens unveränderlich auf 22 festgelegt. Erst 34 Jahre später kaufte sich die Gaffel übrigens ihr eigenes Zunfthaus. Überhaupt war die Gaffel sehr sparsam, so ging zum Beispiel aus den Büchern nie hervor, daß Besteck angeschafft worden ist – die Brauer mußten bei ihren Treffen das Besteck von zu Hause mitbringen.

Natürlich besaß die Brauergaffel, wie alle anderen Gaffeln auch, ein eigenes Wappen, ein Siegel und eine Fahne. Die Fahne war braun und safrangelb, und um Siegel und Wappen standen die Worte: »Wappen des löblichen Amts der Brauer zu Köln«. In der Mitte des Wappens befanden sich eine Maischgabel und eine Malzschippe. Seit 1796 befindet sich in dem Wappen außerdem noch eine Krone.

Das Zusammentreffen der Brauer fand übrigens nur vormittags statt – dies hat ausnahmsweise einmal nichts mit dem Aberglauben zu tun, sondern sie hatten schlicht und ergreifend Angst sich im Dunkeln aus dem Haus zu begeben. Kölns Straßen waren zur damaligen Zeit nämlich nur schlecht beleuchtet. Dies hatte allerdings nichts mit Sparmaßnahmen der Stadt zu tun, sondern damit, daß man der Auffassung war, eine zu starke Beleuchtung bringe die von Gott gewollte Ordnung durcheinander. In Anbetracht dessen, daß die katholische Kirche jahrelang die Meinung vertrat, das die Erde eine Scheibe ist, ist dies wohl nicht weiter verwunderlich.

 Wie in anderen Städten auch, blieb die Kühlung des Biers über Jahrhunderte hinweg ein großes Problem. Große Fortschritte gab es diesbezüglich, als man Eis für die Kühlung des Bieres entdeckte. Aber auch dies war mit großen Strapazen verbunden, denn irgendwie mußte das Eis ja in die an sich schon kalten Keller kommen, und vor allem: Irgendwoher mußte auch das Eis kommen. Das ganze ging sogar so weit, daß man sich in warmen Wintern Eis aus nördlich gelegenen Städten mit dem Schiff schicken ließ. Einige clevere Brauer nutzten übrigens alte unterirdische Steinbrüche in der nahe gelegenen Eifel für die Kühlung ihres Bieres.

Alles in allem war der Beruf des Brauers eine sehr einträgliche Angelegenheit, und so lebten die Kölner Brauer lange Zeit im Wohlstand. Erst zur Jahrhundertwende, zusammen mit der Industrialisierung, gibt es wieder etwas aus Brau-Historischer Sicht zu erzählen. Denn, wie in ganz Deutschland, entbrannte nun auch in Köln der Kampf zwischen dem Bier untergäriger und dem obergäriger Brauart. So war dies nicht nur ein Kampf der Geschmäcker, sondern auch ein Kampf der Industrie gegen die Kölner Hausbrauereien.

Die Muttermilch des Kölners wurde schon früh beworben.

Jahrhundertealte Familienunternehmen wurden durch Aktiengesellschaften verdrängt. Während es 1875 noch 110 Hausbrauereien gab, sank die Zahl innerhalb von 20 Jahren auf fast die Hälfte. 1900 gab es sogar nur noch 50, doch diese hatten den Ansturm der Großbrauereien erfolgreich überlebt. Sie brauten weiter ihr Kölsch, apellierten an den Lokal-Patriotismus der Kölner und machten schnell klar, daß es sich bei ihrem Kölsch noch um echte Wertarbeit handelt. Die Bevölkerung schätzte diese Bemühungen und dankte den Brauereien mit einem erhöhten Konsum.

 Während die Kölner Brauereien den 1. Weltkrieg noch einigermaßen gut überstanden, so setzte ihnen die Weltwirtschaftskrise 1929 stark zu – in Köln brach der Notstand aus. Während die Umsätze stagnierten, kam noch erschwerend hinzu, daß die Reichsregierung 1932 den Bierpreis um 2,25 Mark je Hektoliter senkte. Diese hatte allerdings schon 1930 die Reichsbiersteuer um 46 % erhöht, so daß nicht nur Kölns Brauer einige schlaflose Nächte bevor standen. In ihrer Not führten die Brauer einen so harten Konkurrenzkampf, daß sie ihr Bier genauso gut hätten verschenken können.

Erst 1934 gelang es, wieder Normalität in den Biermarkt zu bringen. Aber aufgrund der darauf folgenden Zeit hätten die Kölner Brauer ihr Bier wahrscheinlich wirklich verschenkt, wenn sie die hochtrabenden Pläne Hitlers damit hätten verhindern können. Die Anzahl der Hausbrauereien war übrigens trotz der Probleme fast unverändert geblieben.

Der zweite Weltkrieg führte fast zum Ende der Kölner Braugeschichte. Durch die Rohstoffknappheit mußte sogar der Stammwürzegehalt des Bieres gesenkt werden, damit es überhaupt noch hergestellt werden konnte. Doch so sehr man sich anstrengte, der 2. März 1945 war der Anfang vom Ende. Ein Luftangriff der Alliierten legte die gesamte Stadt in Schutt und Asche – nur der Dom blieb trotzig stehen.

Als die Amerikaner in Köln einmarschierten, fanden sie halb verhungerte Menschen, die in ausgebombten Häusern lebten. Hitler hatte kurz vor dem Einmarsch der Truppen den Befehl erlassen, alles technische Gerät unbrauchbar zu machen (er hatte wohl ernsthaft geglaubt, daß ein Kölner eine Brauerei demontiert), der von den Kölnern aber schlicht und ergreifend ignoriert wurde. Der Wiederaufbau begann und der »Kölner Brauerei-Verband« wurde gegründet, der den Brauern wo immer er konnte, helfend unter die Arme griff. Noch heute vertritt er die Obergärigen Brauereien Kölns.

 Das Wirtschaftswunder verhalf auch den Kölnern Brauern zum Aufschwung, das Kölsch hatte sich nun endgültig gegenüber dem untergärigen Bier durchgesetzt. Heute existieren noch 13 Obergärige Brauereien auf Kölner Stadtgebiet. Insgesamt 22 Brauereien im Großraum Köln stellen Kölsch her – eine Spezialität die aufgrund ihrer Jahrtausend alten Geschichte, ihrer Verbreitung und ihrer Akzeptanz seinesgleichen sucht ...

Kölsch

Kölsch, nicht nur ein Bier und eine Mundart, sondern eine Lebensart. Auch wenn die Bezeichnung Kölsch aus dem zweiten deutschen Kaiserreich stammt, so lassen sich die Spuren des dahinter stehenden Getränks bis in das frühe Mittelalter zurück verfolgen.

Der Köbes

Nun, Außenstehende würden ihn als Ober bezeichnen, sollten Sie allerdings einmal in einem Kölner Brauhaus nach einem Ober (oder noch schlimmer: einer Bedienung) rufen, wundern Sie sich nicht, wenn keiner vorbei kommt. Und meistens ist es auch gar nicht nötig, denn verdurstet ist in Köln wahrlich noch keiner, wohl eher ersoffen.

Der Köbes ist schon aufgrund seiner Kleidung von weitem erkennbar, er trägt ein blaues Hemd, eine blaue Schürze und hat eine lederne Geldtasche umgeschnallt. Die Farbe ihrer Kleidung läßt übrigens nicht auf ihren Zustand schließen, auch wenn Außenstehende es manchmal vermuten. Der Köbes duzt seine Gäste, und das Kölsch kommt automatisch. Ist das Glas einmal leer, wird ohne zu fragen ein neues serviert. Wollen Sie kein Kölsch mehr, legen Sie einfach einen Bierdeckel auf das Glas (was allerdings Blasphemie wäre).

Köbesse sind die geborenen Entertainer, wundern Sie sich also nicht, wenn sie sich im Vorbeigehen in ein Gespräch einmischen, Ihnen von zu Hause erzählen oder der neuste Klatsch und Tratsch aus der Nachbarschaft haarklein auseinander gelegt wird. Wer bei ihnen nichts zu lachen bekommt, ist selber schuld!

Schöner als ein Reporter eines überregionalen Hamburger Magazins kann man den Beruf des Köbes allerdings nicht beschreiben: Der Reporter besaß die Frechheit in der Kölner Gasthausbrauerei »Früh« ein Tee zu bestellen. Der Köbes quittierte die Bestellung mit den Sätzen: »Biste etwa krank? Ich glaube ich bin auf der Intensivstation!«. Der Reporter schrieb später: »In Köln ist der Kellner immer in der Bütt, und das beste ist, man geht mit rein.«

Übrigens hat keine andere Stadt so viele Braustätten wie Köln, nämlich insgesamt 13. Auch wenn manche dieser Brauereien nicht mehr in Kölner Hand sind, so sind sie doch dem Kölsch treu geblieben, das die Hauptmarke aller dieser Brauereien ist. Insgesamt gibt es in Köln und Umgebung 24 Brauereien, die Kölsch brauen. Pils ist in der Stadt am Rhein nur eine Randerscheinung!

Der Kölschmarkt ist aber nicht nur aufgrund des Kölschs so besonders, sondern auch wegen des hohen Anteils an Faßbier, den die Brauereien verkaufen. Zum einen werden die unzähligen Kneipen in Köln mit Fässern beliefert, zum anderen ist es in Köln durchaus üblich zu besonderen Gelegenheiten (die in manchen Schrebergärten scheinbar wöchentlich gefunden werden), ganze Fässer Kölsch im Getränkemarkt zu erstehen. Dies ist – in dieser Größenordnung – einmalig für Deutschland.

Besonders beliebt sind hierbei die sogenannten Pittermännchen – 10 Liter-Fässer voll mit der rheinischen Spezialität. Das Bier wird übrigens nicht mit Kohlensäure gezapft, sondern läuft allein durch die Schwerkraft aus dem Faß. Auf die Haltbarkeit des Bieres muß selten geachtet werden, denn einmal angeschlagen wird ein echter Kölner den Dunstkreis das Fasses nicht verlassen, bevor es leer ist. Ein Zapfhahn gehört übrigens zur Grundausstattung der meisten Kölner Haushalte.

Kölsch ist ein obergäriges Spezialbier mit einem Stammwürzegehalt von 11 bis 12%, ähnlich wie Pils. Es ist hell, blank und hopfenbetont. Es ist leicht herb, süffig und sehr bekömmlich. Dummerweise wird es nicht vom Arzt verschrieben, aber die Zeiten können sich ändern ...

Die Kölsch-Konvention

Seit langem (um genau zu sein seit 1962) gab es zwischen den Brauern einen regelrechten Kleinkrieg darüber, was ein Kölsch ist, wie man es herstellt und wo es gebraut werden darf.

Endgültige Klärung brachte 1980 ein Richterspruch, der besagte, daß Kölsch nicht nur eine Biersorte, sondern auch eine Herkunftsbezeichnung ist. Entsprechend dürften nur in Köln ansässige Brauereien Kölsch brauen und vertreiben. Ausgenommen wurden nur die Brauereien, die schon jahrzehntelang Kölsch brauten, auch wenn sie nicht in Köln ansässig waren.

1986 wurde dieser Richterspruch von den Kölsch-Brauern in einer Richtlinie schriftlich niedergelegt – der Kölsch-Konvention. Sie regelt sehr genau, wer wo Kölsch brauen darf. Sie enthält Wettbewerbsregeln genauso wie Verpackungsvorschriften.

Die Kölsch-Konvention hat Gesetzesrang und wurde vom Bundeskartellamt anerkannt – ein einmaliger Schutz für eine Biersorte!

Düsseldorf

Willkommen in der Hauptstadt Nordrhein-Westfalens und Willkommen in der Heimat des Alt-Bieres. 1288 wußte man noch nichts von der Königsallee, der Altstadt oder etwa der Phillipshalle, aber in seiner über 700-jährigen Geschichte mauserte sich das kleine Dorf an der Düssel zu einer wahren Großstadt.

Während ganz Deutschland sich auf das neue Bier Pilsener Brauart stürzte bewahrte man sich in Düsseldorf eine Jahrhunderte alte Brautradition und braute weiter ein Bier »alter« Brauweise – das Alt. Heutzutage eine echt Spezialität, die außer in Düsseldorf auch noch in Münster und Hannover hergestellt wird.

Der Neandertaler wurde übrigens im Neandertal in der Nähe von Düsseldorf gefunden. Bösen Gerüchten zufolge handelt es sich hierbei um einen Kölner, der von einem Düsseldorfer erschlagen worden ist. Neuste Forschungen belegen aber, daß der Mensch nicht direkt vom Neandertaler abstammt, sondern das dieser einer längst ausgestorbenen Seitenlinie angehört – vielleicht war er ja doch ein Düsseldorfer ...

Düsseldorfer Braugeschichte

Eine kleines Dorf mit wenigen Häusern – das war Düsseldorf bei seiner Stadterhebung durch den Grafen von Berg im Jahre 1288. Es existierte weder ein Rathaus noch eine Stadtmauer. Auch ein Marktplatz war nicht vorhanden.

Die Frage ist nun, wieso der Graf auf die Idee kam, ein unscheinbares Dorf zur Stadt zu erheben. Doch seine Absicht war klar: Der Graf benötigte dringend eine Stadt mit Zugang zum Rhein. Dabei interessierte ihn wohl nicht so sehr die Fischerei, sondern der Zoll, den er erheben konnte. Im Jahre 1377 war es dann soweit – Düsseldorf wurde Zollstätte.

Nur langsam entwickelte sich die Stadt, und erst im 14. Jahrhundert kann man von echten Fortschritten sprechen, denn zumindest eine Stadtmauer konnte man nun vorweisen. Ende des 14. Jahrhunderts ordnete der 1. Herzog von Berg eine umfassende Erweiterung der Stadt an. Und so war es nur natürlich, daß Düsseldorf Ende des Mittelalters die größte Stadt des Herzogtums Berg war und somit auch dessen Hauptstadt wurde.

Der Kurfürst Jan Wellem war es, der während seiner Regierungszeit von 1679 bis 1716 beschloß, die Fläche der Stadt schlicht und ergreifend zu verdoppeln. Es blieb allerdings bei diesen Plänen, und es dauert bis zum Ende des 18. Jahrhunderts, bis die Stadt die von Jan Wellem geplanten Ausmaße erreichte. Dennoch tat er viel für die Stadt und deren Erscheinungsbild.

Auf 8500 Einwohner war die Stadt bis 1700 angewachsen. Als die Franzosen Düsseldorf eroberten, (1794) betrug die Einwohnerzahl etwa 20.000. Erst das 19. Jahrhundert brachte den Durchbruch. Innerhalb von nur dreißig Jahren (1840 bis 1870) verdoppelte sich die Einwohnerzahl auf 70.000.

Und wo bleibt das Bier? Eine gute Frage! Im Gegensatz zu den anderen hier vorgestellten Städten kann Düsseldorf auf keine besondere Brau-Tradition zurückblicken. Bier wurde hier gebraut, wie überall anders auch. Der Wandel der Stadt zur Metropole am Rhein vollzog sich mit der Industrialisierung.

Während fast alle deutschen Brauereien anfingen, nur noch nach Pilsener Brauart zu brauen, blieb man in Düsseldorf dem alten Braustil treu. Während obergärige Biere anderswo fast schon zur Spezialität wurden, stellten sie in Düsseldorf die Normalität dar. Ein Weg, den zu beschreiten es sich gelohnt hat. Denn heutzutage gehört Düsseldorf zu den Großen unter den deutschen Biermetropolen und verkauft sein Bier in ganz Deutschland und weit darüber hinaus.

Alt-Bier

Alt ist die Düsseldorfer Spezialität, die auch weit über die Stadtgrenze hinaus bekannt geworden ist. Am besten schmeckt es natürlich in einer der Düsseldorfer Hausbrauereien, die allesamt in der Altstadt gefunden werden können. In manchen von diesen kann man sogar einen Blick auf den Braukessel werfen, während man sich gerade mit einer Schweinshaxe vergnügt.

Die Schlacht von Worringen

Nach dem Tod der Herzogin von Limburg erhoben zwei Parteien Anspruch auf das Herzogtum: der Bruder der toten Herzogin (auch als Graf von Berg bekannt), und der Witwer. Keine der beiden Parteien verfügte allerdings über genug militärische Macht, um seinen Anspruch durchzusetzen. Der Witwer verbündete sich daraufhin mit dem Kölner Erzbischof, der seit geraumer Zeit auch die weltliche Herrschaft über seine Diözese anstrebte. Der Graf von Berg verkaufte, aufgrund dieser Übermacht, kurzerhand seinen Anspruch an den Herzog von Lothringen und Brabant. Ein nervenaufreibender Kleinkrieg entbrennt nun, den der Witwer nicht lange standhält, schließlich verkauft auch er seinen Anspruch, und zwar an Graf Heinrich von Luxemburg.

Weitreichende Koalitionen werden nun gebildet, für die das Herzogtum Limburg nur ein Vorwand sind, den letztendlich geht es nur um eins: Die Machtverhältnisse am Rhein endgültig zu klären. Auf der einen Seite der Streitmacht, unter Luxemburger Führung, befand sich der Erzbischof. Auf der anderen Seite, unter Brabanter Führung, befand sich der Graf von Berg. Aber auch die Kölner Bürger waren hier zu finden, denn denen schmeckten die Pläne ihres Erzbischofs überhaupt nicht. Ein Kampf war unausweichlich und so geschah es, daß am 5. Juni des Jahres 1288 die beiden Parteien aufeinander trafen.

Auf der Heide von Worringen trafen die beiden Parteien aufeinander. 10.000 bis 15.000 Bewaffnete kämpften hier um ihre Zukunft. Die Schlacht begann gegen 9 Uhr und es hatte den Anschein, daß die erzbischöfliche Seite die Übermacht besaß. Doch der Kampf dauerte über acht Stunden und wurde grausam geführt. Der Erzbischof machte schließlich ein Friedensangebot, doch die Brabanter lehnten ab.

Das letzte Aufeinandertreffen der beiden Gruppen mußte also die Entscheidung bringen. Schließlich wurde der Erzbischof gefangen genommen, und die Schlacht war geschlagen. Doch ein hoher Preis, den beide Gruppen bereit waren zu zahlen, wurde bezahlt: Über die Hälfte der Männer wurde erschlagen und die Mönche der Umgebung brauchten mehrere Tage, um alle Gefallenen zu beerdigen.

Der Graf von Berg nützte seine neu gewonnenen Freiheiten und verlieh am 14. August 1288 die Stadtrechte an Düsseldorf – und so gibt diese bedeutende Stadt am Rhein noch heute Zeugnis über den Sieg des Grafen von Berg ab.

Überhaupt scheint es in Düsseldorf zwei Bierwelten zu geben: Denn während auf der einen Seite des Alt handwerklich gefertigt wird, wird es auf der anderen Seite industriell hergestellt. Drei Hausbrauereien brauen das benötigte Bier noch in der Altstadt selbst, eine nicht weit davon entfernt. Die Brauerei Gatzweiler zum Beispiel fährt zweigleisig. Zum einen bietet sie in ihrer Hausbrauerei »Zum Schlüssel« das Original Schlüssel Altbier an, das nur in dieser Brauerei gebraut wird, zum anderen produziert sie das Premium-Alt Gatz in einer modernen Braustätte.

 Alt ist kupferfarben, herb und obergärig. Es besitzt einen milden Geschmack mit einem teils stark ausgeprägten Hopfencharakter. Der Stammwürzegehalt liegt, wie bei Pils, bei 12%. Während, wie für obergärige Biere üblich, die Gärung bei höheren Temperaturen (etwa 18 bis 22° C) erfolgt, findet die Reifung bei einer Temperatur zwischen 0 und 8° C statt. Das Reifen dauert zwischen drei und acht Wochen und das fertige Bier weist einen Alkoholgehalt um die 4,5% auf.

Die Düsseldorfer Altstadt

260 Kneipen auf einem Quadrat-Kilometer, wer kann da noch mithalten? Und das tolle ist – die Düsseldorfer haben es geschafft, daß »die längste Theke der Welt« genügend Abwechslung bietet. Museen von Weltrang, wie zum Beispiel die Kunstsammlung Nordrhein-Westfalen, können hier ebenso gefunden werden, wie Kleinode barocker Baukunst. So wurde zum Beispiel der Burgplatz als einer der schönsten deutschen Plätze der Nachkriegszeit prämiert. Aber auch das alte Rathaus kann hier gefunden werden und vor ihm grüßt, hoch zu Roß, der Kurfürst Jan Wellem die Besucher.

Dortmund

Dortmund hat weitaus mehr zu bieten als Fußball und die Westfalenhalle! Dortmund ist die reichste Stadt Westfalens, die auch schon im Mittelalter von Bedeutung war. So war Dortmund bis 1803 eine Reichsstadt und im Mittelalter sogar Mitglied der Hanse, außerdem war Dortmund der höchste Freistuhl des westfälischen Femgerichts. Eine ganze Menge starker Tobak für eine Stadt aus dem Ruhrgebiet, nicht wahr?

Es ist wohl klar, daß eine bereits im Mittelalter so bekannte Stadt keineswegs auf ihr eigenes Bier verzichten konnte (zumal es ein großes Exportgut der Hanse war), und so ergab es sich, das Dortmund zur europäischen Bierstadt Nummer 1 wurde. Klar, das man auch mit einer eigenen Biersorte aufwarten kann, dem Dortmunder Export, doch dazu später mehr.

Dortmunder Braugeschichte

Im Jahr 1266 wird Bier in Dortmund erstmals urkundlich erwähnt, und eine über 700 Jahre alte Brautradition nahm ihren Lauf. Wie in allen anderen Städten, so wurde auch in Dortmund zunächst nur Grutbier gebraut, 1477 schwenkte man dann auf Hopfen um. Das Grutbier war ein wildes Gemisch aus allerlei wohlriechenden Kräutern, aber auch giftigen Stoffen, die Halluzinationen hervorrufen konnten. Das Bier war dick und zähflüssig. Die Geistlichkeit, um genauer zu sein Kardinal Fabio Chigi – Gesandter des Pabstes beim westfälischen Frieden, konnte sich einen Kommentar nicht verkneifen: »Noch etwas Schwefel dazu, und der Höllentrank ist fertig!«

 Das sogenannte Grutrecht konnte nur von den Landesherren verliehen werden. Es sicherte dem Brauer eine Art Monopolstellung und dem Landesherren sehr gute Steuereinnahmen zu. Gruthäuser waren im Prinzip nichts anderes als mittelalterliche Finanzämter. Für Hopfen gab es seinerzeit eine solche Regelung nicht, so daß sowohl den Brauern (die ihr Monopol schwinden sahen) und den Landesherren (kein Grutrecht, keine Steuern) sehr daran gelegen war, das Hopfen von Bier zu unterbinden. Und das taten sie dann auch sehr erfolgreich. Hopfen war allerdings viermal billiger als die Grut, und das Bier wurde schmackhafter und länger haltbar – einen Umstand vor dem man nicht allzu lange die Augen verschließen konnte, und so wurde das Grutgeld einfach auf Malz und Hopfen umgelegt.

1477 war es, als der Würzstoff Hopfen erstmals für die Herstellung von Bier in Dortmund gebraucht wurde. Und natürlich setzte sich der Hopfen schnell durch, die Herstellung der Grut entfiel, denn Hopfen konnte man planmäßig anbauen und auch die Landesherren waren zufrieden, da sie weiterhin ihre Steuer erhielten. Hopfen wurde bis ins 19. Jahrhundert in Westfalen angebaut und war in manchen Landstrichen sogar die bevorzugte Kulturpflanze.

 Bereits um 1300 bestanden am Hellweg bei Dortmund Hopfenberge, die verpachtet wurden. Und schnell erkennt man die Wichtigkeit des Hopfens, wenn man einen Blick auf den Wortlaut des westfälischen Landfriedens wirft, der 1385 geschlossen wurde. Dieser Landfrieden war nichts anderes als ein Zusammenschluß westfälischer Städte, um sich gegen das Raubrittertum zu schützen. Aber nicht nur die Städte waren schützenswert: Die Machthaber Westfalens hielten ihre schützende Hand auch über die Wyngardens und Hoppengarden und deren Heckeren und Medarn (Arbeiter). Auch in späteren Gesetzen taucht der Hopfen immer wieder auf: So findet man im Lohntarif des Herzogtums Westfalens aus dem Jahr 1423 auch den Beruf des Hopfenladers.

 ## Das Dortmunder Grutrecht

Dortmunds älteste Urkunde über die Grutgerechtsame stammt aus dem Jahr 1266. Das Grutrecht erhielt die Stadt am 22. August 1293 von König Adolf von Nassau, allerdings bis auf jederzeitigen Widerruf. Die Einnahmen aus diesem Grutrecht mußte die Stadt – sehr zum Mißfallen der Stadtoberen – mit dem Grafen von Dortmund teilen. Drei Jahre später wurde dieses Brauprivileg für unwiderruflich erklärt.

1332 war ein Meilenstein in der Dortmunder Braugeschichte! Die Dortmunder Bürger Bertram Sudermann und Hermann Klepping schafften es, daß Kaiser Ludwig IV. den Dortmundern – neben einigen anderen Vorrechten – das alleinige ius grutae in einer goldenen Bulle verlieh. Mit dieser Urkunde vom 25. August 1332 war die Zukunft der Stadt gesichert – das Braumonopol war da!

Frei nach dem Motto: getrunken wird immer, waren die Einkünft der Stadt aus diesem Grutrecht sehr hoch und auch so sicher, daß Erbrenten darauf verkauft wurden. Die Einnahmen waren sogar so hoch, daß ganze Kriege damit finanziert werden konnten (so zum Beispiel die Dortmunder Fehde von 1388 bis 1390, oder auch die Soester Fehde von 1466 bis 1449).

In den Jahren 1390 bis 1398 wurden in Dortmund übrigens jährlich 2000 bis 2400 Tonnen Grutbier verkauft – eine ganze Menge für eine mittelalterliche Stadt. Im Jahr 1472 war es, als die Stadt es jedem Bürger erlaubte, sein Bier selber zu brauen. Natürlich hatte die Sache einen kleinen Haken (man macht sich ja nicht seine beste Einnahmequelle zunichte), denn man durfte nur auf Grundstücken brauen, die über das sogenannte ius braxandi (Braugerechtsame) verfügten. Neue solcher Grundstücke kamen kaum hinzu und bei dem Verkauf eines solchen gingen die Rechte auf den neuen Eigentümer über. Hätte es im Mittelalter bereits Immobilienmakler gegeben, hätten sie wohl vor diesen Grundstücken Schlange gestanden.

Der Dortmunder Bierkrieg

Bereits 1293 erhielt Dortmund, als freie Reichsstadt, das kaiserliche Braurecht verliehen. Ein Umstand, der es bei den lieben Nachbarn nicht gerade beliebter machte. Ganz kompliziert wurde die Lage aber erst im späten Mittelalter, als Dortmund anfing Bier in die Nachbarstädte, wie zum Beispiel Münster oder auch Bielefeld, zu exportieren. Die lokalen Obrigkeiten sahen sich dazu veranlaßt, ihre Brauer zu schützen (oder besser ihre Geldtruhe, denn von den Dortmundern konnten sie keine Biersteuer verlangen, von den lokalen Brauern schon). Entsprechend war ihnen sehr daran gelegen, daß die Einwohner das lokale Bier und nicht das importierte Dortmunder tranken. Lange Rede, kurzer Sinn: Scharfschützen schossen Löcher in die Holzfässer. Die Dortmunder, die durchaus Absatzchancen in diesen Städten hatten, ließen ihre Biertransporte fortan von Söldnern schützen, die nicht gerade zimperlich mit gefundenen Scharfschützen umgingen. Diese ihrerseits wehrten sich natürlich, und so kam es zu regelrechten Bierkriegen rund um die Dortmunder Biertransporte. Andere Hansestädte hatten mit diesem Problem übrigens auch zu kämpfen!

Im 15. bis 17. Jahrhundert versorgte Dortmund das gesamte Umland mit Bier. Bis ins Rheinland wurde der edle Stoff exportiert, aber auch die Bewohner der Bergländer wurden mit Gerste und Hopfen versorgt. Erst langsam bildeten sich neue Brauereien in der Gegend um Dortmund, so zum Beispiel in Iserlohn, Schwerte oder auch Hagen.

Ab dem 17. Jahrhundert ging es abwärts mit dem stetigen Wachstum der Brauer. Die Auswirkungen der Reformation und des 30-jährigen Krieges machte ihnen schwer zu schaffen. Aber auch neue Getränke, wie zum Beispiel Kaffee, Tee oder auch Kakao traten ihren Siegeszug in Deutschland an.

 Erst in der Mitte des 19. Jahrhunderts ging es wieder aufwärts. Die Dortmunder Brauer brauten inzwischen ein untergäriges Bier bayerischer Brauart und die Industrialisierung begann. Dortmund wurde zur Arbeiterstadt, umringt von Bergbau und eisenverarbeitender Schwerindustrie. Zu verdanken hat man den Aufschwung der Brauereien übrigens einem Mann: Heinrich Wenker. Er kehrte 1843 aus Bayern zurück und führte die untergärige Brauweise ein. Und wie auch Peter Overbeck stellte er das heute weltberühmte »Dortmunder Helle« her.

 Bis zu dieser Zeit wurde in Dortmund nur obergäriges Bier, ähnlich dem Alt, gebraut. Und wie bei allem neuen wurde das Helle zunächst nur streng beäugt. Zunächst als »niggemod'sches Herrenpier« (neu-modisches Herrenbier) belächelt, fand es dann doch seine Freunde. Der Durchbruch gelang ihm aber erst, als die Dortmunder auf den Geschmack des Exports kamen. Denn für den Export wurde das Helle stärker eingebraut, damit es länger haltbar war – ein Umstand, der den Dortmundern nicht verborgen blieb, und so wurde auch bald in Dortmund selbst das Export getrunken.

Um 1840 gab es alleine in Dortmund 74 Brauereien und in Westfalen sogar 1200. Ein Umstand, der nicht lange so bleiben sollte. Denn es gab nicht viele Brauereien, die es sich leisten konnten, untergäriges Bier ganzjährig zu brauen. Und so geschah es, daß viele kleinere Brauereien die Pforten schlossen, und die großen Brauereien noch größer wurden.

Ab 1870 ungefähr wurde das Dortmunder Export auch in das europäische Ausland exportiert, und schon bald gelangte es auch nach Übersee. Dortmund wurde zu Europas Bierstadt Nummer 1!

Heute umfaßt der Verband Dortmunder Bierbrauer übrigens noch sechs Brauereien (in der Reihenfolge ihrer Gründung): Dortmunder Kronen, Thier, Stifts, Dortmunder Actien Brauerei (DAB), Dortmunder Union (DUB) und Ritter.

Dortmunder Export

Die Dortmunder Spezialität ist das Export. Im Ausland wird dieses Bier übrigens schlicht und ergreifend Dortmunder genannt. Es ist ein helles und obergäriges Bier (nicht umsonst besitzt es den Spitznamen »Helles«) das – auch wenn es seinen Ursprung in Dortmund hat – inzwischen weltweit gebraut wird.

 Der Unterschied zum Pils liegt klar auf der Hand; Da es für den Export bestimmt war, besitzt es einen höheren Stammwürzegehalt als das in Deutschland so beliebte Pilsener. Der Stammwürzegehalt von Pils liegt übrigens bei 12%, beim Dortmunder werden Spitzenwerte von bis zu 13,5% gemessen.

Aber der Stammwürzegehalt ist nicht der einzige Unterschied, im Gegensatz zum Pilsener ist das Dortmunder nicht so aromatisch, hopfig und bitter, es ist jedoch herber als das aus Bayern bekannte »Helle«. Schaum- und Kohlensäureentwicklung sind übrigens auch nicht allzu hoch.

Einbeck

Willkommen im Mittelalter! Denn Einbeck hat außer der Kunst des Bierbrauens noch etwas anderes zu bieten: ein fast unversehrtes historisches Stadtbild mit mittelalterlichen Fassaden. Kein Wunder, das Einbeck nicht nur ein beliebtes Ausflugsziel für Bierenthusiasten ist.

Einbeck liegt übrigens im Leinebergland, einer Teillandschaft des Weserberglandes, ca. 30 km östlich von der Weser und ca. 35 km westlich des Harzes. Eine Hansestadt war auch sie einst, und somit auch eine berühmte Braustätte. Noch heute ist eine bekannte Biersorte nach der Stadt benannt – das Bockbier. Wen verwundert es also, das es im Einbeck um das Jahr 1600 über 700 Braustätten gab?

Wahrzeichen der Stadt sind übrigens das historische Rathaus aus dem Jahr 1550, die Marktkirche St. Jacobi aus dem 13. Jahrhundert und das Brodhaus aus dem Jahr 1552. Die Ratsapotheke aus dem Jahr 1590 trägt wesentlich dazu bei, das malerische Bild der Fachwerkstadt zu bestimmen.

Einbecker Braugeschichte

Einbeck ist noch heute ein mittelalterliche Stadt, deren Stadtkern durch Fachwerkhäuser geprägt ist. Die Geschichte dieser Stadt kann bis in das 11. Jahrhundert zurückverfolgt werden, denn genau zu dieser Zeit war es, als sich hier eine erste bürgerliche Ansiedlung bildete. Im Jahre 1240 erhielt die Ansiedlung durch die Söhne Heinrichs des Löwen das Stadtrecht. Der Rat der Stadt erwarb von den welfischen Landesherren aber noch andere wichtige Rechte, so zum Beispiel das Münzprägerecht und die Rechtssprechung im Gericht.

Eine Quittung des Herzoghofes belegt es: Bereits im Jahr 1378 wurde in Einbeck das Braugewerbe betrieben. Die Einbecker Bürger besaßen schon sehr früh das Braurecht und mälzten sogar selbst. Das Getreide und den Hopfen trockneten sie auf ihren Dachböden, die, wie man heute noch in der Altstadt erkennen kann, Lüftungsöffnungen besaßen. Aber dies ist nicht die einzige Besonderheit der Einbecker Häuser! Damit nicht jeder Bürger einen eigenen Braukessel besitzen mußte, gab es einen öffentlichen, der von Brauer zu Brauer weiter gereicht wurde. Es ist wohl klar, daß man den Kessel nicht durch das Fenster heben konnte, und so besitzen viele Häuser Scheunentor-große Türen.

 Dieser öffentliche Braukessel ist im Prinzip auch für den Namen Maibock zuständig, denn der 1. Mai kennzeichnete das Ende der Brausaison. An diesem Tag wurde durch ein Losverfahren bestimmt, in welcher Reihenfolge der Braukessel in der nächsten Saison zwischen den Brauern aufgeteilt wird. Es ist wohl klar, daß dieser Tag ein besonderer für die ganze Stadt war, der sowohl nach einem Fest, als auch nach einem Bier verlangte.

München und sein Maibock

Es war im Jahre 1591 als im Münchner Hofbräuhaus mit der Herstellung eines Braunbieres begonnen wurde. Sinn und Zweck dieses Gebäudes war allerdings ein anderer, als man zunächst vermutet hätte: das Hofbräuhaus war die private Braustätte Herzog Wilhelm V.

Hier sollte das Einbecker Bier nachgebraut werden, da dem Herzog der Import des Bieres zu teuer wurde. Die dabei entstehenden Resultate waren so gut, daß sich der Herzog dazu veranlaßt sah, sein Bier weiter aus Einbeck zu beziehen. Egal wie die Münchner Braumeister es angingen, ein Bier nach Einbecker Brauart wollte ihnen nicht gelingen.

Erst 1612 gelang es den Bayern mit einem Trick, das einbeckische Bier zu brauen – sie warben einen Braumeister aus Einbeck ab! Dieser schaffte es natürlich sehr schnell ein Bier nach Einbeckischer Brauart zu brauen, so daß der Import aus Einbeck nicht mehr notwendig war.

Bockbiere waren nicht nur in Einbeck beliebt.

Die historische Entwicklung des Einbecker Brauhauses

Bereits im Mittelalter war der Bierhandel für die Stadt Einbeck bedeutungsvoll. Jeder Einbecker Bürger hatte das Recht, Bier zu brauen, und – was vielleicht noch viel besser war – der Rat der Stadt kaufte die gesamte überschüssige Biermenge auf. Der Rat setzte sich allerdings nicht aus notorischen Biertrinkern zusammen, sondern verkaufte das Bier ins Umland. Später sogar im gesamtdeutschen Raum und ins europäische Ausland. Hier eine kleine Zeittafel des Einbecker Brauhauses, das seine Geschichte verdeutlichen soll:

28. April 1378: Die älteste vorhandene Rechnung über den Verkauf von 2t Einbecker Bier nach Celle.

17. April 1521: Martin Luther erhält von Herzog Erich auf dem Reichstag zu Worms ein Krug »Einbecker« und bedankt sich mit den Worten: »Der beste Trank, den einer kennt, der wird Einbecker Bier genennt«

1540: In Göttingen wird nach Einbecker Art gebraut.

1612: Der Einbecker Braumeister wird für das neu erbaute Hofbräuhaus nach München abgeworben. Hier wurde, bedingt durch die Münchner Mundart, aus dem »Ainpockischen Bier« zunächst das »Ainpeckische Bier« und später das »Einbockbier«.

1794: Errichtung einer Gemeinschaftsbrauerei mit dem Namen »Städtische Brauerei«.

1844: Die Gemeinschaftsbrauerei wird in »Städtische Dampfbierbrauerei der Stadt Einbeck« umbenannt.

1851: Erste Flaschenbierabfüllung.

1860: Die erste Dampfmaschine wird installiert.

1873: Gründung der Brauerei Domeier & Boden.

1922: Zusammenschluß der Brauerei Domeier & Boden, und der städtischen Brauerei durch die Hildesheimer Aktienbrauerei, die beide erworben hat.

1951: Installation moderner Brauanlagen.

1967: Umfirmierung in »Einbecker Brauhaus Aktiengesellschaft«. Der Hauptsitz wird von Hildesheim zurück nach Einbeck gelegt.

Das Einbecker Brauhaus gelangte übrigens über einen langen Weg in die Arme der Deutschen Brauerei Holding GmbH, die heute Hauptaktionärin ist. Zwischenzeitlich gehörte es auch schon der Dortmunder Union, und der aus der Fusionierung dieser Brauerei mit der Berliner Schultheiss-Brauerei hervorgegangenen Brau und Brunnen AG.

Im 14. Und 15. Jahrhundert war es das einbeckische Bier, das der Stadt Wohlstand versprach. Es war von vorneherein für den Export gedacht und war somit sehr stark, denn starkes Bier war länger haltbar. Und die cleveren Einbecker hatten eine hervorragende Idee – anstatt das Bier trinkfertig zu versenden, ließen sie es während des Transportes gären. Ob einem mittelalterlichem Bierkutscher ein solches Faß wohl einmal, im wahrsten Sinne des Wortes, um die Ohren geflogen ist?

Als im Jahre 1521 Martin Luther auf dem Reichstag zu Worms seine Lehre bei einem guten Glas Einbecker Bier verteidigte, gehörte Einbeck mit etwa 6000 Einwohnern zu den größten Städten Niedersachsens. Göttingen war ungefähr ebenso groß, und Hannover um etwa 1000 Einwohner kleiner.

Der Reichtum der Stadt kam also nicht von ungefähr, sondern von der Brauwirtschaft. Dieser Reichtum ermöglichte den Bau sakraler Gemeinschaftsbauten und verspielter Fachwerkhäuser. Allerdings werden Sie kein Bürgerhaus finden, das vor 1540 datiert ist, denn hier fiel die Stadt einer Feuersbrunst zum Opfer, die alles vernichtete. Scheinbar wurde in der Stadt nicht nur gerne gebraut, sondern auch gerne gezündelt, und so fiel die Stadt einer erneuten Feuersbrunst im Jahr 1549 zum Opfer, bei der zwei Drittel der gerade wieder aufgebauten Häuser vernichtet wurde.

Einbeck war prädestiniert dafür, eine Handelsstadt zu werden, denn sie lag genau am Schnittpunkt mehrerer Handelswege. Die Hanse erkannte dies schnell, und so wurde Einbeck nicht nur zur Hansestadt, sondern auch zum Brauzentrum der Hanse.

Doch der Handel war nicht immer so einfach, wie es sich hier anhört! Zum einen hatten die Einbecker (oder besser: die Liebhaber des einbecker Bieres) mit enormen Frachtkosten zu kämpfen, zum anderen sahen die Stadtoberen es nicht immer gerne, wenn Einbecker in großen Mengen importiert wurde, schließlich war die Biersteuer eine ihrer Haupteinnahmequellen. Es ist zum Beispiel belegt, das eine Tonne Einbecker, das in Einbeck selbst noch 1 Gulden gekostet hat, in München schon 3 Gulden kostete. Der Preis hatte sich dank der Frachtkosten verdreifacht.

Die Lösung war denkbar einfach, aber wahrscheinlich nicht zum Gefallen der Einbecker: Zoll. Diese sogenannte Ziese wurde auf jedes Faß Einbecker erhoben, das einen Zollbereich durchquerte. So ist zum Beispiel aus Lüneburg bekannt, daß jedes Faß Einbecker mit einer Ziese von 20 Pfennig belegt wurde. Der Ausschank fremder Biere wurde in den meisten Orten schlicht und ergreifend verboten. Doch Einbecker stellte hier oft die einzige Ausnahme dar – so durfte das Bier zwar ausgeschenkt werden, vor der Ziese blieb man aber nicht verschont. Das Bier war bei den Leuten sehr beliebt, und so wissen wir heute, daß zum Beispiel die Stadt Hamburg bis zum Anfang des 16. Jahrhunderts beträchtliche Einnahmen mit dem Verkauf Einbecker Bieres erzielte.

Ein Beispiel für den rigorosen Verbot Einbecker Bieres stellt übrigens die Stadt Göttingen dar, deren Stadtväter es lange Zeit gelang, fremdes Bier der Stadt fernzuhalten. Als die Göttinger Bürger Mitte des 15. Jahrhunderts versuchten, sich dennoch Einbecker Bier zu beschaffen, erließ der Rat der Stadt mehrere Verordnungen, die schwere Strafen zu Folge hatten: Drei Fuder Steine sollte derjenige zur Stadtmauer karren, der die Stadt mit der Absicht verließ, in Einbeck ein Gläschen Bier zu trinken. Wer Einbecker Bier mit in die Stadt brachte oder es sich in die Stadt bringen ließ, mußte zehn Fuder Steine zur Stadtmauer bringen. Nur Kranken oder Hochzeitspaaren war es gestattet, Einbecker Bier in die Stadt bringen zu lassen. Es ist wohl klar, daß sich diese Anordnungen nicht lange halten konnten. Ob die Göttinger ihre Stadtmauer so den Einbeckern zu verdanken haben, können wir allerdings nicht mit letzter Gewißheit ausschließen.

Im 30jährigen Krieg endete die rege Handelstätigkeit Einbecks, und die Bevölkerung verringerte sich um mehr als die Hälfte. Einbeck sank zu einem unbedeutenden Landstädtchen herab.

Nach den Wirren des Siebenjährigen Krieges erholte sich Einbeck Ende des 18. Jahrhunderts. Diesmal allerdings nicht aufgrund des hergestellten Bieres, sondern aufgrund des Textilgewerbes, das durch viele Spinnereien und Webereien unterstützt wurde. Aber wo gearbeitet wird, wird auch Bier getrunken, und so erlebte schließlich auch das Braugewerbe wieder einen Aufschwung.

Die Einbecker sind nicht umsonst stolz auf ihre Stadt, so findet man am Ortseingangsschild neben drei Bierfässern auch den Hinweis »Willkommen in der Bierstadt Einbeck« ...

Bockbier

Das »Ainpockische Bier« oder besser gesagt, das Bockbier ist die Spezialität Einbecks. Zurückblickend auf eine Jahrhunderte alte Geschichte verdanken wir letztendlich die Namengebung den Bayern – auch wenn sie es gerne trinken, so waren es letztendlich nicht sie, die diesen Braustil berühmt machten. Noch heute ist Bockbier ein beliebtes Getränk in Bayern, das zum Beispiel beim Münchner Starkbierfest genossen werden kann.

Bockbier ist – wie man wohl leicht vermuten kann – ein untergäriges Starkbier. Es ist malzig und etwas süß. Ausgeschenkt wird es zumeist vom Herbst bis in das Frühjahr. Natürlich gibt es inzwischen alle möglichen und unmöglichen Arten von Bockbieren. Der Doppelbock zeichnet sich zum Beispiel durch einen hohen Alkoholgehalt aus. Die meisten Weihnachtsbiere sind übrigens auch Bockbiere.

Bockbiere müssen stark sein, in Deutschland gilt für sie ein Mindeststammwürzegehalt von 16%, Pils besitzt im Vergleich hierzu 12%.

 Eine Besonderheit gibt es übrigens noch über die Bockbiere zu erzählen: Mit der Zeit kamen – vor allem in Bayern – besonders starke Bockbiere auf den Markt, die allesamt auf den Namen –ator endeten, so zum Beispiel der Salvator Doppelbock, das Maximator, das Optimator oder sogar der Triumphator. Diese starken Bockbiere, die auch Doppelbock genannt werden, müssen übrigens einen Stammwürzegehalt von 18% vorweisen – sie sind also nicht wirklich doppelt so stark wie ein Bockbier.

Eine ganz besondere Delikatesse wird übrigens von Reichelbräu in Kulmbach vertrieben – der Eisbock. Er wird nach dem sogenannten Ice-Rifing-Verfahren hergestellt (Das Bier wird gefroren, und da Wasser vor Alkohol gefriert, kann es dem Bier entzogen werden, und man erreicht somit einen höheren Alkoholgehalt).

Berlin

Willkommen in der wiedervereinigten Bundeshauptstadt, oder sollten wir Deutschlands größter Baustelle sagen? Berlin ist natürlich immer eine Reise wert, dies trifft ganz besonders bei unserer bierigen Sichtweise der Dinge zu: Berlin ist die Heimat der Berliner Weiße.

Auch wenn die Herkunft der Berliner Weiße im Dunkeln liegt, so gab es hier im 17. Jahrhundert an die 700 Weißbierbrauereien. Heute stellen noch zwei Berliner Brauereien die Weiße her: die Berliner-Kindl-Brauerei und Schultheiss.

Die Berliner Weiße gibt es heute in fast jedem gut sortiertem Getränkemarkt im Sixpack zu kaufen – versuchen Sie doch einfach mal eine Berliner Weiße »mit Schuß« ...

Berliner Braugeschichte

Berlin ist für europäische Verhältnisse recht jung – seine Ursprünge liegen am Ende des 12. Jahrhunderts.

Die Stadt Berlin ist aus den beiden Siedlungen Cölln und Berlin hervorgegangen, die zu beiden Seiten der Spree angesiedelt waren. Um 1237 erhielten diese beiden Städte das Stadtrecht, und ab dem Jahr 1307 bildeten sie eine Union. 400 Jahre lang entwickelten sie sich parallel, bis sie sich 1709 auf Befehl des preußischen Königs zu einer Stadt zusammenschlossen. Drei neue Vorstädte wurden bei dieser Gelegenheit direkt mit eingebürgert, so das Berlin auf 57.000 Einwohner kam.

Seit 1486 ist Berlin der ständige Regierungssitz der brandenburgischen Kurfürsten und der preußischen Könige. Die Hohenzollern waren es, die ihr Residenzschloß auf der Spreeinsel errichteten, und Berlin somit auch zu ihrer Hauptstadt machten.

Der Dreißigjährige Krieg (1618-1648) traf Berlin schwer und die Bevölkerungszahl halbierte sich. Der damalige Kurfürst wußte sich nicht anders zu helfen, und holte die in Frankreich verfolgten Protestanten, die Hugenotten, in die Mark Brandenburg. Ca. 6.000 von ihnen folgten seinem Ruf und siedelten sich in und um Berlin an. Ungefähr in diesem Zeitraum wird auch die Entstehung der Berliner Weiße vermutet. Während sich die Gelehrten über den Zeitraum der Entdeckung einig sind, streiten sie aber noch über das wo und das wieso. Manche behaupten, daß die Berliner Weiße zusammen mit den Hugenotten in das Land kam, andere gehen davon aus, daß die Entdeckung der Berliner Weiße ein reiner Zufall war. Fakt ist allerdings, daß zur damaligen Zeit an die 700 Weißbier-Brauereien in Berlin und Umgebung angesiedelt waren.

Nicht nur die Berliner Weiße wurde in der Bundeshauptstadt gebraut.

Unter der Regentschaft Friedrich II. (1740-1786) wurde Preußen militärisch zu einer Großmacht, und somit wuchs auch die Bedeutung seiner Hauptstadt Berlin. Sie entwickelte sich zu einem Zentrum der Aufklärung in Deutschland. Die in diesem Zeitraum entstandenen Prunkbauten bestimmen noch heute das Stadtbild und können in der Mitte Berlins bestaunt werden. Dazu gehört zum Beispiel das Zeughaus, die Staatsoper Unter den Linden, die alte Bibliothek, der Prinz-Heinrich-Palais (in der heute die Humboldt-Universität beheimatet ist) und die St. Hedwigs-Kathedrale.

 Nach der Besetzung durch Napoleon 1806 wurde die preußische Hauptstadt Mittelpunkt der patriotischen Bewegung gegen die Fremdherrschaft. Heute noch bekannt sind die »Reden an die deutsche Nation« des Philosophen Johann Gottlieb Fichte, des ersten gewählten Rektors der 1810 gegründeten Berliner Universität. Viel mehr als diese Reden interessiert uns derzeit aber, was die Franzosen von der Berliner Weiße hielten, und diese waren schlichtweg begeistert, sie gaben ihr sogar den Spitznamen »Champagner des Nordens«.

Die bürgerliche Revolution vom März 1848 führte in Berlin kurzzeitig zu Reformen und zur Gründung einer preußischen Nationalversammlung. Der anfängliche Sieg auf den Barrikaden endete jedoch nur wenige Wochen später mit der Besetzung der Stadt durch die königstreuen Truppen des Generals Friedrich von Wrangel.

Wie aus dem »alten Fritz« ein Brauer wurde

Einen ordentlichen Beruf sollte er erlernen, bevor er ans Regieren kam, und Friedrich entschied sich für den Beruf des Bierbrauers, den er in der väterlichen Brauerei in Potsdam erlernte. Eine Entscheidung, die sein gesamtes Leben beeinflußte, was vor allem die Importeure des immer stärker werdenden Modegetränks Kaffee zu spüren bekommen sollten. Denn immer mehr Leute tranken Kaffee und die Einnahmen aus der Biersteuer gingen stark zurück, woraufhin der alte Fritz den Kaffee einfach verbot. Seine Begründung: »Ein jeder Brauer und gemeine Mensch gewöhnt sich jetzt zum Kaffee. Wird das ein bißchen eingeschränkt, so müssen sich die Leute wieder an das Bier gewöhnen, denn das ist zum besten ihrer eigenen Bierbrauereien. Übrigens sind Seine Königliche Majestät höchstselbst mit Biersuppe erzogen worden. Ihre Väter kannten nur Bier, und das ist das Getränk, das für unser Klima paßt.«

Mit der Gründung des Deutschen Reiches in Versailles wurde der preußische König Wilhelm I. Kaiser von Deutschland, der preußische Minister Otto von Bismarck Reichskanzler und Berlin die Hauptstadt Deutschlands. Den Rest der Geschichte sollten Sie kennen, vom 1. über den 2. Weltkrieg, von der Teilung der Stadt bis zur Wiedervereinigung geschah aus Brau-historischer Sicht nicht mehr viel. Die meisten Berliner Brauereien produzieren heute Bier Pilsener Brauart, und die Berliner Weiße stellt nur einen unbedeutenden Wirtschaftsfaktor dar. Bei der Berliner-Kindl-Brauerei, der größte Produzent an Berliner Weiße, ist der Anteil dieser Spezialität in Prozent lediglich einstellig,

Berliner Weiße

Die Weiße ist ein Bier mit vielen Gesichtern, oder sollte man besser sagen: mit vielen Geschmäckern und Farben? Denn eins ist klar, als wohl einziges Bier Deutschlands (sieht man einmal von der obligatorischen Zitronenscheibe im Weißbier ab) hat es sich beim Genuß der Weißen fast schon zum Volkssport entwickelt, diese mit allen möglichen und unmöglichen Zutaten zu verfeinern.

Und diese Mixerei kommt nicht von ungefähr – den meisten Leuten ist die Weiße schlicht und ergreifend zu sauer! Deshalb wird bevorzugt Himbeersirup (schon ist sie rot), oder Waldmeistersirup (schon ist sie grün) in das Weiße-Glas gegeben. Am Mittelmeer wird frisch gepreßter Zitronensaft (dann ist sie aber wirklich sauer!) und in Florida Limonensaft hinzu gegeben. Hartgesottene genießen die Weiße sogar mit Kümmelschnaps – wer's mag ...

Egal wie man die Weiße genießt – sie ist durstlöschend! Und was noch interessanter ist – sie besitzt in der Regel nur einen Alkoholgehalt von 2,5%! Nun, wo liegt aber das Geheimnis der Weiße, und wieso ist sie sauer? Das Geheimnis liegt wohl in der Gärmethode – zusätzlich zu einer obergärigen Hefe werden ausgewählte Milchsäurekulturen beigegeben. Aber keine Angst, Sie trinken keineswegs vergorene Milch, im Gegenteil, ein ähnliches Verfahren wird auch für die Herstellung von Champagner benutzt – nicht umsonst nennt man die Weiße auch den »Champagner des Nordens«.

Der Stammwürzegehalt liegt übrigens bei 7,5%, also weit unter der von Pils, das 12% vorweist. Die Weiße verfügt über noch eine andere Besonderheit: die Haltbarkeit. An manchen Orten wierd der Weißen durchaus mehrere Jahre zum Reifen gegönnt.

Pilsen

Wir haben keineswegs in den Geographiestunden geschlafen und wissen durchaus, daß Pilsen nicht in Deutschland liegt, trotzdem soll es hier Erwähnung finden. Schließlich ist Pilsen der Geburtsort des Bieres Pilsener Brauart, dem beliebtesten Bier der Deutschen. Aber auch andere Städte in der heutigen Tschechei können auf eine bedeutende Biertradition zurückblicken.

 Um die letzten Zweifel über unser Geographiekenntnisse zu zerstreuen, wollen wir doch mal sehen, wie es mit Ihren Geschichtskenntnissen steht: Schon einmal etwas über Böhmen und Mähren gehört? Da war doch was – genau! Seit 1526 wurden Böhmen und Mähren durch die österreichischen Habsburger regiert und 1918 wurde der tschechoslowakische Staat gegründet. Zur Zeit der österreichischen Regierung trug die Stadt Ceske Budejovice zum Beispiel den Namen Budweis, die Hopfenstadt Zatec hieß Saaz und Plzen schlicht und ergreifend Pilsen.

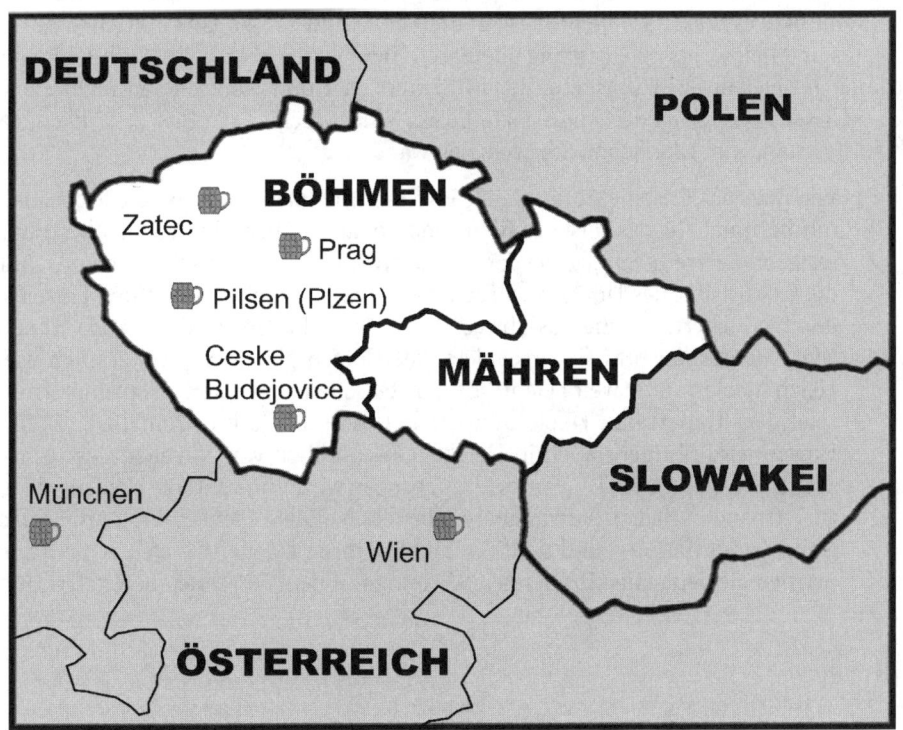

Böhmen und Mähren, heute Bestandteil der tschechischen Republik

1295 war ein Meilenstein in der Pilsener Biergeschichte – König Wenzel verlieh der Stadt Pilsen das Braurecht. Im nachhinein gesehen eine weise Entscheidung, denn stellen Sie sich vor das Pilsener wäre den Kölnern zu verdanken, wir hätten dann Kölsch und Kölner – wer würde da noch durchblicken? Nichtsdestotrotz, es war das Jahr 1842 in der die Stadt Pilsen zu Weltruhm gelangte, als die dortigen Braumeister als erste eine neue Biersorte vorstellten: das Pilsener.

Der wahre Biertrinker weiß ein gutes Pils zu schätzen, der paranoide Biertrinker trinkt ein Pils nur, wenn die Gerste aus Böhmen und der Hopfen aus Saaz stammt. Nun, jedem das seine! Viele Brauer scheinen allerdings auch daran zu glauben, denn sie importieren den Saazer Hopfen um ein Original Pilsener herstellen zu können. Viele benutzen allerdings auch ähnliche Hopfen aus der Hallertau – eine durchaus praktikable Lösung.

Nun, so clever die Pilsener Brauer auch waren – eins haben sie vergessen: die Markenschutzrechte. So ist aus dem Bier Pilsener Brauart keine Marke, sondern eine Gattung geworden. Erst 1898 kamen die Brauer auf die Idee, ihre Rechte schützen zu lassen – natürlich viel zu spät. Aber da man einmal dabei war, ließ man sich den Markenbegriff »Pilsner Urquell« schützen, der heute weltweit Gültigkeit hat. Dieses Pils wird noch heute von der Brauerei gebraut, die das Pils als erstes auf den Markt gebracht hat, und somit die Mutter aller Pils-Sorten ist.

Nun, wie kommt es aber, daß eine neue Biersorte ihren Siegeszug um die ganze Welt antreten konnte? Schmeckte es besser als die bisherigen Biere? Die Antwort ist ganz einfach: das Glas! Pils ist ein klares und helles Bier, die damalig populären Biere waren aber fast ausschließlich dunkel und viele auch hefetrüb. Ein Umstand, der in Steinkrügen und Holzgefäßen nicht sonderlich auffiel, bei Gläsern aber gleich ins Auge stach. Es war einfach schick ein Bier zu trinken, das klar und ohne Rückstände im Glas schön anzuschauen war.

Wie man der Geschichte der Stadt Pilsen entnehmen kann, ist die Tschechei nicht nur berühmt für das Pilsener Bier, sondern sie ist auch ein bedeutendes Hopfenanbaugebiet. Bereits 859 wurde der Hopfenanbau in Böhmen schriftlich erwähnt. Und die Exklusivität des Hopfens wurde eine ganze Zeit lang schlicht und ergreifend dadurch gesichert, daß die Ausfuhr von Hopfenstecklingen aus dem Land verboten war. Nun, Sie werden nun sicher denken daß Hopfen gleich Hopfen, ähnlich wie Apfel gleich Apfel ist, aber weit gefehlt! Es gibt zwischen dem Saazer Hopfen und zum Beispiel dem Hallertauer Hopfen durchaus Unterschiede im Aroma. Der Hallertauer Hopfen wird übrigens auch in Hersbruck – nördlich von Nürnberg – angebaut, wo aber auch eine eigene Hopfensorte aufgezogen wird. Ein weiteres Hopfenanbaugebiet ist Tettnang in Baden-Württemberg. Aber auch andere Länder, wie zum Beispiel Belgien, Großbritannien und die USA züchten ihren eigenen Hopfen – nicht umsonst machen die deutschen Brauereien Werbung mit dem von ihnen benutzten Hopfen ...

Ceske Budejovice (Budweis)

Wer schon einmal in Amerika gewesen ist, kennt es: Budweiser aus Dosen oder der Longneck-Flasche. Aber wie kommt die amerikanische Brauerei Anheuser-Busch dazu, Bier zu brauen, das nach einer tschechischen Stadt benannt ist, und wieso heißt es in Deutschland einfach nur Anheuser-Busch »B«, und nicht Budweiser? Eine gute Frage, die tief in der Historie der Brauerei Budweis verankert ist!

Die Antwort ist im Prinzip ganz einfach – das amerikanische Budweiser ist nach der Stadt Budweis benannt worden, genauso wie ein anderes Bier von Anheuser-Busch nach der tschechischen Stadt Michelob benannt worden ist. Anheuser-Busch muß schnell klar geworden sein, daß sie nicht einfach ein Bier herausbringen können, dessen Name in keiner Weise rechtlich geschützt werden kann, denn wie jedem klar sein dürfte, hätte die Budvar-Brauerei in einem Namensstreit keineswegs den Kürzeren gezogen. Also einigte sich Anheuser-Busch 1917 mit Budvar auf folgendes: Anheuser-Busch erhielt die alleinigen Rechte für den Gebrauch des Namens Budweiser in Nordamerika, dafür verpflichtete er sich, Hopfen von Budvar zu kaufen, und strenge Qualitätskontrollen anzusetzen.

Nachdem der Vertrag unterschrieben war, hat es Anheuser-Busch allerdings geschafft große Mengen Bier zu produzieren, ohne ein einziges Gramm Hopfen aus Budweis bezogen zu haben. Ein Umstand, der für Budvar eine klare Verletzung des Vertrages darstellte, und so klagten sie noch im selben Jahr vor dem Weltgerichtshof in Den Haag. Dieser Streit wird noch heute vor vielen nationalen Gerichten ausgetragen, denn der Weltgerichtshof hat beschlossen, daß Anheuser-Busch den Namen Budweiser nicht in Europa benutzen darf. Ein Manko, das die weltgrößte Brauerei natürlich nicht auf sich sitzen lassen kann. Budvar wird übrigens gerade privatisiert, und nun raten Sie mal, wer erst vor kurzem eine Minderheitsbeteiligung bei der tschechischen Brauerei ergattert hat ...

Internationale Biertouren und Festivals

15

In diesem Kapitel

▶ Reisen Sie weltweit durch Brauereien und Kneipen

▶ Lernen Sie weitere Festivals kennen

▶ Bilden Sie sich in Museen

*B*ierenthusiasten können sich nicht beschweren: Gutes Bier gibt es fast überall! Ob in Europa, Asien, Australien, Afrika oder Amerika. Bier ist längst ein internationales Getränk. Internationale Bierkonzerne auf dem deutschen Biermarkt haben es allerdings schwer. Biervielfalt, ausgekochte Vertriebsstrategien und harte Preiskämpfe an der Front sind für viele ein Grund, entweder dem deutschen Markt fern zu bleiben, oder sich mit kleinen Absatzchargen zufriedenzugeben. Umgekehrt gibt es auch kaum eine deutsche Marke, die international wirklich weit verbreitet ist. Natürlich gibt es auf beiden Seiten einige ruhmliche Ausnahmen.

Was bleibt also dem echten deutschen Bierfreak übrig, wenn er ausländisches Bier probieren möchte? Man kann Glück haben und findet in seiner Lieblingskneipe ein Miller, Guinness, Corona, Faxe oder ein eingedeutschtes Tuborg. Einige dieser Marken werden natürlich in Dosen an jeder Ecke angeboten, aber Dosen sind halt keine Flaschen. Und überhaupt – alle diese Biere werden Ihnen selbst in Kneipen nur aus Flaschen angeboten werden und nie frisch gezapft! Man hat also keine andere Wahl, als sich in das Heimatsland des jeweiligen Bieres zu begeben. Treten wir also eine kleine Reise rund um den Globus an.

Großbritannien (England, Schottland und Wales)

Großbritannien mag zahlenmäßig zwar im Vergleich zu Deutschland an Brauereien unterlegen sein, aber was die Vielzahl der angebotenen Biere (Hunderte) und die bloße Zahl der Pubs und Kneipen anbetrifft (über 80.000), da können die Inselbewohner durchaus mithalten. Und auch der Pro-Kopf-Konsum kann sich mit rund 103 Liter sehen lassen.

 Großbritannien ist – nach Deutschland – der zweitgrößte Bierproduzent Europas – verfügt aber nur noch um etwa 85 Braustätten, 130 Kleinbrauereien und 150 Pubbrauereien. Es ist aber dennoch ein hartes Stück Arbeit, auf einer Bierreise über die Insel auch nur einen kleinen Prozentsatz von allen Brauereien, Pubs und Kneipen zu besichtigen, vor allem wenn der berümt berüchtigte Nebel das Land überzieht.

Großbritannien ist in der Welt die Bierfestung des Ales und Lagers. Ähnliches gilt für die USA, wo eine Handvoll große, nationale Brauereien den Markt beherrschen.

Skol!

Die Herkunft des englischen Wortes Skull (Totenschädel) ist eine Geschichte, die ihren Platz nicht nur an Lagerfeuern hat: Die grausamen nordischen Krieger, ständig betrunken und kampfeslustig, hatten ein ganz besonderes Hobby. Um ihre Siege ausgiebig zu, feiern tranken sie Bier aus den Schädeln ihrer gefallenen Gegner, dabei stießen sie mit dem Wort Skol (skull!) an.

Die über 280 Gasthausbrauereien und regionale Brauereien sind es, die auf der Insel die interessanteren und würzigeren Varianten der traditionellen Arten für passionierte Verbraucher produzieren. Ihre besondere Stärke ist Ale im Faß (nicht pasteurisiertes, ungefiltertes, natürliches und handgezapftes Bier) auch »Real Ale« (echtes Ale) genannt und Stout, das dunkle, sahnige Bier. Diese delikaten Brauerzeugnisse werden vor Ort behandelt wie abgefüllte Gutsweine in Frankreich, und das hat seinen Grund: Sie werden – im Gegensatz zu den Bieren der großen Braukonzerne – nicht exportiert – man muß sie vor Ort trinken, um in ihren Genuß zu kommen. Ironischerweise wird das Bier, das von den nationalen britischen Braukonzernen produziert wird (wie Bass) als erstklassiges Premiumbier in den USA anerkannt. Kurz gesagt: Genug Gründe um nach Großbritannien zu reisen.

Fast jede Bar oder Pub bietet im vereinigten Königreich das britische Standardbier Bitter an. Aber Bitter ist nicht »bitter«. Vielmehr ist es ziemlich leicht, besitzt nur wenig Kohlensäure und ist mit einem relativ geringem Alkoholgehalt versehen. Die Bezeichnung »Bitter« stammt noch aus der Zeit, als der Hopfen erstmals benutzt wurde.

Nicht alle Pubs bieten eine breites Biersortiment an, aber viele führen die grossen, kräftigen und dunklen Biere, wie schottisches Ale, altes Ale und Barleywines (siehe auch Anhang A). Sie sind so stark, daß Sie schneller unter dem Tisch liegen als Sie »Llanfairpwllgwyngyllgogerychwyrndrobwllllantysiliogogogoch« sagen können (das ist übrigens der Name der Stadt in Wales, die sich rühmen darf, den längsten Namen in der Welt zu haben). Das liegt zum Teil auch daran, daß die Inselbewohner in traditionellen Pint-Gläsern (0,57 l) ihr Bier zu sich nehmen, randvoll und mit möglichst wenig Schaum.

Viele der Pubs in Großbritannien sind »gebundene Häuser« (wie auch in Deutschland größtenteils üblich). Sie gehören meistens einer Brauerei an und dürfen nur deren Biere führen. Seit 1989 mußte die Zahl dieser Brauereipubs drastisch reduziert werden. Ein Dekret der Monopolkommission MMC wollte es so, um den Pächtern mehr Rechte auf Fremdbiere einzuräumen. Man schätzt die Zahl der gebundenen Pubs heute auf rund 61.000. Zu erkennen sind sie leicht an den Außenreklameschildern und der standardisierten Inneneinrichtung. Wenn Sie weniger bekannte Biere versuchen möchten, sollten Sie die fest gebundenen Häuser meiden. 19.000 freie Lokale (Freehouses) bieten mittlerweile genügend Auswahl.

Gasthausbrauereien sind wie auch anderswo derzeit recht populär. Eine weithin bekannte Kette ist ».. & Firkin« (firkin = 40 l-Fäßchen). Beliebt sind Namen wie Fuchs & Fäßchen, Falke & Fäßchen etc.

Beliebte Pubspiele

Unabhängig vom Eigentümer oder der Bierauswahl eines Pubs, sind Spiele in Großbritanniens Kneipen sehr populär. Sie gehören zur britischen Bierkultur – immerhin zwei Drittel des Bieres wird als Faßware ausgestoßen – wie das Bier selbst. Sie sind der »Spaß zum Bier«.

Weit verbreitet sind insbesondere die Dartspiele (das mit den Pfeilen). Sie sind so selbstverständlich wie der alltägliche Biergenuß. Aber es gibt auch andere, weniger bekannte Spiele – wie cribbage, ein beliebtes Kartenspiel. Domino und die britischen »skittles«, eine Art Tisch-Version des Bowlings/Kegelns sind ebenfalls häufig anzutreffen. In Deutschland sind »Skat« und Würfelspiele mit dem »Knobelbecher« sehr beliebt.

 In Großbritannien gibt es eine Kampagne für »echtes Ale« (CAMRA). Sie ist die Informationsquelle für gutes Bier. Nicht nur das sie die Bevölkerung über traditionelles Faßbier aufklärt, sie veröffentlicht auch in sehr ausführlichen Reiseführern vielfältige Informationen rund ums Bier (z.B. Gastronomietips, etc.). Sie sind für den bierorientierten Touristen ein ideales Nachschlagewerk. Die Anmerkungen umfassen unter anderem auch Hinweise zu Lokalen wo beispielsweise noch ein »echtes Kaminfeuer« zu erleben ist, und nennen die vorhandenen Räumlichkeiten für Familienfeiern und die traditionell verbreiteten Pubspiele: »The Good Beer Guide« verzeichnet über 5.000 Pubs in Großbritannien (England, Wales, Schottland, Nordirland und den Kanalinseln), die nach Grafschaften sortiert aufgeführt sind.

Warm ist die Norm

Vielleicht haben Sie es schon einmal gehört, daß die Briten ihr Bier warm trinken. Warm ist natürlich eine Frage der Definition. Verglichen mit den eiskalten Temperaturen mit denen ein US-Lager serviert wird, ist ein britisches Ale warm. Aber versuchen Sie einmal, ein »warmes Bad« zu nehmen, wenn die Wassertemperatur gerade mal 13 Grad Celsius beträgt. Es wird Sie frösteln! Und diese Temperatur wird als »normal« für die meisten englische Ales betrachtet. Aus triftigem Grund: Produkte, die warm vergoren werden, können ihre Qualitäten nicht völlig entfalten, wenn sie zu kalt getrunken werden.

Britische Brauereien und Brewpubs:

Großbritannien hat zu viele gute Brauereien, um sie alle in einer Liste vorzustellen. Die beste Art ist, die lokalen Pubs in jeder Stadt zu überprüfen. Die meisten Pubs bieten gutes Essen und noch besseres Bier. Sie bieten eine ausgezeichnete Gelegenheit interessante Geschichten zu erleben, die Neuigkeiten und Nachrichten der Stadt zu erfahren. Viele Reiseführer und Touren in den größeren Städte helfen da weiter.

Das Haus Traquair, Innerleithen, Schottland:

Ein Haus mit vielen Geschichten (inzwischen ein Museum). Nicht nur eine kleine, noch funktionsfähige Brauerei ist vorhanden, sondern auch ein Überfluß an Geschichte – zurückgehend bis in das 15. Jahrhundert (Bonnie Prinz Charles, Führer des Aufstands der Jacobiter gegen die englischen Monarchie, speiste hier). Sie werden es niemals bereuen, hier gewesen zu sein.

Edinburgh, Schottland:

Eine große Stadt, die sich förmlich zum Erwandern vieler Pubs anbietet. Ob in der geschichtsträchtigen Altstadt oder in der Rosenstraße im neuen Stadtteil New Town. Die Straße hat übrigens Großbritanniens höchste Dichte an Pubs pro Quadratmeter – eine Kneipentour zu planen ist also nicht unbedingt notwendig. Die meisten Pubs bieten natürlich Faßbier an.

Südöstliches England:

Wenn Sie hier am Spätsommer oder am frühen Herbst verweilen, um Brauereien und die vielen Pubs zu besichtigen, können Sie hier gleichzeitig auch die Hopfenbauer besuchen. Berühmte Hopfenbauernhöfe finden Sie sind vor allem in der Landschaft der Grafschaft Kent. Er gilt als der »(Bier-)Garten von England«.

Britische Festivals

Der bereits erwähnte »Good Beer Guide« von CAMRA verzeichnet über 100 Festivals in ganz Großbritannien. Mit Datum, genauem Ort und sogar der lokalen Telefonnummer wird hier jeder schnell fündig. Ortsgruppen organisieren auch regionale Bierfestivals im gesamten Land und während des gesamten Jahres. Außerdem hält der Verein Interessierte mit dem Monatsrundschreiben »What's brewing« ständig auf dem Laufenden.

Es ist natürlich klar, das wir bei dieser Fülle an Angeboten nicht alle Veranstaltungen auflisten können, deshalb beschränken wir uns auf die größten:

Das Große Britische Bierfestival (London), August:

Jährlich abgehalten in der Grand Hall des Londoner Stadtteils Olympia ist dies das größte Bierfestival auf britischem Boden. Es braucht wohl nicht erwähnt werden, das auch diese Veranstaltung von CAMRA organisiert wird. Dieser Quasimesse wird nachgesagt, daß sie mit dem großen amerikanischen Bierfestival in Denver, Colorado mithalten kann. Neben Hunderten von Bieren und Biermischgetränken werden eine Vielzahl an Spielen für die Gastronomie, Zeitschriften, Vorträge und Kontakte zu den verschiedenen Bierverbänden angeboten.

»Holsten Bier Fest« in London

Manche können halt auch im Urlaub nicht von ihrem Lieblingsbier lassen. Sollten Sie also rein zufällig in London sein, besuchen Sie das »Holsten Bier Fest«. Von allen deutschen Brauern exportiert Holsten das meiste Bier auf die Insel, aber Vorsicht – es handelt sich keineswegs um das aus dem Getränkemarkt bekannte Pilsener, sondern um das Holsten Diät Pils. Lustigerweise wurde dieses Diätpils, was ja normalerweise für Diabetiker gedacht ist, zu *dem* Synonym für Pils in Großbritannien.

Aufgrund der großen Nachfrage lag es also nahe, ein Bierfest zu veranstalten. Ein 3.000 Personen fassendes Festzelt wird alljährlich im Londoner Battersea Park aufgebaut und Holsten vom Faß wird ausgeschenkt. Aber auch mehrere tausend Pubs, die Holsten im Hahn haben, haben dieses Konzept übernommen und feiern mit.

Aufgrund des großen Erfolges wird sogar überlegt, das »Holsten Bier Fest« in anderen großen Städten Englands und Schottlands zu veranstalten.

Empfehlenswerte Biere

- ✔ Adnams
- ✔ Fuller
- ✔ Samuel Smith
- ✔ Belhaven
- ✔ Gibbs Mew

- ✔ Shepherd Neame
- ✔ Eldridge Pope
- ✔ Marston
- ✔ Young

Museen – very british

Bass-Museum (Burton-upon-Trent, Staб):

Die gesamte Geschichte des Bieres (insbesondere die von Bass – sonst hieße es wohl kaum Bass-Museum) findet hier seinen Platz. In einer kleinen Hausbrauerei darf beim Brauen sogar mitgeholfen werden. Der Eintritt ist frei. Erholung bieten eine Bar und ein Restaurant.

Heritage Brauerei-Museum (Burton-upon-Trent, Stab):

Eine voll funktionsfähige Brauerei. Bierproben sind bereits im Eintrittspreis enthalten.

Hopfenfarm Whitbread (Beltring, Kent):

Familienpark mit Pferden und anderen Tieren, der jede Menge Unterhaltung bietet – auch ohne Bier.

Englische Biermischgetränke

Nicht nur in der Küche neigen die Briten zu Absonderlichkeiten, auch vor ihrem Nationalheiligtum – dem Ale – schrecken sie nicht zurück. Nicht umsonst heißt es: »Das Leben auf der Insel härtet ab«. Probiert haben sollte man diese Getränke aber trotzdem einmal, denn schlecht schmecken tun sie nicht – schließlich ist Bier darin enthalten.

Black Velvet: Stout mit Champagner. Entsprechend der weit verbreiteten Ansicht verkörpert Stout das gemeine Volk und der Champagner die Edlen und Reichen (eine überaltete Auffassung, aber dafür echt britisch). Ein Genuß in Verbindung mit frischen Austern.

Brown Betty: Ale und Weinbrand, heiß serviert. Im good old England wird dieses Getränk mit gewürzten Toast zum Tunken gereicht.

Irland

Die grüne Insel. Hier läßt es sich leben. Ein Urlaubsparadies, das das Herz der Bierfreunde gleich höher schlagen läßt. Wer es nicht kennt, sollte hinreisen. Am Meer sitzen, ein frisch gezapftes Stout in der Hand und im Hintergrund irische Volksmusik – eine Postkartenidylle wie sie nur hier zu finden ist. Und wenn Ihnen langweilig wird – folgen Sie einfach einem Regenbogen an dessen Ende Sie – nach irischem Volksglauben – einen Kessel voll Gold finden werden.

International erfolgreiche Brauer sind hier zu Hause: Guinness, Murphy und Beamish. Ganze sieben Brauereien versorgen 3,5 Millionen Iren und unzählige Touristen mit Bier. Irland hat zwar nicht viele Brauereien, Biermuseen oder -Festivals. Aber viele herrliche Pubs, wo Guinnes einfach dazugehört. Allein in Dublin gibt es über 1.000 Pubs, wo Dry Stout als das Nationalgetränk gereicht wird. Irland ist eine echte Biertrinkernation mit einem Pro-Kopf-Verbrauch von rund 124 Litern!

Guinness Brauerei, Dublin

Gegründet 1759, produziert die Arthur Guinness Son & Co, die fünf Braustätten ihr eigen nennt, in ihrem Stammhaus St. James Gate in Dublin allein 2,6 Mill. hl des feinsten trockenen Stouts. Neben dem berühmten Guinnes Stout werden noch die Sorten Foreign Extra, Export Stout, Extra Stout und einige Lizenzbiere produziert. Im Guinness-Museum wird die Geschichte des Brauens in Irland gezeigt: Brauerausrüstung, Bierwerbung, Werkzeuge der Faßmacher und vieles mehr. Gereicht werden natürlich auch Bierproben.

Belgien

Belgien ist für Reisende in Sachen Bier der Himmel auf Erden. Dies wird zumindest von einigen behauptet. Als Bierland ist es ist wohl am ehesten mit Deutschland vergleichbar. In den Augen der Bierliebhaber ist Belgiens Bier genauso anspruchsvoll wie der Wein aus dem benachbarten Frankreich.

Mit knapp 110 Brauereien (fast 10 mal soviel waren es ein paar Generationen zuvor) und rund 10 Millionen Einwohnern liegt der durchschnittliche Ausstoß nahe an dem der deutschen Brauereien. Doch lediglich zwei Gruppen (Marktführer ist Interbrew mit Jupiler und Stella Artois vor BSN mit Maes Pilsronenbourg) beliefern 90% des Marktes. Für alle die anderen berühmten Marken bleibt der magere Rest. Aber die Spezialbiere sind im Aufwind. Immerhin werden mehr als 50 verschiedenen Biersorten gebraut – und das kommt an. Da kommt so schnell keine andere Nation mit!

Die belgische Gastronomie ist unter europäischen Ländern legendär. Sie gilt als die Nr. 2 in Europa hinter der französischem haute cuisine. Die Belgier verstehen es sogar, Bier dekorativ auf den Tischen zu plazieren und in die Menüs einzubinden. Probieren Sie die belgische *cuisine à la bière* einmal aus – es lohnt sich!

Die belgischen Brauer werden hoffentlich auch in Zukunft Bierarten brauen, die über Jahrhunderte entwickelt wurden. In Belgien wird noch mit Hefen gearbeitet, die direkte Nachkommen der Original-Hefekulturen sind. Viele der hier gebrauten Bierarten sind nur in Belgien heimisch. Versuche sie außerhalb Belgiens zu brauen führte bisher nur zu großen Enttäuschungen. Es ist wie bei der Korkeiche, wirklich gut gedeiht sie nur in Spanien. Kork und Bier? Jawohl! Manche belgischen Biere sind wie Champagner mit einem Korken versiegelt. Ehre wem Ehre gebührt.

Trappistenbiere – fromm und herb

International haben es belgische Biere nicht leicht. Trotz Biervielfalt und Geschmacksreichtum lassen die Exporte zu wünschen übrig. Lediglich 118.500 hl fanden letztes Jahr den Weg über die Grenze Richtung Germany. Soviel, wie manche regionale Kirchturmbrauerei in Deutschland produziert. Doch der Schein trügt. Das Absatzplus im vergangenen Jahr für belgische Biere betrug über 53%.

 Gefragt sind vor allem die Trappistenbiere. Nur ein in einem echten Trappistenkloster gebrautes Bier darf diese hohe, würdevolle Bezeichnung tragen. Trappistenbiere sind eine besondere Spezialität. Sie sind obergärig und ausgesprochen hefehaltig. Sie sind flaschengereift und vor allem stark im Geschmack sowie im Alkoholgehalt. Einige dieser frommen Biere schmecken herb, andere leicht süßlich. Im Gegensatz zu Bieren aus Klosterbrauereien, wie sie in Deutschland und Österreich bekannt sind, haben sie eine vollkommen andere Charakteristik.

 Lediglich fünf Trappistenabteien brauen in Belgien Bier. Nicht jede wird noch von Mönchen geführt. Hinzu kommt eine Abtei in den Niederlanden. Alle sechs brauen etwa zwei Dutzend Biere und dürfen als die einzigen in der Welt den Hinweis »Trappist« auf dem Etikett führen.

Orval stammt hierbei aus der ältesten Abtei, die bereits im 11. Jahrhundert von Benediktinern gegründet wurde. Aus den Benediktinern gingen nach Abspaltungen später die strengen Trappisten hervor. Sie nahmen auch das 1230 gegründete Rochefort in ihren Besitz. Die international bekannteste Trappistenklostermarke kommt aus dem erst 1850 gegründeten Abtei Chimay in den Ardennen. Sie steht heute unter »weltlicher« Leitung. Die Marke ist vor allem in der Region Aachen – Köln weit verbreitet und gilt als Kultfigur der Trappistenbiere nach dem zweiten Weltkrieg. Trappistenbiere feiern derzeit ihre Wiederentdeckung.

Belgische Bierheiligtümer

Kloster Tour

Trappistenbierfans, sollten mindestens einer der fünf Abteien (oder besser gesagt sechs, rechnet man die niederländische mit) einen Besuch abstatten: Rochefort, Scourmont (Chimay), Orval im Süden und im Südosten, Westmalle im Norden und Westvleteren im Westen.

Lambic Strecke

Liebhaber von Lambic sollten unbedingt einen Blick auf die sogenannte Bruegel-Route werfen, die südlich und westlich von Brüssel verläuft. Genannt nach dem berühmten flämischen Maler führt Sie der Weg durch Dörfer, die seine Landschaftbilder inspirierten. In vielen dieser Dörfer wird das einzigartige Lambic gebraut.

Cafés

Alle größeren Städte (und natürlich auch viele der Kleineren) haben mindestens ein herausragendes Café (Cafés sind in Belgien so weitverbreitet wie die Pubs in England, und Kneipen in Deutschland). Manche Cafés sind dafür berühmt, fast alle 500 unterschiedlichen belgische Biere anzubieten. Außerhalb Brüssels gelegen, hat die mittelalterliche Stadt Brügge sogar mehr Cafés als jede andere vergleichbare Stadt.

Belgische Festivals

Poperinge Hopfenfest (Poperinge), 3.September

Poperinge befindet sich mitten in Belgiens kleiner Hopfenanbauregion. Dieses Festival ist gekennzeichnet durch eine folkloristische Prozession der Einwohner, dem Hopfenpflückwettbewerb und einer Menge Biertrinken. Leider wird das Hopfenfest nur alle drei Jahre – also 1999, 2002 und so weiter – abgehalten. In den übrigen Jahren bietet es sich an, der sogenannten Hopfen-Route (ca. 50 km) zu folgen, die entlang der 85 Hopfenbauernhöfe verläuft.

Carnaval de Binche (Binchspitze), Februar

Zurückgehend auf das 14. Jahrhundert, findet diese jährliche Feier während »Shrovetide« (die drei Tage vor Aschermittwoch = Karneval) als lustiges Straßenfest statt.

Leuven Bierfest (Louvain), Mai

Ein anderes jährliches Bierfestival, das um Pfingsten stattfindet (normalerweise Mitte Mai).

Adriaan Brouwer Bierfesten (Oudenaarde), Juni

Ein jährliches Bierfestival zu Ehren des berühmten Malers, der hier 1605 geboren wurde.

Bierempfehlungen

- ✔ Boon
- ✔ DeKluis
- ✔ Rodenbach
- ✔ Verschiedene Trappisten-biere
- ✔ Brasserie à Vapeur

- ✔ Duvel
- ✔ Silly
- ✔ De Koninck
- ✔ Maes
- ✔ Sterkens

Alle die, die sich bei all diesen Spezialitäten nach einem Pils sehnen, sollten nach Stella Artois Ausschau halten – Belgiens bekanntestes Pils.

Belgische Museen

Zunfthaus der Brauer und Museum der Vereinigung belgischer Brauer (Brüssel)

Es ist zwar im Ursprung keine Brauerei, dieses palastartige Museum, aber eines der größten seiner Art in Europa. Es befindet sich in der »Brouwers Straat« (Brauer-Straße) am großen Platz, nicht weit entfernt vom Wahrzeichen der Stadt – dem »Männeken Pis«. Wie das wohl zusammenpaßt?!

Oud Beersel Museum 1882 (Beersel)

In der Brauerstadt werden in der Brauerei Vendervelden in einem kleinen Museum interessante Gerätschaften aus der Brauereigeschichte gezeigt. Sehenswert!

Museum Brouwerij Mouterij Bruges (Brügge)

In einem ehemaligen, alten Malzhaus untergebracht, wird hier die Geschichte des Brauens in der Stadt Brügge gezeigt.

Musée Bruxelloise de la Gueuze (Brüssel)

Eine lebendige Museums-Brauerei der Brauerei Cantillon, mit Bildern der Braugeschichte. Touren schließen eine freie Bierprobe mit ein. Im März und September kann den Brauern beim Brauen sogar zugesehen werden.

Musée Européen de Brasserie (Romedenne)

Brauereiausrüstung und andere historische Dinge sind hier in der alten Brauerei Bouty zu besichtigen.

Musée des Bières Belges (Lustin)

Hier werden Bierspezialitäten gereich, die natürlich schon im Eintrittspreis enthalten sind. Zu betrachten sind eine bemerkenswerte Sammlung von Braugegenständen, einschließlich Flaschen und vieles mehr für den Verkauf. Geöffnet an Wochenenden und nach Absprache außer im Juli und im August; jährlich im Mai findet eine Tauschbörse für Sammler statt.

Tschechische Republik

Die Tschechen trinken, was den Pro-Kopf-Verbrauch angeht, das meiste Bier: weit über 150 Liter – so viel wie kein anderes Land der Erde (mit Ausnahme von Bayern natürlich). Vor Ort produzierte Biere mit so berühmten Namen wie *Budweis* oder *Pilsener Urquell* werden in fast jeder tschechischen Stadt angeboten.

Museum Pivovarske (Pilsen)

Dieses Brauereimuseum ist in einer gotischen Mälzerei der historisch bedeutenden Stadt Pilsen untergebracht Die Stadt gilt als Geburtsort des Pilsener Bieres.

Brauerei Urquell (Pilsen)

Die Brauerei Urquell machte Pils – das goldene, klare Bier – weltberühmt. Bierfans behaupten, das Bier am besten in seiner Heimat schmeckt. Probieren Sie es aus, muß ich mehr dazu sagen?

U Fleku Pubhause (Prag)

Nicht nur das zweitgrößtes Bierlokal der Welt (das größte ist in Denver, Colorado und nennt sich Wynkoop) sondern auch auch das älteste (eröffnet 1499). Nur ein Bier wird hier gereicht. Und wem das noch nicht ungewöhnlich genug ist: Es handelt sich bei diesem Bier um ein dunkles Lager.

Budweis

Im 15. Jahrhundert gab es hier 44 Brauereien, jetzt nur noch zwei. Jedes Bier dieser Stadt, einst der Sitz der königlichen Brauerei, wird Budweiser genannt. Eine Name, um den viel gestritten wurde (siehe Anheuser-Busch).

Weitere Höhepunkte

Natürlich sollte man als Reisender in Sachen Bier nicht nur den großen Biernationen einen Besuch abstatten – auch kleinere Länder können eine interessante Bierkultur vorweisen! Natürlich sollte man den Lokalpatriotismus der Einheimischen nicht unterschätzen – sie werden Ihnen natürlich das Bier der lokalen Brauerei empfehlen. Entsprechend schwer kann es fallen, echte Bierspezialitäten zu finden. Am besten lernen Sie die einheimischen Biere auf Bierfesten kennen – fragen Sie sich einfach durch.

Österreich

Der Biermarkt Österreich gilt als klein aber fein. Das EU-Land produziert über 10 Millionen hl Bier. Marktführer ist die Brau Union, die allein mehr als die Hälfte der Biermenge auf sich vereint. Nr. 2 im Alpenbiermarkt ist die Ottakringer Brauerei Hamer mit Sitz in Wien. Eine besondere Bierart in Österreich ist das »Vienna Lager« aus eben dieser Stadt, die wunderschöne Kneipen ihr eigen nennt. Insgesamt gibt es noch rund 70 Brauereien in Österreich. Viele machen als Gasthausbrauereien mit einer hervorragenden Gastronomie auf sich aufmerksam.

Dänemark

Das friedliche Land zwischen der Nord- und Ostsee ist eine echte Biertrinkernation und Heimat des Brauriesen Carlsberg / Tuborg. Insgesamt brauen neun Brauereien an 15 Braustätten. Doch nahezu 80 % des Inlandsabsatzes befriedigt die Carlsberg / Tuborg-Gruppe. Berühmt ist der kleine Biergrenzverkehr an Deutschlands Nordgrenze. Viel Dänen reisen nach Deutschland, um sich dort ihr heimisches Bier zu kaufen. Es wird dort wesentlich günstiger angeboten als im hochbesteuerten Dänemark.

Brauerei Carlsberg (Kopenhagen)

Sehenswerte Brauerei, wo Sie viel über die Brauart Lager erfahren können ...

Museum Carlsberg (Kopenhagen)

Ein Jahrhundert dänischische Braugeschichte kann im Museum der größten Brauerei des Landes begutachtet werden.

Bryggerigruppen A/S Faxe in Faske

Zusammenschluß der jütländischen Jyske Brauereigruppe und der seeländischen Faxe-Brauerei.

 Natürlich hat Dänemark mehr zu bieten als Tuborg und Faxe, die auch hierzulande bekannt sind. Probieren Sie doch mal das »Giraf«-Bier der Brauerei Albani!

Die Niederlande

Das größte Bierexportland Europas und Heimat der zweitgrößten Brauereigruppe der Welt sowie eines Trappistenbieres.

Heineken, Amsterdam

Heineken ist nach Anheuser Busch, USA die Nr. 2 der Bierwelt. Eine Tour durch die Brauerei mit über 64 Mill hl Bierausstoß in der Grachtenstadt Amsterdam breitet viel Spaß und Freude und ist ein Erlebnis (die Hauptanlagen der Brauerei liegen allerdings außerhalb Amsterdams!)

Biermuseum de Boom, Alkmar

Brauprozesse, Geschichte des Mälzens und der Böttcherei sind in der alten Brauerei zu besichtigen.

Brouwerijmuseum Raaf, Heumen

Eine Brauereitour wird in einem Besuch im Museum verbunden, in dem alte Braugegenstände gezeigt werden.

Maastricht

Die kleine Stadt mit 365 Kneipen (eine für jeden Tag des Jahres) ist einen Besuch wert. Ihre Wirte sind in ganz Niederlanden dafür berühmt, echte Bierkenner zu sein.

Enschede und Groenlo

Die beiden Braustätten der Grolsche-Bier-brouwerij.

Berkel-Enschot

Hier gibt es das einzige Trappistenbier des Landes und außerhalb Belgiens. Das »Schaapskooi« Bier (16.000 hl) wird in der Abtei Koningshoeven (Abdij auf Holländisch) produziert und unter dem Namen »La Trappe« verkauft.

Bockbier Fest (Festival Bokbier), Amsterdam

Die holländische Gruppe PINT zelebriert am ersten oder zweiten Wochenende im November Bockbiere. Er ist eines der ältesten Bierfeste einer Verbraucherorganisation weltweit.

Schweden und Norwegen

Der schwedische Biermarkt ist seit 1990 auf einen Konzern konzentriert, die Procordia AG, zu der die Pripps Bryggeri sowie die Bryggeri AG Falken gehört(en). Pripps entstand schon 1964 aus dem Zusammenschluß der beiden größten schwedischen Brauereien Stockholms. Procordia wurde 1995 an den norwegischen Nahrungs- und Getränkekonzern Orkla verkauft. Falken gelangte in dänisch/finnische Hände. Sehenswert die Brauerei Aass Bryggeri in Drammen, Norwegen. Hervorragende Qualitätsbiere in einer breiten Vielfalt von Arten.

Polen

Mit jährlichen Wachstumsraten im zweistelligen Bereich zählt der polnische Biermarkt für die internationale Brauszene derzeit zu den interessantesten in Europa. Der Pro-Kopf-Verbrauch stieg in den letzen fünf Jahren um mehr als 12 Liter an und liegt nun bei 45 Liter. Gleichzeitig nimmt die Konzentration der polnischen Brauindustrie zu. Bereits jetzt halten die fünf größten Brauereien Elbrewery (Marktführer mit rund 4,2 Mill. hl), Zywiec, Tychy, Lech und Okocim mit insgesamt rund 18,8 Mill. hl Gesamtausstoß etwa 60 % Marktanteil. Im Juni 1997 erst erwarb Heineken (Niederlande) einen zehnprozentigen Anteil an Brewpole (im australischen Besitz), zu der in Polen neben Elbrewery mit drei Braustätten in Elblag, Braniewo und Danzig noch die Brauereien Lezajsk S.A. und Warka gehören. Heineken ist bereits Mehrheitseigner der zweitgrößten polnischen Brauerei Zywiec mit zwei Braustätten. Heineken will Brewpole und Zywiec mittelfristig zu einem Konzern mit acht Braustätten fusionieren und die Mehrheit bei Elbrewery übernehmen.

 Um die Biere zu probieren, müssen Sie nach Polen reisen. Exportiert wird kaum, da zunächst noch die Inlandsnachfrage gedeckt werden muß.

Australien

Australien muß einfach Erwähnung finden, schon allein deshalb, weil es nicht in Europa liegt. Die Australier sind für ihren notorisch hohen Pro-Kopf-Verbrauch weltweit bekannt. Er liegt fast auf gleichen Niveau mit dem der Deutschen und Tschechen. Dieses sollte an sich keine Überraschung für ein heißes, trockenes Land mit einem wilden Hinterland sein. Ich verstehe auch, daß die »Aussies« ihr Bier eiskalt bevorzugen. Die Hitze ist auch einer der Gründe, warum australische Wirte ihr Bier in kleinen Gläsern servieren: Es kann schneller getrunken werden, ohne warm zu werden.

Trotz des tiefen angloamerikanischen Einflusses auf die australische Brauindustrie und eines gelegentliches gut produzierten Faßbieres, ist es ein typisches Lagerbierland. Fosters hat es dank Motorsport sogar geschafft, sich weltweit einen Namen zu machen. Nationale Lieblingsmarke ist aber Castlemaine XXXX (liebevoll »four-ex« (auf ex) genannt).

Neben ihrem großen Bierdurst wird den Australiern nachgesagt, daß sie ständig Lust hätten, Bierparties zu feiern. Zwei Leute und ein Paar Flaschen Bier genügen. Spaß beiseite!

 Australische Kneipentips: Brauerei Pumphouse in Sydney, The Loaded Dog Pub in Melbourne, The Sail & Anchor Pub, und »Good On Yer« in Fremantle (seit 1952!).

Das nationale australische Festival der Biere wird übrigens jedes Jahr im Juli in Kangaroo Point abgehalten. Über 50 australische Biere sind dort im Angebot. Wer jetzt noch nicht genug hat, sollte daran denken, daß es auch viele Kneipen auf der »nahegelegenen« Insel Neusseland gibt.

Japan

In Asien ist der deutsche Einfluß auf das Brauen leicht nachvollziebar. Erst seit 1870 entwickelte sich in Japan eine Bierindustrie. Heute ist Bier das populärste alkoholische Getränk in Japan, und die japanische Brauszene ist die fünftgrößte der Welt. Die hellen Biere und Pilsarten dominieren. Japan gilt zudem als Erfinder des Dry-Bieres, das 1987 von Asahi weltweit eingeführt wurde. Die international berühmten japanischen Großbrauereien sind Kirin, Asahi, Suntory und Sapporo. Sie haben sogar einige Biergärten (Sapporo hat den bekanntesten in Sapporo selbst). Viele Bars bieten zunehmend internationale Bierspezialitäten an, vor allem aus belgischen, deutschen und amerikanischen Kleinbrauereien. In Japan wird sogar Weizenbier nach dem deutschen Reinheitsgebot gebraut. Microbreweries und Gasthausbrauereien sind in. Und vergessen Sie nicht: Die Japaner haben eine lange Brautradition mit Sake! Es ist tatsächlich eine Art Bier und wird aus Reis statt Korn hergestellt. Natürlich wird Sake auch abgefüllt verkauft.

Wie man in fremden Ländern um ein Bier bittet:

Land	»Bier«
Großbritannien/USA	beer
China	maichiu
Tschechoslowakei	pivo
Dänemark	oel
Finnland	olut
France/Belgium	bière
Italien	birra
Japan	hiru
Lettland	alus
Niederlande	bier
Polen	piwo
Spain/Mexico	cerveza

USA

Dank europäischer Wurzeln brauchen amerikanische Bierforscher nicht sehr weit reisen, um ihre Neugier zu befriedigen. Amerikanische Biere sind auch in Europa präsent, sogar die der erst vor Kurzem enstandenen Microbreweries. Nur wer die riesigen nordamerikanischen Brauereien einmal wirklich persönlich kennenlernen will, schnuckelige Gasthausbrauereien aufsuchen möchte, die sehenswerten Bierfeste erleben und sogar in den Brauereimuseen mitfeiern will, sollte unbedingt eine Reise ins Land der unbegrenzten Möglichkeiten antreten. Es lohnt sich das Land zu besuchen, das einst den Alkohol ächtete!

In den USA haben die Brauereien, wie in Deutschland, mit einem stagnierenden Bierverbrauch zu kämpfen. In einigen Teilmärkten, wie im Weinland Kalifornien, ist er sogar rückläufig. Während die »Großbrauer« im Inland unter Absatzschwierigkeiten leiden, liegen (deutsche) Importbiere und die »Kleinbrauer« im Trend. In Deutschland ist die Situation ähnlich, nur umgekehrt.

Da die vielen Marken der neu entstandenen US-Microbreweries und Gasthausbrauereien nicht wie die großen Marken national in den USA erhältlich sind (im Ausland erhält man sie über spezialisierte Importeure oft schneller), sind Bierreisen in den USA und Kanada sehr beschwerlich und zeitaufwendig. Das Land ist riesig. Nur wer sich mit den bekannten nationalen Marken von Anheuser-Busch, Miller, Coors oder Stroh zufrieden gibt, kann mit einer Reise nach New York oder Chicago schon zurecht kommen. Doch New York ist nicht Amerika!

Wer hätte es gedacht: Über 1.000 Brauereien, können Sie über den amerikanischen Kontinent hinweg ausfindig machen. Viele so klein wie ein Handwerksbetrieb um die Ecke, einige schon in der Größe einer Gasthausbrauerei, oder so groß wie Anheuser Busch, die größte Brauerei der Welt. Der Biergigant produziert jährlich allein soviel Bier wie alle 1.200 deutschen Brauereien zusammen!

Die meisten der größeren amerikanischen Bierhäuser konzentrieren sich auf die bekannten urbanen Regionen. Doch mindestens eine Region verdient spezielle Erwähnung: der pazifische Nordwesten – das Biernirvana, das versprochene, heilige Land für amerikanische Bierforscher. Große Kneipen und Lokale, Microbreweries und erfinderische Brauer konzentrieren sich hier. Was Silicon Valley für die Computerfreaks ist, ist diese Region für die Bierfreaks. Rund 30 Prozent des Hopfen der Welt werden hier angebaut, zusammen mit 30.000 Tonnen Gerste.

Hier einige US-Bierhöhepunkte:

✔ Oregon hat die meisten Microbreweries pro Kopf, nämlich eine für jeweils 50.000 Einwohner. Portland, in dem Sie nie mehr als 10 oder 15 Minuten von einem »brewpub« oder einer »Microbrewery« entfernt sind, gilt als das München Amerikas.

✔ Boston bietet eine »Boston Kneipen Tour« und eine einwöchige Brauereitour an der Küste Maine's an.

✔ Washington, D.C. verfügt über ein paar sehr schöne Biergärten. Einige sind so groß, daß einige hundert Menschen im Freien Platz finden.

✔ Denver ist Heimat des größten Bierlokals der Welt (Wynkoop).

Am besten kommen Sie auf dem amerikanischen Biermarkt mit Führern und Zeitschriften zurecht, die sich um Ihren Bierwissensdurst kümmern. Einige gute Bücher verzeichnen Kneipen und kleine Brauereien, andere enthalten nur Bars. Zwei Zeitschriften (_Beer Travelers_ und _Brew Magazine_) widmen sich völlig dem Bierreisenden auf der Suche nach neuen Kneipen und Microbreweries. Halten Sie einfach Ihre Augen danach offen und erkundigen Sie sich. Ein unternehmungslustiger Künstler hat sogar eine Straßenkarte für alle Brauereien (Coop's) hergestellt. Empfehlenswert ist auch die Zeitschrift »_American Brewer_« (im Internet unter `http://www.ambrew.com`) von Bierexperte Bill Owens.

Brauereitouren

Brauereitouren sind eine der wenigen Gelegenheiten, wo man kostenlos Bier verkosten und gleichzeitig eine kurze Anleitung in die Kunst des Brauens erhalten kann. Und das alles an einem Nachmittag! An sich sind Brauereitouren nichts Neues – große Brauereien betrachten sie als Teil ihrer fortwährenden Öffentlichkeitarbeit. Jede der national bekannten Brauereien hat regelmäßige, visuelle gestylte Touren im Angebot. Sie enden meist in einen geräumigen und bequemen Verkostungsraum mit angeschlossenem Geschenkeshop. Ein Gegengeschäft, das Hoffnungen mit einzuschließt: Schließlich wollen Sie zuhause auch einmal das Bier probieren, dessen Herstellung Sie miterlebt haben. Einige regionale Brauer haben solche Touren natürlich auch im Angebot, nur wenige wollen nicht gestört werden (aus Versicherungsgründen).

Mexikanisches Bier

Es gibt ein halbes Dutzend große Biermarken in Mexiko. Meistens helle Lagerbiere, mit zwei bemerkenswerten Ausnahmen. Die Brauerei der Marke Corona (eine kleine Marke in Mexiko) braut auch eins der dunkelsten Biere des Landes: Negra Modelo. Das verhältnismäßig malzige Dos Equis ist ein kleines Wunder: Es ist ein Nachkomme des Vienna Lager aus Österreich, dessen Geschichte bis in die Mitte des 19. Jahrhunderts zurückgeht.

Die mexikanische beísbol (sprich: Baseball) auch Halle des Ruhmes genannt, ist auf dem Gelände der riesigen Cuauhtemoc Brewing Company in Monterrey untergebracht. Besucher können hier in luftigen Biergärten Freibier genießen.

Bierfestivals in den USA und in Kanada

Bierliebhaber lieben Feste, lieben die Kombination aus Feiern und Forschen. An dieser Stelle finden Sie einige der bekanntesten Festivals. Neue schießen übrigens schneller aus dem Boden als das Sie »Oktoberfest« aussprechen können. Um über alle Feste aktuell informiert zu sein, sollten Sie Kontakte zu Wirten und Kneipen pflegen – auch wenn dies nur im Urlaub möglich ist. Bierzeitschriften helfen natürlich auch weiter.

✔ **Northwest Microbrew Expo (Eugene, Oreg.), 2. Woche im Februar:** Wird abgehalten im Lane County Convention Center. Schätzungweise 60 Biere aus 30 Brauereien werden hier angeboten. Der Schwerpunkt liegt auf den pazifischen Nordwestbieren, aber andere sind natürlich auch vorhanden.

✔ **Midwest International Beer Expo (Chicago, Ill.), Frühling:** Eine internationale Bieraustellung in einem großen Hotel, die von Freitag bis Sonntag andauert. Berühmte Namen aus der Welt des Bieres und des Brauens nehmen an vielen Seminaren, Tastings und Events teil.

✔ **Festival der Bostoner Brauer (Boston, Mass.), zweite Woche im Mai:** Mehr als 10.000 Teilnehmer pilgern jährlich ins World Trade Center Bostons zu diesem Festival. Präsentiert wird eine breite Ansammlung kanadischer und amerikanischer Mikro- und Spezialbiere.

✔ **Le Mondial de La Bière (Montreal, Kanada), zweite Woche im Juni:** Über 200 Biere aus 25 Ländern werden auf diesem Festival im alten Hafen (Old Port/Old Montreal) vorgestellt.

✔ **Internationales Festival der Braumeister (Vancouver, Kanada), zweite Woche im Juni:** 150 Brauer aus der ganzen Welt konkurrieren jedes Jahr um Preise bei diesem populären Festival. Das beste Bier wird ausgelobt.

✔ **KQED Beer & Food Fest (San Francisco, Kalif.), Juli:** Der Rolls-Royce unter den amerikanischen Bierfestivals. Multinational in der Vielfalt. Schaufenster von mehr als 200 Bieren aus über 30 Ländern. Karten sind meistens nur im Vorverkauf erhältlich.

✔ **New York Beerfest – International Beer and Food Tasting (New York, N.Y.), September:** Zwei große Festzelte sind am Brooklyn Ufer aufgebaut. Über 50 Spezialbiere aus der ganzen Welt stehen zum Verkosten bereit. Übrigens typisch New York – überfüllt mit viel Hektik und unglaublich festlich.

✔ **Großes amerikanisches Bierfestival (Denver, Colo.), später September oder Anfang Oktober:** Auch als Großvater aller amerikanischen Bierfestivals bezeichnet, ist es das größte und beste Bierfestival zugleich. Mehr als 1.200 Biere aus über 260 Brauereien der ganzen Nation sind zu sehen. Über 25.000 Besucher kommen hierher, um Brauer zu treffen, prämierte Biere zu verkosten, das Bierbrauen zu erlernen, oder ein Bierbuch zu kaufen

Das große amerikanische Bierfestival ist nicht nur wegen seinen Prämierungen bekannt, es ist eines der größten Festivals weltweit.

Die kanadische Bierszene

Brauen ist natürlich nichts Unbekanntes im hohen Norden des amerikanischen Kontinents. Die Brauerei John Molson in Montreal ist die älteste noch heute betriebene Brauerei in Nordamerika. Seit 1786 wird hier Bier gebraut.

Die Westküstenstadt Vancouver ist Initiator der Microbrewing Bewegung gewesen. Aber die dichteste Konzentration der kanadischen Microbreweries, der Kneipen und der Bars ist in Ontario zu finden.

US-Biermuseen

Bierenthusiasten brauchen Anregung und sind ständig auf der Suche nach Informationen. Hier sind einige Museen, die Sie sich durchaus anschauen sollten, auch wenn es keine Bildungseinrichtungen sind:

✔ **August Schell Brewing Company (New Ulm, Minn.):** Eine noch tätige Brauerei von 1860. Touren schließen die Brauerei, die Familienvilla Schell, einen Rotwildpark und ein örtliches Museum mit ein.

✔ **Brauerei-Museum der Stadt Galena, Ill.:** Geschichte der Wirtshausbrauerei, die 1881 schloß.

✔ **F. X. Matt Brewery, frühere West End Brewery (Utica, N.Y.):** Eine ansehliche Sammlung historischer Bierwerbung.

✔ **The Pabst Mansion (Milwaukee, Wis.):** Errichtet 1893 durch Kapitän Frederick Pabst, Gründer der Brauerei Pabst.

✔ **Seattle Microbrewery Museum (Seattle, Wash.):** Als ein Teil des Pike Place Historical Districts bietet es eine ansehliche Geschichte des Brauens im Nordwesten der USA

✔ **Wolf Brewery Caves (Stillwater, Minn.):** Teil des Museums einer Brauerei von 1870.

Alte Brauereien

Die meisten der ältesten und größten Brauereien – wie die F. X. Matt Brewery – informieren sowohl über die Brauereigeschichte als auch über die Geschichte der Bierwerbung. Auch die D. G. Yuengling Brauerei in Pottsville, Pennsylvania ist sehenswert; ebenso die Brauerei Jacob Leinenkugel in den Chippewa Falls, Wisconsin und die Dubuque Brauerei in Dubuque, Iowa.

Bieriges Sammeln

In diesem Kapitel

▶ Sammeln für Spaß und Profit

▶ Beantworten der grossen Frage: was Sammeln

▶ Verbände und Vereine

*E*inigen Bierverrückten reicht das Selberbrauen, Biertrinken und Verkosten sowie der Besuch von Bierfestivals und -museen nicht aus. Sie wollen mehr. Etwas, an dem sie sich festhalten können, in Erinnerungen schwelgen. Manche von ihnen sind von einer Art Sammlervirus befallen, der im schlimmsten Fall sogar fast krankhafte Züge annehmen kann. Nichts ist vor ihnen sicher! Weder in Brauereien, noch in Kneipen oder Bars.

Doch die meisten Sammler frönen einfach nur einer gezügelten Leidenschaft: Ihnen macht es Spaß, einem echten Hobby zu frönen. Sie sammeln Bierdeckel, Flaschen, Etiketten, Gläser oder einfach alles, was mit dem Namen der Lieblingsmarke(n) geschmückt ist.

 Vorzugsweise wird gesammelt, was preiswert oder umsonst erhältlich ist. Gutes Bier ist nicht immer preiswert. Warum soll man dies nicht mit Bierutensilien ausgleichen? Vor allem dann, wenn der Alkoholgenuß nur in Maßen ausfallen darf.

Viele Bier(fach)zeitschriften bringen regelmäßig Artikel zu diesem Thema. Die Menge der sammelbaren Einzelteile, antik und neu, verblüfft.

Es gibt Berichte, wonach echte Fans Sammlungen von über 5.000 Einzelteilen in wenigen Jahren zusammengetragen haben. Ich selbst spezialisiere mich auf nichts mehr (Ich ergreife alles, was preiswert ist). Meine Sammlung umfaßt Bierdosen, Flaschen, Bierdeckel, Flaschenöffner, Kronkorken, Etiketten, Gläser, Steinkrüge, Zapfhähne, Blechschilder, Biersignets aller Größen und Materialien (einschließlich Neon), Plakate, Streichholzschachteln, Feuerzeuge, Uhren, Kappen und andere Einzelteile, an die ich mich teilweise gar nicht erinnern an kann, da sie im Keller gelagert werden. Ein Kurator (Verwalter) bin ich nicht.

Ernsthafte Sammler horten manchmal obskure Einzelteile, wie Aschenbecher, Briefköpfe und »Regal- und Preisschilder«, womit die Aufmerksamkeit der Kunden in den Geschäften auf ein Produkt gelenkt wird. Ich kenne einen »Süchtigen« der hat alte Stühle – versehen mit gravierten Brauereiabzeichen – in seiner Küche stehen. Diese Art von Sammlervolk gibt viel Zeit und Geld aus, um ihre Sammlungen zu komplettieren. Sie spüren sogar auf Auktionen und Flohmärkten Dinge auf, lassen ihre Kunstwerke taxieren und verkaufen sie. Vollständig zufrieden werden sie nie sein. Für sie ist das Sammeln von Braugegenständen irgendwo zwischen einer Liebhaberei und eigenem Lebensstil angesiedelt. Möglicherweise sind sie von einer sprichwörtlichen Manie befallen.

Was treibt sie eigentlich in die Sucht? Zum Teil sicherlich Nostalgie. Viele regionale Brauereien schließen, aber ihre Namen, Orte und Geschichte bleiben – dank der Sammler – erhalten. Vielleicht ist es aber auch einfach nur der bloße Spaß des Sammelns. Hinzu kommt sicherlich der Kontakt zu anderen Bierenthusiasten. Sie sind wie eine große, eingeschworene Gemeinschaft. Man trifft sich, organisiert Börsen und Feste und tauscht sich aus.

Soll ich oder soll ich nicht?

Wenn Sie mit dem Gedanken spielen, ein Sammler von bierigen Gegenständen zu werden, hier einige Tips und Vorschläge, bevor Sie den Sprung ins kalte Wasser wagen:

✔ Profit zu erzielen, sollte in Ihren Überlegungen – zumindest am Anfang – keine Rolle spielen. Sie müssen schon sehr professionell in das Sammlergeschäft eingestiegen sein, bevor Sie damit Geld verdienen können.

✔ Der Wert von Sammlerstücken aus der Brauszene steht in der direkten Relation zur Rarität eines Gegenstandes. Manche seltenen, älteren Stücke können durchaus sehr wertvoll sein, aber eben nicht alle. Neue Dinge, die in Auflagen von Tausenden produziert wurden, haben meist keinen Wert, was aber nicht bedeutet, daß sich dies eines Tages nicht ändern könnte.

 Bilden Sie sich. Werden Sie Mitglied in regionalen und/oder nationalen Vereinen, die sich auf Brauerei-Werbemittel-Sammler spezialisiert haben. Sie geben oft eigene Publikationen (z.B. Bierdeckel-Magazin, Bierprobe) heraus, die helfen das notwendige Wissen zu vertiefen

✔ Durchstöbern Sie Antikgeschäfte, aber widerstehen Sie, alles zu kaufen. Es sei denn, Sie wissen, daß es ziemlich günstig, aber viel wert ist. Die Ware in Antikgeschäften ist in der Regel überteuert (die Betreiber wollen schließlich Geld verdienen und sind mindestens so schlau wie Sie).

✔ Gehen Sie in Ramschläden und auf Flohmärkte sowie private Sammlerbörsen. Das sind häufig »versteckte Goldminen«.

 Nutzen Sie Haushaltsauflösungen, wie sie in den Kleinanzeigen von Tageszeitungen angekündigt werden; man weiß nie, wo gute Sammlerstücke gehortet werden. Verstaubte Stücke sind häufig sehr preiswert (ein mir bekannter Mitsammler hat hier schon manch wahren Glücksgriff getan, echte Schnäppchen entdeckt).

✔ Nehmen Sie alles an, was Ihnen geschenkt oder für einen minimalen Preis angeboten wird. (So habe ich die Hälfte meiner Sammlung zusammengetragen). Selbst wenn es Ihnen nicht gefällt, können Sie die Teile verwenden; sei es zum Tauschen oder als Lockvogel auf Börsen.

 Spezialisieren Sie sich auf bestimmte Bereiche.

✔ Überprüfen Sie regelmäßig, ob Sie genügend Platz haben, Ihre Sammlung unterzubringen, und richten Sie Ihre Aktivitäten danach aus. Schon mancher Sammler mußte umziehen oder sich ein neues Haus bauen.

✔ Behandeln Sie Ihre Stücke pfleglich. Je besser der Zustand, desto höher der Wert.

Spezialisieren als Sammler

O.k., jetzt sind Sie ein aktiver Sammler, und Sie möchten sich spezialisieren. Worauf wollen oder sollen Sie sich konzentrieren? Denken Sie vor allem immer daran, daß nicht so viele 1.000 DM teure Biergläser auf den Markt geworfen werden, wie es Sammler gibt. Die Anzahl solcher Editionen ist in der Regel limitiert. Hier eine Liste der verschiedenen, praktischeren Sammlerstücke mit ihren Vor- und Nachteilen:

✔ **Flaschen:** Es gibt zwei triftige Gründe, das Sammeln von Bierflaschen zu unterlassen:

◆ Standardbierflaschen sind von geringem Wert (meist nur Pfandwert), es sei denn es handelt sich um alte, historische Flaschen mit Glasbeschriftung oder außergeöhnliche Flaschenformen (z.B. das modere Wedelbräu-Glas) und

◆ Flaschen sind schwer, können brechen und brauchen viel Platz und Pflege. Wenn Sie Flaschen sammeln möchten, bereiten Sie sich auf jede Menge Kopfschmerzen vor! Denn nur geleerte Flaschen sollten in Ihre Sammlung gelangen, und zum Wegschütten ist das Bier ja viel zu schade.

✔ **Dosen:** Können durchaus von Wert sein, wenn sie beispielsweise außergewöhnlich in Form und Farbe sind. Dosen mit Fehldrucken sind manchmal sogar unbezahlbar. Sie gehen aber leicht kaputt, wenn sie nicht richtig gelagert werden. Ältere Blechdosen verrosten sogar schnell unter feuchten Lagerbedingungen. Außerdem gilt wie bei Bierflaschen: Lagern Sie möglichst keine volle Dosen – sie könnten auslaufen!

Bier wird übrigens in unterschiedlichen Dosengrößen angeboten. Üblich sind in Deutschland 0,33 l, 0,5, 1 l und 5 l- Dosen. Niemand weiß aber genau, wieviele unterschiedliche Dosengrößen weltweit existieren. Eine vorsichtige Schätzung geht von mehr als 20.000 Dosen in unterschiedlichen Größen und Marken aus.

✔ **Bierdeckel:** Haben wenig Wert, es sei denn sie sind sehr alt und in gutem Zustand (einige sind auf Auktionen schon für 300 DM und mehr verhökert worden). Gut erhaltene Bierdeckel (ohne Bierflecken) sind gut zu Werbezwecken geeignet. Bierdeckel lassen sich zudem recht einfach lagern.

✔ **Kronkorken:** Von geringem oder keinem Wert, es sei denn sie sind alt und gut erhalten. Die beste Art Kronkorken beim Öffnen vor Beschädigungen zu schützen, ist es, eine große Münze beim Öffnen auf den Kronkorken zu pressen. Denn Vorsicht: Flaschenöffner verbiegen die Kronkorken.

✔ **Etiketten:** Sehr wertvoll, wenn sie alt, noch nie verwendet und in gutem Zustand sind. Die richtige Lagerung erfordert aber viel Aufmerksamkeit (ähnlich wie bei Briefmarken), da sie leicht zerstört werden können. Sie sind sehr beliebt für Publikationszwecke und bei Ausstellungen.

Beginnen Sie Ihre Etikettensammlung, indem Sie möglichst viele Brauereien anschreiben und um ungebrauchte Etiketten bitten. Die meisten schicken sie Ihnen kostenlos zu (da sie es für eine gute Werbemaßnahme halten), andere verlangen Geld dafür. Am besten, Sie legen einen an sich selbst adressierten und frankierten Rückumschlag Ihrem Bittschreiben bei. Viele Etiketten sind übrigens sehr prachtvoll gestaltet; andere äußerst witzig.

✔ **Flaschenöffner:** Möglicherweise das beste Sammelobjekt. Grund: Flaschenöffner sind praktisch, klein und einfach zu lagern. Unter normalen Bedingungen gehen sie kaum kaputt, habe eine hohe Werbewirksamkeit und sind dennoch funktionell. Der Nachteil ist, daß nur wenige einen echten Sammlerwert besitzen.

✔ **Gläser:** Gläser mit Brauereilogos oder Markennamen können wertvoll sein. Meist ist dies abhängig von der Brauerei, dem Glashersteller und dem Markennamen. Ich empfehle dringend, die Gläser nicht zu benutzen, weil sie so zerbrechlich sind. Nur komplette Serien stellen in der Regel einen echten Wert dar. Behandeln Sie die Gläser wie ein rohes Ei.

Alternativ bietet sich auch das Sammeln von Bierkrügen an. Einige werden nur zu besonderen Anlässen (100-jähriges Jubiläum der Brauerei etc.) herausgegeben und sind dann heiß begehrt. Ihre Auflage ist meist limitiert und der Wert steigt schnell. Krüge sind im allgemeinen schwerer und haltbarer, aber auch teurer in der Anschaffung als Gläser

✔ **Streichholzschachteln:** Sehr einfach zu lagern und zu Werbezwecken sehr beliebt. Alte Schachteln sind ziemlich schwierig aufzutreiben. Sie zu suchen, ist eine ernste Herausforderung für jeden Sammler und möglicherweise wird ein hoher Preis verlangt. Grund: Viele Zündholzschachteln sind Rauchern und Feuerkünstlern zum Opfer gefallen. Die moderne Variante ist das Sammeln von bierig bedruckten Feuerzeugen.

✔ **Plakate:** Ein Betätigungsfeld für Leute mit viel Platz. Vorsicht und Fingerspitzengefühl sind geboten. Original und Fälschung liegen dicht beieinander. Plakate sind aus Papier – unsachgemäß aufbewahrt ist der Glanz schnell dahin. Doch alte Werbeplakate in gutem Zustand sind heute begehrte Sammlerstücke für die teilweise utopische Preise gezahlt werden. Ähnliches gilt übrigens für alte Emailleschilder. Manche sind bereits unbezahlbar.

✔ **Firmenlogos:** Neonzeichen sind recht kostspielig und sehr zerbrechlich und nur für Experten mit technischem Verstand geeignet. Die meisten alten Brauereizeichen wurden früher aus haltbareren Materialien, wie Holz und Zinn hergestellt. Heute werden viele Einzelteile aus Plastik- und Pappe produziert.

✔ **Zapfhähne:** Hergestellt aus Holz, Plastik, Metall oder Acryl sind sie in alle Formen und Größen erhältlich. Die Qualität ist recht unterschiedlich, aber auch die einfachen sind nicht unbedingt preiswert. Wenn Sie planen, sich darauf zu spezialisieren, müssen Sie wahrscheinlich Ihr Sparschwein schlachten.

✔ **T-Shirts und Kappen:** Ein noch recht junges Betätigungsfeld für Sammler. Die Kollektionen füllen leicht ganze Schränke. Doch nur in der Originalverpackung, unverwaschen und nicht getragen, haben sie einen gewissen Wert.

✔ **Pins und Medaillen:** Unter jungen Sammlern ist hier in den letzten Jahren eine wahre Leidenschaft ausgebrochen. Sie werden – falls doppelt vorhanden – gerne getauscht, und haben sich zu einer Art eigenen Bierwährung entwickelt. Ein Pin gleich ein Glas Bier.

✔ **Fässer:** Alte Holzfässer namhafter und weniger bekannter Hausbrauereien können – da nicht mehr im Angebot – einen beachtlichen Preis erzielen.

✔ **Kartenspiele:** Fast jede Brauerei bietet für Zocker, Poker- und Skatfans Kartenspiele an. Die Rückseite der Karten ziert das Firmenlogo oder die Biermarke(n) des Hauses. Andere haben sogar die Spielkarten selbst miteinbezogen. Ein echtes Betätigungsfeld, aber kaum geeignet für die Kartenspieler unter den Bierfans.

Das Tausenddollar-Glas

Kürzlich wurde bei einer Auktion ein Rekordpreis für ein normales Bierglas erzielt. Ein Bieter zahlte $1.020 für ein Glas aus dem 19. Jahrhundert, das mit einer weißen Porzellanoberfläche versehen und mit einem farbigen Emaillelogo (der Anaconda, Brauerei aus Montana) verziert ist. Fragt sich nur, was der passende Bierdeckel kostet.

Denken Sie daran, daß nicht alle Brauerei-Werbemittel alt oder antik sein müssen. Die vielen tausend Brauereien weltweit, die zur Zeit Bier produzieren, bieten einen Überfluß an Sammlerstücken und Werbemitteln. Die meisten Dinge können nur in der Brauerei direkt erworben werden, zunehmend wird aber auch über das Internet verkauft. (Eine gute Übersicht finden Sie in der Linkliste Stichwort »Brauereien« von http://www.infodienst.de oder unter http://www.bier.de). Spezialisierte Shops und Kneipen bieten gleichfalls eine breite Palette an Kappen, T-Shirts, Sweatshirts, zusammen mit Biergläsern, Krügen und anderen Sammelstücken an.

Einige Leute konzentrieren sich beim Sammeln nur auf Dinge von Spezialitäten- oder Hausbrauereien, oder aus bestimmten Ländern. Im Vergleich zu denen, die von allen Brauereien möglichst alles sammeln, haben sie damit eher Vorteile. Bereits geschlossene Brauereien bieten dabei einen besonders großen Anreiz, da man sicher sein kann, das von dieser keine neuen Werbemittel mehr erscheinen (Stichwort: abgeschlossenes Sammelthema).

Der Millionen Dollar-Deal mit einer Millionen Sammlerstücke

1951 kaufte Herb Haydock, ein junger Mitarbeiter der US-Luftwaffe in München, acht vor Ort erhältliche Biergläser, die sein lebenslängliches Sammlerinteresse erweckten. Es führte schließlich dazu, daß er über 1 Millionen verschiedene Bier- und Brauereiutensilien aus der ganzen Welt sammelte.

Als die Zeit der Pensionierung näherrückte (und sein Haus einschließlich Garage aus allen Plätzen platzte), waren Herb und seine Frau, Helen, glücklich, als sie einen Käufer für die Sammlung fanden: Die Brauerei Oldenberg in Ft. Mitchell, Kentucky. Der Preis, so wurde berichtet, soll für die gesamte Sammlung über 1 Million Dollar betragen haben, einschließlich Bratpfannen, Zahnstocher, Nähutensilien, Anglerstiefel und Golfschläger. Alles sollte ausgestellt werden und somit eröffnete die Brauerei 1987 für diese vielleicht einmalige Sammlung ein neues Museum.

Leider konnte nicht mehr als die Hälfte der Sammlung gezeigt werden, und 1996 wurde sie sogar an die Miller Brewing Company weiterverkauft. Deren Pläne für die Sammlung sind noch nicht bekannt.

Oldenberg selbst hat jetzt eine zweite Sammlung mit derzeit »nur« 150.000 Stücken begonnen – primär ausgerichtet auf Microbreweries.

Flaschen aus aller Welt – Guinness Rekord

Peter Broeker darf sich rühmen im Guinness Buch der Rekorde verewigt zu sein. Sein Hobby: Eine Sammlung von Bierflaschen aus aller Welt. An die 10.500 Flaschen aus 2188 Brauereien aus 134 Ländern zieren die Regale des Versicherungskaufmanns, 55, aus Geesthacht bei Hamburg, und nehmen zur Freude von Ehefrau Gisela fast das ganze Haus in Beschlag. Mehr als die Hälfte der Flaschen stammen aus Deutschland, 4137 aus dem Ausland. Statistisch gesehen, wächst seine Sammlung pro Tag um zwei bis drei Flaschen. Besonders auf Urlaubsfahrten füllen Kisten und Koffer mit Flaschen den Kofferraum des Hobbysammlers, dessen Sammlerleidenschaft in den siebziger Jahren begann, als seine Frau Bierflaschen von einem Kegelausflug mitbrachte. Ursprünglich sollten die ersten Flaschen seine Kellerbar schmücken. Von Ägypten bis Zypern ist er schon gereist, um seine Sammlung zu vervollständigen. Mehr als ein Fünftel aller Flaschen sind Pilsflaschen. Die Flaschengrößen reichen von 0,01-l- Miniaturen bis hin zum 3-Liter Gebinde.

Vereine und Clubs

Sammler von Brauutensilien und Brauerei-Werbemitteln sind ein lustiges Volk. Sie frönen nicht nur einer Leidenschaft, sondern tauschen sich auch gerne über ihre Meisterstücke aus, genau so gerne wie sie diese auch tauschen ...

In fast jedem Bierland dieser Erde gibt es irgendwelche Bier-Sammler-Vereine oder Clubs. Manche sind sehr aktiv, andere weniger. Meistens trifft man sich zum zielgerichteten (Aus-)Tausch (Börsensitzungen); zusätzlich finden regelmäßige Vereinssitzungen statt. National tätige Gruppierungen halten auch jährliche Sitzungen mit Verkostungen ab und bereisen regelmäßig Brauereien. Manche haben sogar Fachgruppen eingerichtet, beispielsweise für Bierdeckel oder Gläser. Einer hat sogar ein »Hausmuseums-Programm«. Bierenthusiasten sind ein engagiertes Volk!

Einige der größeren und aktiveren Clubs bringen zudem eigene Zeitschriften oder Newsletter heraus. Mit zu den besten internationalen Publikationen zählt die zweimonatliche Zeitschrift des amerikanischen Clubs »Breweriana«, dessen Jahresmitgliedbeitrag bei rund 50 DM liegt. In Deutschland ist die Fördergemeinschaft von Brauerei-Werbemittel-Sammlern e.V. (FvB) in Cadolzburg (09103-8143) recht aktiv. Der jährliche Mitgliedsbeitrag einschließlich Clubzeitschrift beträgt 70 DM für Vollmitglieder. Über 1.500 Sammler aus 30 Ländern haben sich hier zusammengeschlossen.

Über Biedeckel und Zapfhähne hinaus – Bieraktionär werden?

So, Sie lieben Bier, behaupten Sie. Sie trinken es. Sie brauen es. Sie sammeln es. Sie baden in ihm. Warum investieren Sie nicht in Bier?

Es gibt eine Vielzahl von Brauereien in Deutschland und auf der ganzen Welt, die an den besten Börsenplätzen der Welt notiert sind. Die Aktienkurse werden in den einschlägigen Wirtschaftspublikationen veröffentlicht und sind sogar – für die ganz Schnellen – im Internet abrufbar.

Für manche Freaks ist es die Leidenschaft schlechthin. Sie sind vom bierigen Spekulationsfieber erfaßt worden, können nicht mehr davon loslassen, riskieren manchmal Haus und Hof.

 Vorsicht ist angebracht. Sie spekulieren immerhin mit dem begehrtesten Getränk der Welt, partizipieren an seinen Erfolgen und Mißerfolgen. Mancher Aktionär wartet nur darauf, daß eine Brauerei weiterverkauft wird oder setzt nur auf Gewinnmitnahmen. Ihnen sollte primär das Wohl der Brauerei am Herzen liegen, damit Sie auch in Zukunft Ihr Lieblingsbier schlürfen können – gar keine so schlechte Idee, oder?

Nicht alle Brauereiaktien werden auf dem Börsenparkett angeboten. Manche werden von sogenannten Inhaberfamilien gehütet und unter strikten Vorschriften an die Nachkommen weitervererbt. Doch um die Aktien, die erhältlich sind, sollten Sie sich kümmern. Gelingt es Ihnen im Laufe der Zeit, gar die Mehrheit einer Brauerei zu erwerben, herzlichen Glückwunsch! Sie dürfen nun – wenn Sie es wünschen – die Geschicke Ihrer Brauerei mitbestimmen, bis Sie in den Bierhimmel einkehren.

Teil VI

Die Zehnerlisten: Wissenswertes, Fakten & Hintergründe

»Kochen mit Bier? Das praktiziere ich seit Jahren! Es in den Kochtopf schütten? Sollte ich vielleicht mal probieren ...«

In diesem Teil...

In diesem Teil finden Sie kompakt und in 10er Listen weiteres Wissenswertes über Bier.

Dieser Teil ist für diejenigen, die Bier nicht nur in flüssiger Form sondern auch als Zusatz von Speisen zu sich nehmen wollen, und für die, die alles besonders genau wissen wollen: dem Koch, dem Statistiker und dem eiligen Leser.

Entsprechend hält dieses Kapitel eine ausreichende Anzahl an Kochrezepten zur Verfügung. Hierbei geht es dann nicht nur um herzhafte Speisen, sondern auch Süßwaren können durchaus mit Bier verfeinert werden.

Den Statistikern und Zahleninteressierten unter Ihnen bietet er eine ausreichende Anzahl von eben diesem: Zahlen und Statistiken. Den Eiligen unter Ihnen werden am Ende dieses Teils die am häufigst gestellten Fragen zum Thema Bier beantworten – haben Sie dieses Buch allerdings aufmerksam gelesen, sollte dieses Kapitel kaum Neuigkeiten enthalten.

Zehn großartige Rezepte mit Bier

17

Während Wein als Zugabe zu edlen Speisen durchaus üblich ist, so trifft man doch auf einiges Unverständnis, wenn man darauf hinweist, daß auch Bier zum Kochen geeignet ist. Bier ist seit langem für die Veredelung anspruchsvoller Gerichte in der gehobenen Gastronomie zuständig und auch in vielen regionalen Küchen findet man Gerichte, die traditionell mit Bier hergestellt werden. Dieses Kapitel soll einen Einblick in die Welt des »Kochens mit Bier« geben, es soll allerdings nicht dazu verleiten, daß Sie in Zukunft Fässer anstatt Kästen kaufen, da Sie das überschüssige Bier ja noch zum Kochen verwenden könnten.

Münsterländer Biersuppe

Bier in Suppe? Wieso eigentlich nicht – Wasser ist eh drin enthalten, und man spart die Gemüsebrühe. Spaß beiseite – Bier ist nicht nur ein schmackhaftes, sondern auch ein würzige Komponente die in diesem traditionellen Münsterländer Gericht ihren festen Platz gefunden hat.

Zutaten:

- ✔ 375 ml Milch
- ✔ 90 g Zucker
- ✔ 1 Vanillestange
- ✔ 750 ml Exportbier

- ✔ 3 Eier
- ✔ 100 g Rosinen
- ✔ Puderzucker

Zubereitung:

1. Zwei Drittel der Milch mit Zucker, Vanillestange sowie Bier aufkochen und vom Herd nehmen.

2. Ein Drittel der Milch mit dem Eigelb verschlagen und unter die Milch-Biersuppe ziehen.

3. Rosinen vorher, am besten über Nacht, einweichen und in die Suppe geben.

4. Die Eiweiße zu Schnee schlagen, mit Puderzucker abschmecken und mit einem Löffel Häubchen auf die fertige Suppe geben.

Grundrezept für Bierteig

Dieses Grundrezept eröffnet dem Koch eine ungeahnte Entfaltungsmöglichkeit. Ähnlich wie bei Pfannekuchen kann der Bierteig süß oder pikant zubereitet werden. Sowohl Früchte als auch pikante Lebensmittel passen gut zu ihm. Schnell werden Sie Ihr Lieblingszutaten gefunden haben.

Zutaten:

- ✔ 125 g Mehl
- ✔ 1/8l helles Bier
- ✔ 1 Eigelb
- ✔ 80 g Zucker

- ✔ 1 Spur Salz
- ✔ 1 Spur Muskat
- ✔ 1 Teelöffel Öl
- ✔ 1 Eiweiß

Zubereitung:

1. Mehl, Bier, Eigelb, Zucker und Salz (das Salz kann auch weggelassen werden, wenn das, was sie fritieren wollen, bereits pikant genug ist) und Muskat zu einem dicken, flüssigen Teig verrühren. Öl hinzufügen.

2. Das Eiweiß zu steifem Schnee schlagen und unterheben.

3. Jetzt wenden Sie das, was Sie fritieren wollen, im Bierteig und geben es in auf 175 Grad erhitztes Fritierfett.

4. Goldgelb braten lassen. Garzeit je nach Zutaten zwischen 10 und höchstens 20 Minuten.

 Was fritieren? Mit dem Bierteig kann man eine ganze Menge anfangen. Zuerst die süße Gruppe: Ananasscheiben, Birnenhälften, Apfelscheiben, Pfirsichhälften, Kirschen und Bananen. Die bekannte Gemüsegruppe (Zucker aus dem Teig weglassen): Selleriescheiben, Bluhmenkohlröschen, Rosenkohl, Schwarzwurzeln, alles vorgekocht. Rohe Auberginenscheiben, Zwiebelscheiben, Leberwürfel oder -scheiben, Fischfilets, Würstchen.

Schweinenüßchen in Biersoße

Auch wenn dieses Rezept nicht allzuviel Bier verwendet (den Rest der Flasche müssen Sie leider austrinken), so macht sich dessen Geschmack doch bemerkbar. Es ist allgemein üblich, Bier für die Soßenherstellung zu verwenden, wie Sie in diesem Kapitel noch oft genug sehen werden.

Zutaten:

- ✔ 300 g Schweinenuß
- ✔ Jodsalz
- ✔ Pfeffer aus der Mühle

- ✔ 1 Eßlöffel Butterschmalz
- ✔ 2 rote Zwiebeln
- ✔ 2 Frühlingszwiebeln

- ✔ 2 Karotten
- ✔ 1 Knoblauchzehe
- ✔ Kümmel
- ✔ Majoran
- ✔ Thymian

- ✔ 1 Tasse Bier
- ✔ 1 Tasse Gemüsebrühe
- ✔ 2 pürierte Tomaten
- ✔ 1 Eßlöffel gehackte Kräuter

Zubereitung:

1. Die Schweinenuß in Scheiben schneiden, mit Jodsalz und Pfeffer würzen und in einer Pfanne in Butterschmalz von beiden Seiten anbraten. Anschließend aus der Pfanne nehmen und beiseite stellen.

2. Die in Ringe geschnittenen Zwiebeln kurz anbraten, die Karottenscheiben, die kleingeschnittenen Frühlingszwiebeln sowie die gehackte Knoblauchzehe dazugeben und mit Kümmel, Majoran und Thymian gut würzen.

3. Das Gemüse mit dem Bier und der Brühe aufgießen und das Fleisch dazulegen. Das Ganze noch mit den pürierten Tomaten verfeinern und ca. 35 Minuten garen.

4. Kurz vor dem Servieren die Nüßchen mit gehackten Kräutern bestreuen.

Gratiniertes »Himmel und Erde«

Himmel und Erde, oder besser »Himmel und Äd« wie der Rheinländer sagt, ist eines der traditionellen Gerichte im Rheinland. Die »Kölsch Pizza« wird in fast jedem Brauhaus angeboten und ist auch in der rheinischen Küche sehr beliebt.

Zutaten:

- ✔ 650 g Kartoffeln
- ✔ 250 g Blut- oder Zungenwurst (in etwa 3 mm dicken Scheiben)
- ✔ 650 g grünen Boskoop (Äpfel)
- ✔ 0,1 l Export-Bier

- ✔ 0,1 l süße Sahne
- ✔ Salz
- ✔ Schwarzer Pfeffer
- ✔ Getrockneter Majoran

Zubereitung:

1. Den Backofen auf 200°C vorheizen. Die Kartoffeln waschen, schälen und in etwa 3 mm dicke Scheiben schneiden.

2. Die Blutwurst in Stücke schneiden, die etwa so groß sind wie die Kartoffelscheiben. Die Äpfel waschen, vierteln, das Kerngehäuse entfernen und in gut ½ cm dicke Scheiben schneiden.

3. Die Äpfel, Kartoffeln und die Wurst im Wechsel dachziegelartig in die Form einschichten.

4. Das Bier mit Saft und Sahne verrühren, würzen und in die Gratinform gießen. Das Gratin im heißen Ofen etwa 45 Minuten gratinieren.

Karpfen in Biersoße

Und wieder eine Biersoße – aber diesmal mit Fisch. Besonders bei den Leuten beliebt, die versprochen haben, Weihnachten auf Bier zu verzichten. Die peniblen unter Ihnen können den lokalen Fischhändler mit Sicherheit davon überzeugen, die benötigten »Arbeiten« am Fisch durchzuführen.

Zutaten:

✔ 1 mittelgroßer Karpfen

✔ etwas Salz

✔ etwas Essig

✔ 2 Zwiebeln

✔ ¼ Zitronenschale (ohne Innenhaut – ungespritzt)

✔ 1 Mohrrübe

✔ 1 Lorbeerblatt

✔ 1 Nelke

✔ ¾ Liter dunkles Bier

✔ 100 g Honigkuchen

✔ 1 Eßlöffel Butter

✔ 1 Eßlöffel Mehl

✔ etwas Zucker

✔ etwas Zitronensaft

Zubereitung:

1. Den Karpfen ausnehmen, schuppen und waschen. Danach schneiden Sie ihn in Scheiben, salzen ihn und stellen ihn zunächst einmal zur Seite (falls möglich das Blut des Karpfen auffangen).

2. Die Zwiebeln schälen und in Scheiben schneiden. Die Zitronenschale grob stückeln, die Mohrrübe schaben und in Scheiben schneiden. Alle diese Zutaten auf dem Boden eines Bräters verteilen.

3. Die Fischstücke auflegen, das Lorbeerblatt und die Nelke hinzugeben. An der Seite ¾ des Bieres hinzugießen. Den Honigkuchen zerkrümeln und ebenfalls hinzugeben. Das ganze zugedeckt zum Kochen bringen und etwa 15-20 Minuten schwach köcheln lassen.

4. Inzwischen in der Butter das Mehl dunkel rösten und das ganze mit dem restlichen Bier ablöschen. Die Masse mit dem Blut und dem Essig verquirlen und zu den Karpfenstücke geben und mitkochen. Sobald die Fischstücke gar sind, nimmt man sie heraus und hält sie warm.

5. Die Sauce durch ein Sieb gießen, bzw. durchpassieren, falls der Honigkuchen noch nicht ganz verkocht sein sollte. Mit etwas Zucker abschmecken.

6. Die Sauce nochmals aufkochen und über die Karpfenstücke gießen – einen Teil der Sauce separat servieren.

 Zu diesem Gericht passen am besten Salz-Kartoffel.

Schweinshaxe in Biersoße

Nun, wie sie spätestens jetzt wissen, sind Biersoßen wirklich beliebt. Diese, vor allem in Bayern beliebte Variante, bietet jedoch eine schmackhafte Alternative zur Haxe vom Grill.

Zutaten:

- ✔ 2 kleine Schweinshaxen (a 400-500 g)
- ✔ Salz und Pfeffer
- ✔ Mildes Paprikapulver
- ✔ 0,2 l helles Lagerbier
- ✔ 1/8 l Gemüsebrühe

- ✔ 1 Bund Suppengemüse
- ✔ 1 Bund Radieschen
- ✔ 1-2 Eßlöffel Sonnenblumenöl
- ✔ 0,1 l süße Sahne

Zubereitung:

1. Die Schwarte vom Metzger rautenförmig einschneiden lassen, rundherum mit den Gewürzen einreiben. Den Backofen auf 200°C vorheizen.

2. Das Suppengemüse waschen, putzen und kleinschneiden. ⅛ l Bier mit der Brühe in einen Bräter geben, im Ofen heiß werden lassen. Dann die Haxe mit der Schwarte nach unten hineinlegen und bei geschlossenem Deckel etwa 30 Minuten dämpfen, dabei einmal drehen, damit die Schwarte weich wird.

3. Nun offen weiterbraten, dabei öfter begießen. Inzwischen Radieschen putzen, waschen und in Scheiben hobeln, mit Salz, Pfeffer und Öl mischen.

4. Nach etwa ¾ Stunde die gare Haxe mehrfach hintereinander mit Bier bestreichen, damit die Kruste knusprig wird. Dann auf einer Platte im Ofen warmhalten.

5. Den Fond evtl. mit etwas Wasser los kochen, mit dem Pürierstab pürieren und mit Sahne abschmecken. Mit Kartoffelklößen und Radieschensalat zur Haxe servieren.

Champignons und Zucchini vom Grill

Nun, wer hat behauptet Gemüse und Bier passen nicht zusammen? Sollten Sie bei Ihrem nächsten Grillfest etwas Bier überhaben (auch wenn Sie es für Frevel halten), probieren Sie doch einfach mal, beim Grillen etwas Bier über das Fleisch zu schütten, oder noch besser – für die Vegetarier unter Ihnen – dieses Rezept.

Zutaten:

✔ 4 Riesenchampignons

✔ 4 Zucchini (etwa 10 cm lang)

✔ 60 g gemahlene Haselnüsse

✔ 60 g Semmelbrösel

✔ 120 ml dunkles Lagerbier oder Alt

✔ 75 g milder Edelpilzkäse

✔ Pfeffer aus der Mühle

✔ Salz

✔ 1 Stengel Salbei

✔ 1-2 Eßlöffel Rapsöl

Zubereitung:

1. Die Pilze abreiben, die Stiele herausdrehen. Zucchini waschen, die Enden abschneiden, Zucchini längs halbieren und mit einem Teelöffel die Kerne aus dem Mark kratzen.

2. Nüsse mit Bröseln, Bier und Käse mischen, mit Pfeffer und Salz abschmecken. Masse in die Pilzköpfe und die Zucchiniehöhlung streichen. Salbeiblätter durchs Öl ziehen, auf der Füllung verteilen.

3. Auf einer Grillschale über der Glut etwa 10-15 Minuten grillen, bis die Füllung zerläuft.

Schweine-Medaillons mit Gersten-Bier-Kruste & Rotkrautsalat

Zur Abwechslung mal keine Soße, dafür eine Kruste. Wohl eines der feineren Gerichte in dieser Rezeptsammlung und entsprechend nicht für mal »eben so zwischendurch« gedacht. Es benötigt einige Vorbereitunsgzeit und sollte von erfahrenen Hobbyköchen gekocht werden. Hat es nicht hingehauen, dann haben Sie ja immer noch ein kühles Bier.

Zutaten:

✔ 150 g Gerstengraupen

✔ 300 ml Brühe

✔ 500 g Rotkohl (kleiner Kopf)

✔ 1 Kästchen Kresse

✔ 5 El. Essig

✔ Salz

✔ Pfeffer

✔ Zucker

✔ 5 El. Speiseöl (1)

✔ 2 Eier

- ✔ 100 g Mehl
- ✔ 50 ml Weizenbier (Weißbier)
- ✔ 50 ml Milch
- ✔ 2 El. Speiseöl (2)
- ✔ 500 g Schweinefilet
- ✔ Thymian

- ✔ 1 kleine Zwiebel, klein gehackt
- ✔ 1 dl Weißwein
- ✔ 1 dl Kalbsfond
- ✔ 1 El. Zitronensaft
- ✔ 150 g Creme fraiche

Zubereitung:

1. Gerste über Nacht einweichen. Diese am nächsten Tag in 300 ml Brühe ca. 30 Minuten bei geringer Hitzezufuhr kochen. Anschließend restliche Flüssigkeit abgießen.

2. Rotkohl waschen, putzen und in feine Streifen schneiden. Kresse waschen. Essig, Salz, Pfeffer, Zucker und Öl (1) verrühren und zusammen mit dem Rotkohl und der Kresse mischen. Eier mit Mehl, Weizenbier, Milch, Salz und Pfeffer zu einem glatten Teig verrühren.

3. Schweinefilet in etwa 2 cm dicke Scheiben schneiden und mit Salz, Pfeffer und Thymian würzen. Schweinefilets in Teig und anschließend in der gekochten Gerste wenden. Öl (2) in einer großen Pfanne auf mittlerer Stufe erhitzen. Filets pro Seite 4 bis 5 Minuten braten, herausheben und im Ofen warm stellen.

4. Im Bratfett gehackte Zwiebel glasig dünsten. Mit Weißwein und Kalbsfond Bratansatz los kochen und die Flüssigkeit auf die Hälfte einkochen lassen. Mit Zitronensaft und Creme fraiche abschmecken.

5. Medaillons auf Tellern verteilen, Sauce hinzugeben und mit Salat anrichten.

Apfelküchlein mit Zimtzucker

Bier und Zucker? Kein Problem! Und sogar für Jugendliche unter 16 geeignet – es kann alkoholfreies Bier verwendet werden.

Zutaten:

- ✔ 140 g Mehl
- ✔ ⅛ l alkoholfreies Bier
- ✔ 2 Eier
- ✔ 1 Prise Salz
- ✔ 1 Packung Vanillezucker

- ✔ 3 säuerliche Äpfel
- ✔ 50 g Zucker
- ✔ Zimt
- ✔ Butterschmalz zum Ausbacken

Zubereitung:

1. Das Mehl nach und nach mit 0,1 l Bier, den Eiern, Salz und Vanillezucker verquirlen, 15 Minuten quellen lassen. Zum Schluß den Rest Bier zugeben.

2. Die Äpfel waschen, mit einem Apfelausstecher das Kerngehäuse entfernen und die Äpfel in knapp 1 cm dicke Ringe schneiden. Zucker und Zimt mischen.

3. 1 Eßlöffel Butterschmalz in der Pfanne zerlassen. Die Apfelringe in den Teig tauchen, ins heiße Fett legen und von beiden Seiten goldgelb ausbacken. Auf Küchenpapier kurz abtropfen lassen, mit Zimtzucker bestreut zu Tisch geben.

Bierkrapfen

Bierkrapfen statt Apfelringe – auch wenn es etwas eigentümlich klingt, herbes Bier für die Herstellung von Süßwaren zu verwenden, so wird Sie der Geschmack der Krapfen dennoch überzeugen.

Zutaten:

✔ 2 Eier

✔ 125 g Zucker

✔ 600 g Mehl

✔ 2 Pakete Backpulver

✔ ½ l Weißbier

✔ 800 g Fett zum Ausbacken

✔ Puderzucker zum Bestäuben

Zubereitung:

1. Die Eier schaumig rühren. Den Zucker nach und nach zugeben, das Mehl und das Backpulver vermischen und der Masse hinzufügen. Nun das Weißbier hinzufügen und den Teig sofort mit einem in Wasser getauchten Löffel abstechen und im 180°C heißen Fett etwa 10 Minuten backen. Die Krapfen gehen sehr schön auf.

2. Das Gebäck abkühlen lassen, mit dem Puderzucker bestäuben und frisch servieren.

 Die Krapfen lassen sich am besten mit einer Gabel im Fett wenden.

Zahlen, Fakten und die größten Irrtümer

18

In diesem Kapitel

▶ Wieviel und welches Bier wird eigentlich getrunken

▶ Who is Who in der deutschen Brauwirtschaft

▶ Im- und Export

▶ Wirtschaftsfaktor Bier

▶ Die größten Irrtümer in der Biergeschichte

Bier ist des Bundesbürgers liebstes Getränk. Das ist das Ergebnis einer repräsentativen Umfrage. 79 Prozent der Erwachsenen genießen es regelmäßig. 67 Prozent der Frauen und sogar 91 Prozent der Männer trinken es mindestens einmal im Monat. Kein Wunder das hinter Bier eine starke Industrie steht, die einen bedeutenden Wirtschaftsfaktor darstellt. Dieses Kapitel gibt einen kleinen Einblick in die deutsche Brauindustrie und macht Schluß mit dem Mythos Bierbauch!

Wieviel und welches Bier wird eigentlich getrunken?

1997 wurde in Deutschland pro Kopf über 130 Liter Bier konsumiert, was ungefähr einer 0,33-Liter Dose pro Tag entspricht – und das von jedem Bundesbürger. Nicht umsonst ist Deutschland Europas Bierland Nr. 2 und wird nur von den Tschechen übertroffen. 1992 waren dies noch 144 Liter, der Biermarkt ist also rückläufig. Allerdings scheint es, daß die Talfahrt erst einmal gestoppt ist, denn 1996 wurde nur unwesentlich mehr Bier konsumiert. Groß ist das Interesse der Bier-Industrie am Kauf- und Konsum-Verhalten der Deutschen, so daß einige interessante Fakten über den deutschen Biermarkt bekannt wurden.

Jahr	Gesamtbierverbrauch in Mill. hl	Bevölkerung in Mill.	Liter pro Kopf
1995	110,99·	81,66	135,9
1996	107,89	81,9	131,7
1997	107,55	82,06	131,0

Quelle: Deutscher Brauerbund e.V

Pro-Kopf-Bierverbrauch in Deutschland

Innerhalb der Bundesrepublik haben die Marktforscher ein ausgesprochenes Nord-Süd-Gefälle festgestellt, im Norden wird am wenigsten getrunken, in Bayern – wo auch die meisten Brauereien ansässig sind – am meisten. Am häufigsten prosten sich die Bundesbürger beim Gaststätten- bzw. Stammtischbesuch zu (54 Prozent). Abends beim Fernsehen tun dies 41, beim Frühschoppen 40 und beim Essen 38 Prozent. Das meistgetrunkene Bier ist das untergärige Pils. Sein Anteil am Gesamtkonsum beträgt ca. 68 Prozent. Obergärige Sorten wie z.B. Alt, Kölsch oder Weizen bevorzugen ca. 15 Prozent.

Ein Erfolgsrezept des deutschen Bieres ist das deutsche Reinheitsgebot, das weltweit als Qualitätsmerkmal für gutes und reines Bier gilt. Denn wie sagte schon Alt-Bundespräsident Richard von Weizsäcker: *»Man könnte froh sein, wenn die Luft so rein wäre wie das Bier«*. Das Reinheitsgebot war, wie so vieles, bereits vor über zehn Jahren ein Diskussionspunkt für den europäischen Gerichtshof der eindeutig festlegte, daß auch nicht nach dem deutschen Reinheitsgebot gebraute Biere in Deutschland verkauft werden dürften. Der Gerichtshof hatte allerdings nicht mit den deutschen Brauern und den deutschen Bierkonsumenten gerechnet. Die deutschen Brauer brauten ihr Bier weiter nach dem über 500 Jahre altem Reinheitsgebot und der deutsche Biertrinker nahm dies gerne an. Zwar gibt es auf dem deutschen Biermarkt Biere, die nicht nach dem deutschen Reinheitsgebot gebraut worden sind, ihr Anteil am Gesamt-Bier-Markt ist jedoch verschwindend klein. Anstatt Biere auf dem deutschen Markt zu verkaufen, die nicht nach dem deutschen Reinheitsgebot gebraut worden sind, brauen ausländische Brauereien für den Import spezielle Biere nach dem deutschen Reinheitsgebot.

Der Anteil ausländischer Biere am deutschen Biermarkt ist nicht sehr groß, sie gelten in Deutschland mitunter als Bierspezialität, was sich durchaus im Preis widerspiegelt. Auch wenn der Anteil der ausländischen Biere auf dem deutschen Markt sehr gering ist, so ist doch jede größere ausländische Brauerei vertreten. Alle diese Brauereien stellen eine spezielle Version ihres Bieres her, da die wenigsten von ihnen mit Gerstenmalz brauen, und statt dessen Mais oder Reis verwenden. Dieses nach dem deutschen Reinheitsgebot gebraute Bier findet nur begrenzt Anklang, schafft es eine Marke jedoch eine bestimmte Absatzzahl zu übersteigen, so wird diese nicht mehr aus dem Ausland importiert, sondern in Deutschland im Lizenz- bzw. im Lohnbrauverfahren hergestellt. So wird zum Beispiel die australische Marke Foster's in Hamburg bei der Holsten-Brauerei gebraut.

Der Import ausländischer Biere richtet sich in den meisten Fällen nicht nach dem Absatzverhalten, sondern wird von den ausländischen Brauereien mit großem Aufwand betrieben, wobei der Nutzen in keiner Relation zu den Kosten steht. Dennoch wird ausländisches Bier importiert und es herrscht ein harter Konkurrenzkampf um den Titel »am meisten nach Deutschland importiertes Bier« was weltweit mit einer hohen Qualität des Bieres verbunden wird und werbewirksam vermarktet werden kann, auch wenn die Absatzzahlen auf alles andere als ein auf dem deutschen Markt erfolgreiches Bier schließen lassen.

Die meisten ausländischen Biere sind Lager-Biere, eine spezielle, untergärige Bierart, die weltweit am meisten getrunken wird. Deutschland allerdings ist ein Pilsmarkt was zur Folge hat, das deutsches Bier in fast 150 Länder exportiert wird. Hauptabnehmer deutschen Bieres ist Großbritannien mit über 1,4 Millionen Hektolitern im Jahre 1995, gefolgt von Italien (über 1,1 Millionen Hektoliter) und den USA (ebenfalls über 1,1 Millionen Hektoliter). Die großen deutschen Brauereien lassen im Lizenzverfahren große Mengen ihres Bieres im Ausland herstellen. Alkoholfreies deutsches Bier, wie zum Beispiel Clausthaler, setzt aufgrund seines einzigartigen Brauvorgangs weltweit Maßstäbe.

Junge Lager-Biere galten in Deutschland als Bier-Spezialitäten und fanden immer mehr Abnehmer. Zunächst nur in Szene-Gaststätten vertreten, waren diese bald auch in Getränkemärkten erhältlich. So nahm der Import ausländischer Lager-Biere immer mehr zu (z.B. Miller & Corona), aber auch andere ausländische Spezialitäten (z.B. Ale) wie Kilkenny oder Guinness fanden ihre Freunde. Die deutschen Brauer erkannten die Zeichen der Zeit, und so werden heute nicht nur ausländische Biere von großen deutschen Brauereien im Lizenzverfahren hergestellt, sondern deutsche Brauer entwickelten eigene Bier-Innovationen und vertreiben diese nun Deutschlandweit (zum Beispiel Binding Lager).

Who is Who in der deutschen Brauwirtschaft?

Aufgrund der zuvor beschriebenen Absatzzahlen wundert es wohl kaum, das unter den Top 10 der deutschen Getränkemarken drei Biermarken zu finden sind. Neben Kaffee, Limonaden, Mineralwasser und Fruchtsaft, ist Bier das einzige alkoholische Getränk, das dort gefunden werden kann.

In Deutschland befinden sich über 1.200 Braustätten die über 5000 verschiedene Sorten von Bier herstellen. Wie viele Sorten es genau gibt, weiß keiner. Es gibt weder Listen noch genauere Angaben. Regionale Brauereien produzieren Bier-Spezialitäten nur zu bestimmtem Jahreszeiten, was die Erstellung einer solchen Liste erschwert. Gerade die kleinen Brauereien bieten eine große Vielfalt an Bieren an, wohingegen große Brauereien in der Regel nur eine Pils-Marke anbieten, die evtl. noch durch eine alkoholfreie Version dieser Marke unterstützt wird.

Pils dominiert am deutschen Biermarkt und erreicht einen Anteil von stattlichen 68%. Der Pilsmarkt wird aktuell von 8 westdeutschen und 2 ostdeutschen Marken bestimmt, die entsprechend auch die größten deutschen Marken darstellen.

In der letzten Zeit ist immer mehr ein Trend in der deutschen Brauwirtschaft zu bemerken: die Zentralisierung.

Große Brauereien kaufen interessante kleinere Brauereien auf. Diese behalten in der Regel jedoch ihre Autonomie. So gehören der Binding-Brauerei AG aus Frankfurt, die derzeit als größte deutsche Brauereigruppe gilt, so namhafte Brauereien wie Radeberger, die Dortmunder Actien-Brauerei oder auch Schöfferhofer. Holsten aus Hamburg gehört zum Beispiel Lübzer, und sie stellt Foster's in Deutschland her. Jever ist auch nicht selbständig tätig, sondern gehört Brau & Brunnen, denen noch andere bekannte deutschen Marken gehören.

Rang	Name	Absatz in Millionen Hektoliter		
		1995	1996	1997
Westbiermarken				
1.	Warsteiner	6,0	5,8	5,5
2.	Krombacher	4,1	4,3	4,5
3.	Beck's *	4,1	4,1	4,2
4.	Bitburger	4,0	4,1	4,0
5.	Holsten	2,4	2,8	2,7
6.	Veltins	2,3	2,3	2,3
7.	König	2,0	2,1	2,2
8.	Jever	1,5	1,5	1,6
Ostbiermarken				
1.	Hasseröder	1,4	1,8	2,1
2.	Radeberger	1,4	1,6	1,7
3.	Wernesgrüner	0,6	0,8	0,9

* *davon 1997 rund 1,7 Mill. hl im Inland.*

Alle Werte beruhen auf Firmenangaben, sind teilweise leicht aufgerundet und geschätzt.

Quelle:HLW-Infodienst

Deutschlands beliebte Pilsmarken

Rang	Name	Land	Ausstoß (Mill. hl)
1.	Heineken	Niederlande	70,7
2.	Carlsberg / Tuborg	Dänemark	33,7
3.	Interbrew	Belgien	33
4.	Scottish & Newcastle	GB	30 *
5.	Guiness	GB / Irland	28 *
6.	Kronenbourg	Frankreich	26 *

* *geschätzt, da genau Angaben nicht vorliegen*

Quelle: HLW-Infodienst.

Als Vergleich: Die größte deutsche Pilsmarke besitzt einen Ausstoß von ca. 6 Mio. hl

Westeuropas führende Brauereien 1997

Deutscher Bierimport und -export

Der ausländische Bierabsatz in Deutschland beträgt laut Statistik des Deutschen Brauer-Bundes 3,2 Mill. hl. Der Marktanteil liegt damit bei rund 3 Prozent. So zumindest die offiziellen Angaben. Hinzu rechnen muß man wohl – wie bei so vielem im Leben – die Dunkelziffer. Gerade zwischen den skandinavischen Ländern und Deutschland floriert der »Grenzverkehr« – vor allem in Richtung der skandinavischen Länder. Dort ist die Alkoholsteuer so hoch, das es sich für die meisten Skandinavier lohnt nach Deutschland zu fahren, um dort in Skandinavien gebrautes Bier zu kaufen!

 Das meiste ausländische Bier fließt aus Dänemark mit rund 1,07 Mill. hl Richtung Deutschland. Und das ohne Tuborg, was bei Hannen in Mönchengladbach gebraut wird. Rund 830.000 hl (+18,2%) kamen aus den Niederlanden, wobei sicherlich einige reimportierte Dosenbierlieferungen mit dabei sein dürften. Auf Platz 3 hält sich wakker die tschechische Republik mit knapp 550.000 hl. Bier aus den USA kommt nur teilweise auf direktem Wege zu uns, so daß die Zahlen hier keine Bedeutung haben. Amerikanische Biere landen oft zunächst in Irland und Großbritannien, bevor sie ihre Weiterreise innerhalb der EU antreten, oder sie werden sogar dort gebraut.

 Die deutsche Bierausfuhr pendelt übrigens bei 9,2 Mill. hl. Tendenz steigend. Deutschlands Biere scheinen auch im Ausland immer mehr Fans zu finden. Zwei Drittel davon fließen allerdings »nur« in die europäischen Nachbarländer, vor allem in Richtung Italien, Großbritannien und Frankreich. Weltweit sind Deutsche Brauer mit rund 1,2 Mill. hl besonders in den USA präsent. Auf Platz 2 folgt das riesige Rußland mit 420.000 hl.

Wirtschaftsfaktor Bier

Aufgrund der abgesetzten Menge Bier gehört die deutsche Brauwirtschaft zu einem der größten deutschen Wirtschaftsfaktoren. Sie erzielt zur Zeit einen Umsatz von über 20 Mrd. DM. Von weltweit 1,2 Mrd. hl Bier erzeugen die deutschen Brauer mehr als 10% und liegen damit hinter den USA auf dem zweiten Platz vor Japan. Innerhalb der Europäischen Gemeinschaft liegen sie vor Großbritannien und Spanien an erster Stelle. In der deutschen Brauwirtschaft sind gegenwärtig ca. 65.000 Beschäftigte tätig. Die Personalaufwendungen belaufen sich einschließlich der sozialen Leistungen und Nebenkosten auf 4 Mrd. DM. In die Kassen der Bundesländer fließen jährlich knapp 1,7 Mrd. DM an Biersteuer.

Gleichzeitig ist die deutsche Brauwirtschaft aber auch ein wichtiger Partner der Landwirtschaft. Sie verbraucht 2,4 Mio. t Malz; davon werden knapp 25% importiert. Der gesamte Malzverbrauch entspricht einem Braugerstenbedarf von 2,6 Mio. t. Das ergibt einen Gesamterlös für die Landwirtschaft von über 1 Mrd. DM. Die Hopfenpflanzer erlösen aus Hopfen für deutsche Brauereien über 100 Mio. DM.

 Deutsche Brauereien investieren jährlich für ca. 1 Millarde DM in neue Maschinen oder Fabriken und sind somit ein wichtiger Kunde für die deutsche Bauwirtschaft und auch für die deutschen Maschinenfabriken. Deutsche Glashütten fertigen jährlich ca. 1,5 Milliarden neue Bierflaschen und Fabriken stellen jährlich ca. 900 Millionen Dosen her. All dies (sowohl die Rohstoffe als auch die fertigen Produkte) will natürlich transportiert werden. Deutsche Speditionen, erhalten ein großes Auftragsvolumen von deutschen Brauern.

Ferner wird in Deutschland für fast jede Biermarke in großem Umfang geworben. Viele deutsche Werbeagenturen haben sich nur auf deutsche Brauereien spezialisiert. Man kann sich leicht vor Augen führen wieviel DM deutsche Brauer für Werbung ausgeben, wenn man die Anzeigen in Tageszeitungen und Illustrierten betrachtet. Natürlich ist auch ein Großteil der Radio- und Fernsehwerbung dem Bier gewidmet.

Bedenkt man außerdem noch die Bedeutung der Brauereien für die deutsche Verpackungsindustrie (Etiketten, Verschlüsse, Bierkästen, Fässer ...) so stellen die deutschen Brauer eine wichtige Wirtschaftsmacht dar.

Innerhalb der Ernährungsindustrie liegen die Brauereien mit einem Jahresumsatz von 20 Milliarden DM noch vor der Süßwarenindustrie. Nur die deutschen Molkereien übertreffen sie. Selbst die fleischverarbeitende Industrie liegt bezüglich des jährlichen Umsatzes niedriger.

Auf einen Blick

Wußten Sie schon, das

✔ es in Deutschland über 1.200 Braustätten gibt?

✔ es in Deutschland über 5.000 Biermarken gibt?

✔ der Pro-Kopf-Verbrauch in Deutschland bei 130 Litern liegt?

✔ der Bierkonsum in Deutschland rückläufig ist?

✔ Pils über 68% des deutschen Biermarkts ausmacht?

✔ das Reinheitsgebot die älteste lebensmittelrechtliche Vorschrift weltweit ist?

✔ nicht nach dem Reinheitsgebot gebrautes Bier in Deutschland nur sehr wenig Akzeptanz findet?

✔ der Umsatz der Brauindustrie über dem der Süßwarenindustrie liegt?

✔ Warsteiner die größte deutsche Biermarke ist?

✔ Binding die größte deutsche Brauereigruppe ist?

✔ in Bayern nicht nur die meisten Brauereien ansässig sind, sondern auch das meiste Bier getrunken wird?

Die größten Irrtümer in der Biergeschichte

✔ **Altbier ist altes Bier**

Beim Alt bedeutet der Name nicht, daß das Bier alt, oder gar besonders lange gelagert ist, sondern vielmehr, daß dieses Bier nach »alter« Brautradition hergestellt wird. Alt ist obergärig und dunkel. Es kann, je nach Rezept, hopfen-bitter bis malzig-süß sein.

✔ **Dunkles Bier ist stärker als helles Bier**

Dunkleres Bier läßt nicht auf mehr Alkohol schließen. Die dunklere Farbe kommt zustande, weil eine andere Malz-Art verwendet worden ist. Diese verleiht dem Bier zwar einen intensiveren Geschmack, verändert aber den Alkoholgehalt nicht.

✔ **Untergärige Biere sind stärker als obergärige**

Untergäriges Bier besitzt einen herberen Geschmack, was nicht gleichbedeutend mit mehr Alkohol ist. Im Gegenteil, der Alkoholgehalt kann sowohl bei untergärigem als auch bei obergärigem Bier vom Braumeister bestimmt werden. Somit gibt es starke untergärige und starke obergärige Biere, z.B. helle und dunkle Bockbiere.

✔ **Ausländische Biere besitzen nicht soviel Alkohol**

Falsch! Ausländische Biere sind zwar nicht so herb wie das deutsche Pils, da es sich bei den meistens um Lager-Biere handelt. Sie besitzen genau so viel Alkohol wie ein deutsches Bier.

✔ **Bier macht dick**

Falsch! Die appetitanregenden Komponenten des Bieres, Hopfen, Alkohol und sowie Kohlensäure, erregen Appetit. Pils selbst besitzt weniger Kalorien als Vollmilch. Ausschlaggebend ist die Menge – versuchen Sie doch einmal soviel Vollmilch wie normalerweise Bier zu trinken ...

✔ **Diätpils besitzt weniger Alkohol**

Nein, im Gegenteil! Der Brauvorgang des Diätpils wurde so verändert, daß während des Gärvorgangs fast alle Kohlehydrate vollständig vergären. Dadurch steigt der Alkoholgehalt des Bieres. Außerdem ist Diätpils nicht für Menschen, die abnehmen möchten, sondern für Diabetiker. Bereits »normales« Bier besitzt sehr wenig Kalorien.

✔ **Alkoholfreies besitzt keinen Alkoholgehalt**

Falsch! Nach deutschem Gesetz darf ein alkoholfreies Bier bis zu 0,5 Prozent Alkohol enthalten. Dies ist jedoch nicht weiter tragisch da viele Lebensmittel und Getränke, wie zum Beispiel Orangensaft, sich in diesem Bereich bewegen.

✔ **Ausländische Biere werden mit Gerstenmalz gebraut**

Meistens falsch! Ausländische Brauereien produzieren in so großen Mengen, daß gar nicht so viel Gerste angebaut werden könnte, um – neben dem normalen Bedarf an Gerste – den Bedarf zu decken. Die Brauereien greifen deshalb auf Mais oder Reis zurück. Dies entspricht natürlich nicht mehr dem deutschen Reinheitsgebot.

✔ **Bier ist unbegrenzt haltbar – wie fast jedes alkoholische Getränk**

Falsch! Bier enthält nicht genug konservierenden Alkohol und auch keine chemischen Zusatzstoffe um die Haltbarkeit künstlich zu verlängern. Bier ist mindestens sechs Monate haltbar. Auf deutschen Bieren ist inzwischen ein Mindesthaltbarkeitsdatum angegeben.

✔ **Bier ist nur zum Trinken gut**

Falsch! Es läßt sich auch hervorragend zum Kochen oder Grillen verwenden.

Zehn (+3) häufig gestellte Fragen

Bier ist eines der wenigen Getränke, das weltweit, unabhängig von der sozialen Schicht, getrunken wird. Doch gerade die Einfachheit dieses Getränks wirft Fragen auf, denen man oft unvorbereitet gegenüber tritt. Ein Wirt unterscheidet in der Regel zwischen zwei Arten von Fragenden: dem Ignoranten und dem Technikfreak. Während für den Ignoranten Fragen wie »Entschuldigung, haben Sie ein Bier das ähnlich wie ein (Denken Sie sich hier den Markennamen eines beliebigen Herstellers) Diätbier schmeckt?« sind die Fragen des Technikfreaks weitaus spezifischer. »Sind Sie sicher, daß dieses Bier aus 6zeiliger Gerste hergestellt wird?« gehört hierbei zu den einfacher zu beantwortenden. Dieses Kapitel stellt die am häufigsten vorkommenden Fragen und gibt kurze, prägnante Antworten.

Welches ist das beste Bier auf der Welt?

Es gibt kein bestes Bier auf der Welt, genauso wenig wie es das beste Essen, das beste Auto oder das beste Buch gibt. Das beste Bier zu finden, hängt stark vom persönlichen Geschmack ab und kann – aufgrund der unzähligen Biersorten – einige Zeit in Anspruch nehmen. Am besten findet man sein Lieblingsbier, indem man die Suche zunächst auf eine der unzähligen Bierarten eingrenzt (siehe Anhang A) und dort die verschiedenen Sorten testet, bis man sein Lieblingsbier gefunden hat. Diesen Vorgang als langwierig zu bezeichnen, trifft es nicht ganz, denn man kann dem Ganzen auch seine guten Seiten abgewinnen.

Wie kommt eigentlich der Alkohol ins Bier?

Der Alkohol entsteht während der Gärung des Bieres. Nachdem der Braumeister die sogenannte Bierwürze hergestellt hat, wird diese in großen Gärgefäßen abgefüllt. In diesen Bottichen wird der Würze Hefe zugefügt, woraufhin ein natürlicher biologischer Prozeß abläuft: Malzzucker wird in Kohlensäure und Alkohol umgewandelt. Zum Brauen werden spezielle Bierheferassen verwendet, die von den Brauereien in den meisten Fällen selber gezüchtet werden. Man unterscheidet zwischen zwei grundlegenden Sorten: den obergärigen und den untergärigen Hefen.

Welchen Alkoholgehalt besitzt ein durchschnittliches Bier?

Der durchschnittliche Alkoholgehalt eines Bieres liegt bei ungefähr 5 Prozent. Natürlich gibt es in beide Richtungen Ausnahmen. Zum einen hätten wir da die alkoholfreien Biere, oder besser »alkoholarmen Biere«, denn alkoholfreies Bier kann bis zu 0,5 Prozent Alkohol enthalten. Weit über den 5 Prozent liegen hingegen die sogenannten Bockbiere, die Werte von 7 und mehr Prozent Alkohol leicht erreichen (der wohl berühmteste Vertreter dieser Gattung ist der Maibock, der von vielen Brauereien im Frühjahr angeboten wird).

Was ist der Unterschied zwischen obergärigem und untergärigem Bier?

Der Hauptunterschied zwischen obergärigem und untergärigem Bier liegt in der Herstellung. Während der Gärung wird der Bierwürze Hefe zugefügt. Entsprechend der beiden Sorten verwendet man hierfür entweder obergärige oder untergärige Hefe. Obergärige Hefe, die zum Beispiel für Weißbier verwendet wird, verlangt eine Gärung bei warmen Temperaturen, wohingegen untergärige Hefe, die zum Beispiel für Pils verwendet wird, nur bei kühleren Temperaturen in Aktion tritt. Aufgrund der verschiedenen Hefen unterscheiden sich die beiden Biergattungen auch im Geschmack. Während untergäriges Bier eher einen herben Geschmack vorweist, ist obergäriges Bier eher als mild und süffig einzuordnen. Die ganzjährige Herstellung von untergärigen Bieren kennt man erst seit der Erfindung der Kältemaschine, also seit 1876. Davor waren alle ganzjährig hergestellten Biere obergärig – untergärige Biere konnten nur in kalten Wintern hergestellt werden.

Wie lange ist Bier haltbar?

Bier ist – wie jedes andere Lebensmittel – nicht unbegrenzt haltbar und unterscheidet sich somit von den meisten alkoholischen Getränken. Es sollte möglichst frisch genossen werden. Sollten Sie Ihr Bier dennoch über einen längeren Zeitraum lagern wollen, so tun Sie dies in einem kalten, licht-geschütztem Raum (Keller oder Kühlschrank). Hier ist Ihr Bier zwischen 3 und 6 Monaten haltbar. Inzwischen haben in Deutschland verkaufte Biere auch ein Mindesthaltbarkeitsdatum auf das Etikett aufgedruckt.

Muß Bier gekühlt gelagert werden?

Es gibt keine Regel, die besagt, daß Bier kalt gelagert werden sollte. Jedoch ist es so, daß sich – wie bei jedem Lebensmittel – die Haltbarkeit verlängert, und sich der Geschmack erhält, wenn es kalt gelagert wird. Genauso wichtig wie die Lagertemperatur ist auch der Lagerort. Bier ist lichtempfindlich und sollte somit an einem dunklen Ort gelagert werden. Sie sollten also keine Bierkästen im Hochsommer auf dem Balkon lagern, Ihr Keller hingegen ist ein idealer Aufbewahrungsort.

Bei welcher Temperatur sollte ein Bier serviert werden?

Bier sollte generell kalt serviert werden. Auch wenn warmem Bier heilende Kräfte bei Erkältungen nachgesagt wird, so trifft dieser Serviervorschlag den Geschmack der wenigsten Bierliebhaber. Die ideale Trinktemperatur liegt zwischen sieben und neun Grad Celsius, was einer normalen Kühlschrankeinstellung entspricht. Bier sollte weder zu rasch erwärmt noch abgekühlt werden, da dies den Geschmack beeinträchtigt. Es empfiehlt sich also weder, zu kaltes Bier unter warmes Wasser zu halten, noch empfiehlt es sich, Bier in der Tiefkühltruhe zu temperieren.

Aus welchem Glas trinkt man welches Bier?

In der Regel kann man Bier aus jedem sauberen Glas trinken. Jede Art von Schmutz oder Fett verhindert jedoch die Schaumbildung, so daß stets auf saubere Gläser geachtet werden muß. Genauso verhindert die Reinigung mit handelsüblichen Spülmitteln die Schaumbildung, im Fachhandel wird aus diesem Grund eine spezielles Reinigungsmittel angeboten. Ansonsten ist zu sagen: Es gibt so viele Arten von Biergläsern wie es Biersorten gibt. Der sogenannte Willi-Becher, der in jedem gut sortierten Fachhandel käuflich erworben werden kann, gilt als neutrales Bierglas und ist in verschiedenen Größen erhältlich. Pils wird aus Tulpen getrunken, Export und Alt aus Bechern und Kölsch aus Stangen. Weiße wird aus großen Pokal getrunken und Weißbier aus hohen geschwungenen Gläsern die einen halben Liter (als eine komplette Flasche) fassen. Bayerisches Helles wird aus Maßkrügen getrunken, die ein Liter fassen.

Was ist der Unterschied zwischen Gerste und Malz?

Die Begriffe Gerste und Malz werden meistens im gleichen Zusammenhang verwendet. Die Gerste ist – neben Wasser, Hopfen und Hefe – eine der vier Grundbestandteile von Bier. Um sie jedoch für den Brauvorgang nutzbar zu machen, wird sie nach der Reinigung in Wasser eingeweicht. In diesem Zustand wird sie solange belassen, bis sie keimt. Danach wird sie gedarrt (getrocknet) und dann gemahlen, in der Fachsprache: »geschrotet«. Durch diesen Vorgang entsteht aus der Gerste das bekannte Malz.

Wieso findet man in manchen Flaschen Heferückstände?

Bei nicht allen Biersorten ist der Gärprozeß zum Zeitpunkt der Flaschenabfüllung abgeschlossen. So findet bei traditionellen Weißbieren nach der eigentlichen Gärung noch eine sogenannte Flaschengärung statt. Da ohne Hefe kein Gärprozeß stattfinden kann, muß Hefe mit in die Flasche gefüllt werden. Bei dieser handelt es sich um ein natürliches Lebensmittel, so daß der Konsum gefahrlos möglich ist. Sollten Sie die Hefe dennoch nicht zu sich nehmen wollen, so warten Sie einfach bis sich diese am Flaschen- oder am Glasboden abgesetzt hat. Sie können den letzten Rest des Bieres dann wegschütten, auch wenn dies pure Verschwendung darstellen würde.

Was ist das deutsche Reinheitsgebot?

Das deutsche Reinheitsgebot ist die älteste lebensmittelrechtliche Vorschrift der Welt, die heute noch unverändert Gültigkeit hat. Erlassen wurde es von dem bayrischen Herzog Wilhelm IV. im Jahre 1516. Es besagt, daß Bier ausschließlich aus Gerste, Hopfen und Wasser gebraut werden darf. Dank dieser Vorschrift erlangte das bayrische Bier damals eine Spitzenstellung unter den Bieren. Andere Länder des Deutschen Reiches übernahmen deshalb das Reinheitsgebot. Heute wird zusätzlich Hefe verwendet, ein Rohstoff, den man damals noch nicht kannte. Man verließ sich auf die Hefen, die in der Luft waren. Um Weizenbier herstellen zu können, erlaubt man inzwischen auch die Verwendung von Weizen anstatt der Gerste. Das deutsche Reinheitsgebot ist das Qualitätsmerkmal für Bier weltweit!

Macht Bier dick?

Den Medizinern und Ernährungswissenschaftlern ist es erst in den letzten Jahrzehnten gelungen, das allgemeine Vorurteil, daß Bier dick macht, wissenschaftlich zu widerlegen. Bier macht nicht dick, aber Bier macht Appetit! Die appetitanregenden Komponenten des Bieres, Hopfen, Alkohol sowie Kohlensäure, stimmen den Magen auf eine gute Mahlzeit ein. Dies verführt manchen dazu, mehr zu essen, als er eigentlich möchte und zur normalen Lebensweise benötigt. Bier rangiert in der Kalorientabelle mit 44 kcal/100 g weit niedriger als etwa Vollmilch (66 kcal/100 g), Traubensaft (74 kcal/100 g) oder Sekt (80 kcal/100 g).

Wieviele verschiedene Biersorten gibt es?

In Deutschland werden zwischen 5.000 und 6.000 Biersorten gebraut. Diese Markenvielfalt ist in der Welt einzigartig. Spitzenreiter bei den lokalen Biermarken sind die südlichen Bundesländer, wohingegen in den neuen Bundesländern kaum noch lokale Biermarken zu finden sind. Gerade in den alten Bundesländern ist es möglich, in den Getränkemärkten nicht nur auf die national distribuierten Marken zurückzugreifen, sondern es werden auch lokal gebraute Biere angeboten. Bei den nationalen Biermarken handelt es sich fast ausschließlich um Pils- oder Weißbier-Sorten. Lokale Spezialitäten wie Export, Kölsch, Alt oder Berliner Weiße finden jedoch auch Anklang. In letzter Zeit werden verstärkt obergärige Biere (Lager) angeboten, die nicht so herb wie untergärige Biere (Pils) schmecken. Alle angebotenen Biere lassen sich auf etwa 30 verschiedene Arten reduzieren.

Bier und Gesundheit

In diesem Kapitel

▶ Schönheitstips

▶ Maßvoller Biergenuß

▶ Durstlöscher und Fitmacher

▶ Ist der »Bierbauch« gar kein Bierbauch?

▶ Mäßiger Biergenuß senkt Herzinfarktrisiko

▶ Cholesterinspiegel und Arterien

»Maßvoller Biergenuß ist nachweislich gesundheitsfördernd. Wie wir heute gesehen haben, kommt eine Vielzahl nationaler und internationaler wissenschaftlicher Studien zu diesem Ergebnis.« Mit diesen Worten kommentierte Dr. Michael Dietsch, Präsident des Deutschen Brauer-Bundes, die Ergebnisse des Diskussionsforum »Bier und Gesundheit«, das anläßlich des Deutschen Brauertages in Köln stattfand. Als wenn wir das nicht schon längst alle wüßten – warum sonst trinken wir Bier?

Schönheitstips

»Die ägyptischen Frauen benutzen den Schaum des Bieres, um die Frische ihres Teints zu verbessern«, schrieb der Römer Plinius vor fast 2000 Jahren. So komisch dies den Römern auch vorgekommen sein mag, irgend etwas werden sich die alten Ägypter ja schließlich dabei gedacht haben – sie hätten ja genauso gut etwas anderes nehmen können. Heute wissen wir von der wohltuenden Wirkung von Bier und seinen Bestandteilen, die sogar wissenschaftlich belegt ist. Bier ist aus der modernen Kosmetik nicht mehr wegzudenken!

Bier-Shampoo stärkt feines Haar

Während man früher für das Haare waschen nur Seife benötigte, so kommt man heute im Supermarkt aus dem Staunen nicht mehr heraus – ganze Regale werden von Haarshampoos gefüllt. Die meisten von ihnen besitzen Zusatzstoffe, die von den meisten von uns weder ausgesprochen noch verstanden werden können. Für jeden Haartyp gibt es ein Spezialshampoo in jeder erdenklichen Geruchsrichtung – wie wäre es zur Abwechslung mal mit etwas natürlichem für Ihr Haar? Bier leistet mehr als viele Shampoos – regelmäßig angewendet gibt es Ihrem Haar mehr Kraft und Fülle. Das Geheimnis liegt in der adstringierenden Wirkung von Bier, was soviel bedeutet, daß sich die einzelnen Haare zusammenziehen. Dadurch erhält Ihr Haar eine festere Struktur und somit auch mehr Volumen.

Bierhefe-Creme sorgt für gesunden Teint

Unreine Haut – nicht nur ein Alptraum für pubertierende Teenager. Die Zahl der Hausmittel ist fast so groß wie die von der Kosmetikindustrie angebotenen Pasten und Cremes. Bei manchen von diesen Mitteln hilft der Glaube mehr, als die enthaltenen Inhaltsstoffe. Ein wirklich nützliches Mittel gegen unreine Haut ist das Vitamin B6 (Pyridoxin, wie der Fachmann sagt), das antiseborrhoeisch wirkt (ein Fachterminus, der gerne von Wissenschaftler verwendet wird, damit diese sicher gehen können, das sie keiner versteht). Antiseborrhoeisch bedeutet, das übermäßige Fettablagerungen verhindert und der natürliche Heilungsprozeß beschleunigt wird. Es ist nun wohl nicht mehr nötig zu erwähnen, das Bierhefe dieses Vitamin im hohen Maße enthält, daß diese als Creme angeboten wird.

Bier ist nicht nur zum Trinken gut.

Vitamine mit jedem Schluck

Wer sagt, das man Kosmetik nur von außen anwenden kann? Heiltrünke gibt es schon seit Menschengedenken, wieso sich also nicht deren Wirkung zunutze machen? Schon Paracelsus erkannte die heilende Wirkung von Bier. Voraussetzung dafür ist natürlich ein maßvoller Genuß – schließlich brauchen Sie keinen Vitaminschock. Laut Prof. Dr. Piendl gilt: »*Ein Bier ist besser als kein Bier, zwei Bier sind besser als ein Bier, aber vier Bier sind nicht doppelt so gut wie zwei Bier.*«

 Prof. Dr. Anton Piendl vom Institut für Brauereitechnologie und Mikrobiologie der Technischen Universität München hat in Forschungen mehr über die Inhaltsstoffe von Bier herausgefunden. Demnach enthält Bier über 30 Mineralstoffe und Spurenelemente. Ein Liter Bier deckt fast die Hälfte des Tagesbedarfs eines Erwachsenen an Magnesium, 65 Prozent des Bedarfs an Niacin und etwa 20 Prozent des täglichen Kaliumbedarfs. Außerdem ist Bier reich an Vitaminen und vitaminähnlichen Verbindungen. Eine genaue Aufstellung der Inhaltsstoffe finden Sie im Anhang.

 Für einen reichen Vitamingehalt sorgen Hefe und Malz. So ist vor allem das bereits erwähnte Vitamin B6 zu finden, aber auch Vitamin B2 (Riboflavin), Pantothensäure und Niacin sind enthalten. Mit der in Bayern so beliebten Maß Bier nimmt man 1490 mg Pantothensäure (auch bekannt als Pro-Vitamin B6) auf. Diese Menge deckt ungefähr ein Viertel des Tagesbedarfes ab! Pantothensäure fördert den Energiestoffwechsel der Hautzellen, und deren optimale Ernährung. Nicht umsonst wird diese Säure »Königin der Hautvitamine« genannt. Sie findet vor allem in Wund- und Heilsalben Anwendung.

Auch die Wirkung von Niacin ist nicht zu unterschätzen. Es unterstützt die Haut bei der Collagenbildung und beeinflußt die Pigmentbildung. Und wem das noch nicht reicht – die Einwirkung schädlicher UV-Strahlen wird auch noch reguliert. Ein Liter Bier deckt die Hälfte des Tagesbedarfes an Niacin ab. Vitamin B2 fördert ebenfalls die Heilung der Haut, und wirkt sich positiv auf Haare und Nägel aus. Ein Liter Bier deckt 20% des Tagesbedarfes an diesem Vitamin.

Alles in allem doch gar nicht so schlecht für ein Getränk, das hauptsächlich aus Wasser besteht, oder? Wunder erwarten sollten Sie jedoch nicht, Bier auf offenen Wunden wird außer Schmerzen keine andere Wirkung zeigen. Aber es ist auf jeden Fall wesentlich gesünder als die heutzutage so beliebten Vitamincocktails.

Was ist mit den Kalorien?

Fast schon eine epische Frage, die normalerweise auch eine episch lange Antwort verdient. Um das ganze nicht unnötig in die Länge zu ziehen deshalb hier eine Zusammenfassung dieses Epos': Nein!

Vitamine sind reichlich im Bier, aber was ist mit den Kalorien? Auch wenn Kalorientabellen in Zeitschriften ganze Seiten füllen und oftmals für Sonderhefte herhalten müssen, sucht man nach Bier oft vergeblich. Vielleicht weil man die Leserschaft nicht schockieren möchte, denn Bier enthält weniger Kalorien als Vollmilch, Traubensaft oder gar Wein. Haben Sie schon jemals etwas von einem Weinbauch gehört? Wir auch nicht! Unumstritten ist jedoch, das Bier Appetit macht. Wenn Sie Ihrem Hungergefühl nicht nachgeben, haben Sie ein Problem weniger. Ansonsten gilt: die Menge macht's!

Maßvoller Biergenuß

Nachdem dieses Buch hoffentlich dazu beiträgt, daß auch nördlich des Weißwurstäquators bekannt wird, daß Bier gesund ist, bleibt noch festzustellen, wieviel Bier eigentlich gesund ist. Denn wie bei vielen im Leben gilt: In Maßen ist es hilfreich, in Massen nützt es nicht sonderlich viel mehr! Wenn ein Liter Bier schon die Hälfte des Tagesbedarfs an Niacin deckt, ist der dritte Liter reine Verschwendung – zumindest wenn es einem um die heilenden Kräfte von Bier geht.

Bier enthält Vitamine, Kohlenhydrate und Mineralstoffe – aber wie kommen die eigentlich in das Bier herein? Auch hier gilt – wie bei allem rund um Bier: alles natürlich! Des Rätsels Lösung liegt in der Seele des Biers – dem Malz. Es liefert einen großen Teil der in Bier enthaltenen Fitmacher, so zum Beispiel Kohlenhydrate, aus denen der Körper sehr schnell Energie gewinnen kann. Aber auch für die schon angesprochenen B-Vitamine zeigt sich das Malz verantwortlich. Diese sind nicht nur für gesundes Haar und reine Haut nützlich, sondern auch für den gesamten Stoffwechsel, für Nerven, Immunsystem, Blutbildung und Sehvermögen.

Als mäßiger Alkoholkonsum wird den Wissenschaftlern zufolge eine durchschnittliche Aufnahme von 20 bis 40 Gramm Alkohol pro Tag verstanden. Dies entspricht etwa einem halben bis einem Liter Bier oder etwa ein bis zwei Gläsern Weiß- oder Rotwein. Das ganze ist natürlich abhängig von Körpergewicht und Größe. Genauere Angaben können zur Zeit aber nicht gemacht werden, da hierfür noch zu wenige wissenschaftliche Erkenntnisse vorliegen.

Außer Vitaminen enthält Bier natürlich auch Mineralstoffe, zum Beispiel Kalium und Magnesium. Diese werden vom Körper benötigt, damit Muskeln und Nerven richtig funktionieren. Kalium zum Beispiel ist wichtig für Herz- und Muskelfunktion, Magnesium hingegen unterstützt die Muskeltätigkeit und die Reizübertragung der Nerven. Eine hohe Kaliumaufnahme kann aber auch den Blutdruck senken, und überhaupt ist Kalium ein wahrer Tausendsassa – es hilft auch bei der Wasserausscheidung. Natrium und Kalzium sind kaum in Bier enthalten.

Hopfen schließlich verleiht dem Bier nicht nur die charakteristische Würze. Seine Inhaltsstoffe wirken als mildes, natürliches Beruhigungsmittel, das selbst erregte Gemüter besänftigt. In Reformhäusern werden sogar Hopfendragees als natürliche Beruhigungsmittel angeboten – ein Glas Bier hat oft die gleiche Wirkung.

Durstlöscher und Fitmacher

Wer kennt es nicht, bevor man eine neue Sportart beginnt, wird es Zeit für eine entsprechende Ausrüstung. Nur das Beste vom Besten ist gut genug. Ausgerüstet mit isotonischen Getränken frönt man dann seinem neuen Hobby, kommt abends mit Blasen an den Füßen nach Hause und findet nicht genug kalte Flüssigkeit um seinen Durst zu stillen – die Ausrüstung findet, heimlich still und leise, seinen Weg in den Keller und ward nie wieder gesehen.

 Die Ernährung ist nicht nur für Hochleistungssportler ein wichtiger Bestandteil ihres Lebens – auch Sie sollten für den notwendigen Ausgleich sorgen. Ihr Flüssigkeitshaushalt muß stimmen, was soviel bedeutet wie: viel Trinken. Aber auch Energie liefernde Nährstoffe, Vitamine und Mineralstoffe müssen dem Körper zugefügt werden.

Was aber nur wenige wissen, ist, daß alkoholfreies Bier ein ideales Sportgetränk darstellt, das mit sogenannten Sport-Drinks ohne Mühe mithalten kann. Durch den hohen Wasseranteil löscht es den Durst und liefert dabei gleichzeitig Kohlenhydrate, Mineralstoffe und Vitamine. Aber nicht nur das, es entspricht auch den Empfehlungen für isotonische Getränke: Es ist isotonisch und hypotonisch, was nichts anderes bedeutet als daß die in ihm enthaltenen Nährstoffe vom Körper schnell aufgenommen werden können. Auch die wenigen in ihm enthaltenen Kalorien sind ein großer Plusfaktor – immerhin weniger als Apfelsaft aufweist!

Bier ist gut, und nicht nur zum Trinken.

Prof. Dr. Hoffmeister, ehemaliger Direktor des Robert-Koch-Instituts in Berlin, sagte kürzlich, daß die Gesamtsterblichkeit für die Bevölkerungsteile mit maßhaltendem Alkoholgenuß signifikant niedriger sei, als für Menschen, die keinen oder selten Alkohol trinken.

Alkoholfreies Bier ist also eine willkommene Alternative zu den bekannten Sportgetränken oder auch der Apfelschorle, die gerade bei hobbymäßigen Radfahrern sehr beliebt ist. Und das beste: Es gibt alkoholfreies Bier auch in verschiedenen Geschmacksrichtungen! Also eine echte Alternative für uns Hochleistungssportler.

Und für alle dies es besonders genau wissen wollen und es immer noch nicht glauben können, hier das Ganze etwas wissenschaftlicher:

Für die Muskelleistung, die Konzentration oder auch für die Koordinierung der Bewegungen sind Kohlenhydrate unverzichtbar. Doch der Körper kann diese – im Gegensatz zu Fett – nicht unbegrenzt speichern. Deshalb ist es wichtig, das gerade bei großen körperlichen Belastungen die verbrauchten Kohlenhydrate ersetzt werden. Dies gilt vor allem für die Zeit während des Sports, aber auch für die danach, damit sich die Reservetanks wieder auffüllen können. Am besten gelingt dies mit Getränken, die schnell verfügbare Kohlenhydrate enthalten. Hierzu gehören unter anderem Fruchtsaftgemische, aber auch eine Reihe von Sportgetränken. Alkoholfreies Bier bietet diesen Service jedoch zum Geschmack – wie selbstverständlich – als kostenlose Zugabe.

Ein wichtiger Aspekt bei körperlichen Hochleistungen ist auch der Ausgleich des Wasserhaushalts. Alkoholfreies Bier besitzt einen hohen Wasseranteil und trägt somit zur Regulierung bei. Plant man keine größeren körperlichen Anstrengungen, sollte man nach aktuellem Forschungsstand täglich 2,5 Liter Wasser zu sich nehmen. Bei körperlichen Anstrengungen verliert man jedoch eine große Menge Wasser (zum Beispiel durch Schweiß oder über das Atmen) die dem Körper wieder zugeführt werden müssen. Aber nicht nur Wasser geht über den Schweiß verloren, sondern auch Mineralstoffe. Auch hierfür hält alkoholfreies Bier eine Lösung parat: Es enthält eine beachtliche Menge an wichtigen Mineralstoffen. So deckt zum Beispiel ein halber Liter alkoholfreies Bier ein Viertel des Tagesbedarfes eines Erwachsenen an Magnesium. Außerdem enthält alkoholfreies Bier die bereits angesprochenen B-Vitamine, die an beinahe allen Stoffwechselprozessen des Körpers beteiligt sind, so zum Beispiel dem Energiestoffwechsel.

Don't drink and drive!

Beachten Sie immer – wenn Sie auswärts ein Bier trinken, sollten Sie nicht derjenige sein, der das Auto nach Hause fährt – auch wenn dieses nach Ihrer Meinung den Weg auch von alleine findet. Obwohl die Diskussion »Wer fährt heute abend?«, die uns das Automobil-Zeitalter beschert hat, schon zu diversen Ehekrisen geführt hat, sollte hier immer Klarheit bestehen. Schon ein Glas Bier kann ausreichen, um die gesetzliche Promillegrenze zu überschreiten: Also lassen Sie Ihr Auto stehen. Wenn Sie gedenken Ihr Leben zu riskieren, gibt es wahrlich interessantere Möglichkeiten (zum Beispiel Bungee-Springen vom Lagertank Ihrer lokalen Brauerei), aber im heutigen Straßenverkehr gefährden Sie nicht nur sich selbst, sondern auch andere!

Und wem es immer noch nicht reicht: Alkoholfreies Bier ist isotonisch und ausgesprochen kalorienarm.

Und noch ein Tip am Rande: Keiner hat etwas dagegen, wenn Sie am Abend in geselliger Runde zu alkoholhaltigem Bier wechseln und die Leistungen des Tages mit Ihren Freunden diskutieren. Denn egal ob mit oder ohne Alkohol – Ihr Wasserhaushalt kann mit beidem reguliert werden ...

Ist der »Bierbauch« gar kein Bierbauch?

Betrachtet man den Kaloriengehalt von Bier, Wein und Sekt wird schnell deutlich, daß Bier am wenigsten Kalorien enthält. Dieses mag zwar überraschen, und bei so mancher Stammtischrunde schon anders bewertet worden sein, aber wo bitte sollen sich die ganzen Kalorien in all dem Wasser verstecken? Der Bierbauch ist wie schwarze Katzen fast schon in die Abteilung Aberglauben einzuordnen, aber wie kommt es nun, das sich dieser Glauben festgesetzt hat, und vor allem, woher kommt der Bauch denn nun, wenn nicht vom Bier?

Wir wissen nicht, woher dieser Mann seinen Bauch hat, vom Bier auf jeden Fall nicht!

Wissenschaftler und Franzosen wissen es schon lange: Alkohol macht Appetit. Nicht umsonst wird vor dem Essen ein alkoholhaltiger Aperitif gereicht, und nicht etwa Kokosnußmilch. Dieser Aperitif führt dazu, das einem sprichwörtlich »das Wasser im Munde« zusammenläuft und die Bildung der Verdauungssäfte angeregt wird. Die verzehrten Speisen können wesentlich besser verdaut werden und, ein interessanter Nebeneffekt, der Appetitmacher verlockt manchen dazu, mehr zu essen als normalerweise rein paßt. Man nimmt also mehr Nahrung zu sich als man braucht und der Körper legt für schlechte Zeiten einen Fettpolster an – der Bauch ist dabei wohl dessen Lieblingsstelle.

 Prof. Dr. Keul, Medizinische Universitätsklinik Freiburg, sagte erst vor kurzem: »Bier hat nur 400 bis 500 Kalorien pro Liter. Andere Lebens- und Eßgewohnheiten haben jedoch vor nahezu 100 Jahren die Meinung aufkommen lassen, daß Dickleibigkeit die Folge von Bier sei. Zwischenzeitlich wurde belegt, daß bei moderatem Bierkonsum das Körpergewicht unverändert bleibt. Nicht selten wird es sogar vermindert, da Alkohol den Fettstoffwechsel anregt«

Die Legende vom Bierbauch wird inzwischen sogar durch wissenschaftliche Studien widerlegt, die nicht nur aussagen, daß der Bierbrauch nicht vom Bier kommt, sondern daß es möglich ist, das Körpergewicht durch mäßigen Biergenuß zu reduzieren. Voraussetzung dafür ist aber eine eiserne Konstitution, denn Sie sollten dem Lockruf Ihres Magens nicht folgen und somit genausoviel Nahrung wie sonst auch aufnehmen. Außerdem kam bei diesen Forschungen heraus, das Bier sich günstig auf den Fett- und Zuckerstoffwechsel auswirkt, auch die Blutgerinnung und Blutdruckregulation wird von Bier beeinflußt. So nehmen zum Beispiel die arteriosklerose- fördernden Cholesterinanteile (LDL) im Blut ab, während die schützend wirkenden Cholesterinanteile (HDL) zunehmen. Ein Effekt, der sich besonders bei Menschen, die Sport treiben und sich dabei gesund ernähren, positiv auswirkt.

 Wie schon so oft in diesem Kapitel erwähnt heißt das Zauberwort »maßvoll« – was nicht unbedingt als ein volles Maßbier interpretiert werden sollte. Bereits vor 500 Jahren schrieb Paracelsus nieder: *Allein die Menge macht's, ob etwas zum Schaden oder Nutzen gereicht. Wer dies beim Essen und Trinken beherzigt, kann etwas für seine Gesundheit tun, braucht dabei auf keinen Genuß zu verzichten und trotzdem keine Angst um seine schlanke Linie zu haben.*

Mäßiger Biergenuß senkt Herzinfarktrisiko

Zahlreiche internationale Studien zeigen, daß der maßvolle Genuß von Alkohol eine herzschonende Wirkung hat. Da das Nationalgetränk der Deutschen nun mal Alkohol enthält, gilt es auch für dieses schmackhafte Getränk. Prof. Dr. Ulrich Keil an der Universität Münster, Institut für Epidemiologie und Sozialmedizin, hat jetzt durch eine Studie bewiesen, das dies auch für Bier gilt. Diese Studie zeichnet sich vor allem durch eine besonders genaue Erhebung der Trinkgewohnheiten aus, und hielt somit einige Überraschungen parat: Verglichen mit Personen, die keinen Alkohol trinken, erleiden Biertrinker nur halb soviel Herzinfarkte. Und das unabhängig vom Alter, dem Gewicht und der Tatsache ob man Sport treibt oder nicht. Ein ganz erstaunliches Ergebnis wie wir finden.

Beschränkt man das Ganze nicht nur auf Herzinfarkte, sondern schließt andere Todesursachen mit ein, zeigt sich schnell, das Biertrinker länger leben als Leute die nie, oder nur wenig Alkohol zu sich nehmen. Dies gilt aber nur für den mäßigen Alkoholgenuß. Bei größeren Alkoholmengen ist der Sterberate bei den Alkoholtrinkern höher als bei den Leuten, die auf Alkohol verzichten.

Die niedrigste Gesamtsterblichkeit wiesen der Studie zufolge Männer mit einem durchschnittlichen Alkoholkonsum von 20 bis maximal rund 40 g (ca. 1/2 bis 1 Liter Bier) pro Tag auf, bei Frauen liegt dieser Wert unter 20 g pro Tag (ca. bis 1/2 Liter Bier).

Cholesterinspiegel und Arterien

Die Herzen der Biertrinker wird es freuen – und das im wahrsten Sinne das Wortes: Maßvoller Biergenuß hat eine günstige Wirkung auf den Cholesterin- und Fettstoffwechsel und schützt somit vor Herzinfarkt und Schlaganfall. Aber wie schafft es das? Ganz einfach – Bier erhöht den Anteil an herz- und gefäß-schützendem HDL-Cholesterin im Blut, das auch »gutes Cholesterin« genannt wird. Außerdem wird verhindert, das Blutplättchen verklumpen und somit Gerinnsel bilden, die natürlich die Blutgefäße verschließen können.

Aber warum steigt das »gute Cholesterin« bei moderatem Bierkonsum? Der Alkohol greift positiv in den Stoffwechsel der sogenannten Lipoproteine ein, dabei handelt es sich um einen Art Träger, die Cholesterin und Fett im Blut transportieren. Im Prinzip also eine Art Taxi für eine ganze besondere Art von Kunden. Cholesterin hat viele Aufgaben und ist notwendig für die Bildung von Hormonen und Vitaminen, dabei kann es auf zwei Arten in den Körper gelangen: entweder über die Nahrung, oder es wird vom Körper selber gebildet. Die Lipoproteine fahren aber nicht nur in eine Richtung: Zum einen sorgen sie dafür, das Cholesterin über die Aterien in die Körperzellen gelangt, und zum anderen sorgen sie gleichzeitig dafür, daß überschüssiges Cholesterin den Körper so schnell wie möglich verläßt.

Frauen fahren eher ohne Alkohol

Neue wissenschaftliche Untersuchungen belegen, daß junge Frauen am Steuer sich weniger risikoorientiert verhalten als ihre männlichen Altersgenossen. Der Deutsche Brauer-Bund führt deshalb seit zwei Jahren eine Kampagne , »PLAY OFF – One For Four« durch. Bei der Aktion handelt es sich um eine Initiative gegen Alkoholmißbrauch bei jungen Erwachsenen. Dabei geht es um ein Spiel für Fahrer, die sicher zuhause ankommen wollen. Junge Leute tun sich zusammen und einer, der sich verpflichtet nüchtern zu bleiben, fährt. Die Folge: Meist sind es Frauen, die am Steuer sitzen. Frauen setzen sich demnach nicht so schnell mit Alkohol hinter das Steuer wie Männer. Ob es daran liegt, daß Frauen vernünftiger sind ..., oder mögen sie Bier nicht so gerne?

Teil VII

Anhänge

In diesem Teil...

Dieser Teil ist als schnelle Nachschlagequelle oder als die Informationsquelle für weiterführende Literatur gedacht – sowohl im Internet als auch im Buchladen. Außerdem enthält es einige Übersichtskarten – und somit Zusammenfassungen der vorhergehenden Kapitel.

Sie finden Adressen, Bücher und Bezugsquellen für Hausbrauer. Aber auch eine kleine Auswahl deutscher Biermuseen ist enthalten. Nicht zu vergessen ist der Biersorten-Chart und die anderen Tabellen, die teilweise neu für Sie sein werden.

Biersorten – eine Übersicht

*H*ier sind die populärsten und vielleicht anerkanntesten Biersorten der Welt, speziell natürlich auch die aus Deutschland. Das Angebot ist reichhaltig, viele sind regional geprägt. Alle hier vorgestellten Sorten (ohne Anspruch auf Vollständigkeit) sind mit einer kurzen Beschreibung ihrer Geschmacksprofile versehen. Die Sorten sind alphabetisch geordnet, jedes mit einem zusätzlichen Kürzel geschmückt: O steht für obergärig und U für untergärige Biere (u.a. Pilsener Brauart).

Sorten	Untergruppe	Art	Beschreibung
Alkoholfreies			
		U/O	Schank- und Vollbier, bei dem während der Gärung entweder der Alkohohlbildungsprozeß abrupt gestoppt wurde oder nach der Gärung der Alkohol weitgehend entzogen wurde. In fast allen Biervarianten erhältlich. Stammwürzegehalt etwa 7-12% vol.
Ale			
	Barleywine	O	Reicht vom Kupferton bis zu tiefem Bernstein. Scharfer Geruch in der Nase; angefüllt mit Frucht- und Malzaromen und dem Geruch eines Hopfenblumenstraußes. Die Hopfenbitterkeit ist ausgeprägt, um den stark malzigen Charakter richtig auszugleichen. Der Abgang in der Kehle ist komplex und erwärmend.
	Brown Ale	O	Hellbernsteinfarbig bis zu sehr dunklen Braun. Niedrige Hopfenbitterkeit, Nase und Geschmack übertönen nicht den milden Malzcharakter. Leicht und mit niedrigem Alkoholgehalt.
	Englisches altes Ale	O	Hell bis bernsteinfarben. Sehr malzig und fruchtig, mit einem gleichmäßig verteilten Hopfenton. Der hohe Alkoholgehalt ist sehr wahrnehmbar; Mittel bis vollmundig.
	Extra Spezial Bitter	O	Gold bis kupferfarben. Wahrnehmbarer Malzgeschmack sowie Hopfenaroma und gewisse Bitterkeit. Milder Alkoholgeschmack. Voller Körper mit wenig Kohlensäure.

Sorten	Untergruppe	Art	Beschreibung
	Ordinary Bitter	O	Gold bis Kupferfarben. Die mildeste Variante mit niedrigem Malzgeschmack und mittler Bitterkeit. Leicht bis mittelstark, niedriger Kohlensäuregehalt.
	Schottisches Ale	O	Tiefer Kupferton bis dunkelbraune Farbe. Die intensive, fast überwältigende Malznote wird nicht durch geringes Hopfenaroma, eher durch einen saubieren, starken Alkoholgeschmack hervorgerufen. Schwach rauchig und vollmundig.
	Special Bitter	O	Gold bis kupferfarben. Stärker als das gewöhnliche Bitter aber milder als Extra Spezial Bitter (E.S.B.), mit wahrnehmbarer Bitterkeit und moderater Stärke.
Altbier			
		O	Kupfer-/nernsteinfarbenes, bis zum dunklen Braun tendierendes Vollbier, mit wahrnehmbarem Malzgeschmack und leichter Bitterkeit. Sehr geringes Hopfenaroma. Ursprüngliches, traditonelles Brauverfahren mit obergäriger Hefe, die es ermöglicht, Bier auch bei höheren Außentemperaturen (15–20° C) gären und reifen zu lassen. Stammwürzegehalt im Schnitt bei 11,5% vol.; Alkoholgehalt circa 4,8% vol.
Belgische Biere			
	Geuze	O	Mischung des jungen und alten Lambics; extrem sauer.
	Lambic (fruchtig)	O	Leicht getrübt in der Farbe. Ohne Hopfenbitterkeit, aromaintensiv. Sehr fruchtig und mit Schaumbildung. Kriek (Kirsche), framboise (Himbeere) und pêche (Pfirsich) sind am populärsten.
	Doppeltrappist	O	Dunkler Bernsteinton bis hin zum Braun. Komplizierte Nase mit süßen, malzigen und nußartigen Noten und ein wenig Frucht im Hintergrund. Mittlerer bis voller Körper mit leichter Bitterkeit.
	Tripel Trappist	O	Hellgold, mit einem leichten Malz- und Hopfenaroma. Bananendüfte sind wahrnehmbar. Mittlerer bis voller Körper mit einem ziemlich hohen Alkoholgehalt (8% bis 9 vol.%).
Berliner Weisse			
		O	Das leicht hefetrübe, dunkelgelbe Schankbier ist vorwiegend in und um Berlin anzutreffen. Sprizig und leicht säuerliche im Geschmack. Stammwürzegehalt 7 bis 8%, Alkoholgehalt bei niedrigen 2,8%vol.

Sorten	Untergruppe	Art	Beschreibung
Bock (Starkbier)			
	Bock	U	Goldfarben, goldbraun oder dunkelbraun. Vollmundige malzige Süße beherrscht den Gaumen, der Geschmack ähnelt ein wenig geröstetem Malz. Stammwürzegehalt nicht unter 16% vol., Alkoholgehalt circa 7% vol.
	Doppelbock	U	Bernstein bis dunkelbraun. Intensiver malziger Geschmack und Geruch, versetzt mit ein wenig wahrnehmbarem Alkoholgeruch. Sehr vollmundig (-ator – Bezeichnung in Bayern)
	Eisbock	U	Tiefer Kupferton bis hin zu fast schwarz. Eine stärkere Version des Doppelbock, mit reichhaltigen und intensiven Malzdüften und –aromen, die durch hohen Alkoholgehalt und Geschmack ausgeglichen werden. Typisches Saisonprodukt.
	Bock Helles	U	Hell bis Bernsteinfarben. Malzige Süße im Duft und im Geschmack; niedriges Hopfenaroma und geringe Bitterkeit. Mittelstark.
	Maibock	U	Hell bis Bersteinfarben. Typisches Saisonprodukt. Malzige Süße im Geschmack und im Aroma, die durch mittlere Bitterkeit und geringeres Hopfenaroma ausgeglichen wird. Mittelstark.
	Weizenbock	O	Bernstein bis dunkelbraun. Noten von Bananen- und Nelken sind in diesem sehr malzigen Bier offensichtlich, während Hopfenduft und –geschmack fehlen. Dunkle Versionen haben mild geröstete Aromen. Mittel bis vollmundig. Obergärig gebraut mit Weizenmalz.
	Weizendoppelbock	O	Die etwas stärkere Variante vom Weizenbock.
Dunkles Lagerbier (Deutschland)			
	Münchener Dunkel	U	Kupferton bis dunkelbraun. Verwendung von mindestens 50% dunklen Malzen Münchener Typs. Nußartige, geröstete, urige und malzige Note, leicht gehopft, vollmundiger Geschmack. Stammwürzgehalt über 11%, Alkoholgehalt circa 4,8% vol., mittelstark.
	Schwarzbier	U	Sehr dunkles, fast schwarzes Bier. Keine einheitliche Geschmackscharakteristik mit leichtem Malzton. Bei Frauen beliebt, Trendbier. Stammwürze über 11%; Alkoholgehalt 4,8 bis 5% vol.

Sorten	Untergruppe	Art	Beschreibung
Helles Lagerbier (Deutschland)			
	Münchener Helles	U	Hellgelbe, blanke Lagerbiere. Malzig aromatisch, kräftig und ein wenig süß mit wenig Bitterkeit und geringfügigem Hopfencharakter. Stammwürzegehalt zwischen 11 und 14%, Alkoholgehalt zwischen 4,6 und 5,6% vol. mittelstark.
	Export/Lager	U	Hellgelb bis golden. Vollbier mit mittlerer malziger Süße, gering gehopft. Stammwürzegehalt etwa 12%. Der Name Export kommt daher, daß diese Lagerbiere traditionell für den weiten Transport stärker eingebraut wurden. Dortmund war einst Exportbierstadt Nr. 1.
Kölsch			
		O	Hellgelbfarbene, leicht hopfenbetonte, regionale Spezialität mit rechtlich festgeschriebenem Herkunftsschutz. Kölner Nationalgetränk. Vollbier mit Weizenmalz. Im Geschmack sehr sauber, trocken, leicht säuerlich und weinig, mit sanfter Bitterkeit. Stammwürzegehalt durchschnittlich 11,3%, Alkoholgehalt etwa 4,8% vol. Beliebt als Faßbier.
Leichtbier			
		U/O	Typisch deutsche Variante von Lightbieren, wie sie in Amerika weit verbreitet sind. Leichtbier wird meist als Schankbier, aber auch als Vollbier (Pils, Weizen, Alt, Kölsch) hergestellt. Während der Gärung wird der Alholprozeß vermindert, bzw. nach der Gährung zum Teil entzogen. Stammwürze 7-11%; Alkoholgehalt 2 bis 3,2% vol.
Märzen			
		U	Bernstein bis orangekupfer. Sehr malzig, mit leichtgeröstetem Geschmack und Aroma, hintergründige Bitterkeit. Mittelstark
Pils			
	Böhmisches Pils	U	Hell bis Goldgelb. Geringes Malzaroma mit einigen Karameltönen. Der hohe Hopfengehalt verleiht einen leichten bis mittelstarken, bitteren Geschmack.

Sorten	Untergruppe	Art	Beschreibung
	Deutsches Pils	U	Vollbier mit goldfarbenem Ton und schöner, sahneartiger Schaumkrone. Geringes Malzaroma. Der hohe Hopfengehalt verleiht eine gewisse Bitterkeit. Stammwürzegehalt über 11%; Alkoholgehalt circa 4,8% vol. 1842 in Pilsen durch Braumeister Josef Groll erstmals ausgeschenkt. Lieblingsbier der Deutschen.
Porter			
	Robust	O	Tiefschwarz wie die Nacht. Scharfer, bitterer, schwerer dunkler Malzgeschmack mit einem Hauch verbrannter Holzkohle. Mittlerer bis hoher Hopfengehalt. Mittelstarkes Bier.
	Brown	O	Farbe braun bis dunkelbraun. Geringe bis mittlerer Malzton und gewisse Hopfennote. Leicht bis vollmundig
Rauchbier			
		U	Dunkler Bernsteinton bis fast schwarz. Sehr rauchiges Aroma. Geschmacksnote erinnert leicht an verräucherte Kneipen und Kaminfeuer. In der Intensität von mittel bis stark. Ein beliebtes Oktoberfestbier.
Stout			
	Dry Stout (irische Art)	O	Tiefschwarzes lichtundurchlässiges Bier aus gebrannter Gerste. Wunderschöne creamartige Schaumkrone. Mittlerer bis hoher Hopfengehalt. Eine geringfügige Säuerlichkeit ist spürbar. Mittelstark.
	Exportstout	O	Undurchlässiges Schwarz. Die etwas fruchtige Note und die sanft-malzige Süße werden durch milden säuerlichen Geschmack ausgeglichen. Mittel bis vollmundig, im Alkoholgehalt angenehm.
	Sweet Stout (London Art)	O	Lichtundurchlässiges schwarzes Bier. Süßer Malzgeschmack und Karamelnote mit einem mild gerösteten Gerstenton. Geringer Hopfeneinfluß. Mittel bis vollmundig.

Sorten	Untergruppe	Art	Beschreibung
Weizenbier/Weißbier			
	Weizenbier	O	Hell bis goldgelb, ein Vollbier gebraut nach dem deutschen Reinheitsgebot. Zum Genuß werden spezielle Gläser verwendet. Ursprünglich Bayerische Spezialität. Der Weizenmalzanteil beträgt mindestens 50% bis zu 100%, der Rest ist Gerstenmalz. Sehr fruchtig, mit Nelke, Bananenaromen und Gräserdüften. Vanille, Muskatnuß, Rauch und Zimtnote können gleichfalls wie beim Wein durchschlagen. Geringe Bitterkeit; milde Schärfe und Säure. Starke Schaumbildung. Weizenbiere, auch Weißbier, genannt sind Vollbiere. Der Stammwürzegehalt beträgt meistens zwischen 11 und 14%; der Alkoholgehalt der obergärigen Spezialität beträgt etwa 5,4% vol. Oft erfolgt die Nachgärung in der Flasche. Nicht zu verwechseln mit *Berliner Weisse*, einem Schankbier!
	Dunkelweizen	O	Dunkle Variante, ein *Weizenbier* mit stärker gebranntem Malz. Würziger, fruchtiger Geschmack. Mittelstarke Art.
	Hefeweizen	O	Ein ungefiltertes *Weizenbier*. Trüb, mit eindeutigen Hefegerüchen.
	Kristallklar	O	Bedeutet buchstäblich »Kristallklar glänzend«. »Ein gefiltertes *Weizenbier*. Sollte ohne Zitronenbeigabe getrunken werden, die den reinen Biergeschmack verfälscht.

Adressen

Deutscher Brauer-Bund e.V.
Annaberger Str. 28
53175 Bonn
Tel.: 0228/95906-0
Fax : 022895906-16

Kölner Brauerei-Verband e.V.
Lungengasse 48-50
50667 Köln
Tel.: 0221/2403828
Fax : 0221/9218019

Bayerischer Brauerbund e.V.
Oskar – von – Miller – Ring 1
80333 München
Tel.: 089/286604-0
Fax : 089/286604-99

Vereinigung der Haus- und Hobbybrauer Deutschland e.V. (VHD)
Martin Stoll-Hafkus
Karolinen Str. 5
20357 Hamburg
Tel.: 040/4302439
Fax : 040/4302481

Verband Deutscher Hopfenpflanzer e.V.
Keller Str. 1
85283 Wolnzach
Tel.: 08442/3444
Fax : 08442/4270

Doemens – Fachakademie
Internationale Meisterschulen für Brauerei – Getränke – Lebensmittel
Fachschule für Getränkebetriebswirtschaft
Stefanus Str. 8
82166 Gräfelfing
Tel.: 089/858050
Fax : 089/8580526

Technische Universität München
Fakultät für Brauwesen, Lebensmitteltechnologie und Milchwissenschaften Weihenstephan
85350 Freising
Tel.: 08161/713260 oder 713711
Fax : 08161/713259

Versuchs- und Lehranstalt für Brauerei in Berlin (VLB)
See Str. 13
13353 Berlin
Tel.: 030/45080-0
Fax : 030/4536069

Literaturliste

1000 Jahre Kölsch Bier
Autor: Sinz, Herbert
Verlag: Rhein-Eifel-Mosel-Verlag
ISBN: 3-924182-03-5

Abriß der Bierbrauerei
Autor: Narziß, Ludwig
Verlag: Enke
ISBN: 3-432-84135-3

Ausreden für Biertrinker. Nach dem fünften schmeckt's erst richtig.
Autor: Cast, Ulla
Verlag: Eichborn Verlag
ISBN: 3-8218-1995-2

Bier – über 1000 Marken aus aller Welt
Autor: Michael Jackson
Verlag: Hallwag, Stuttgart 1996
ISBN: 3-444-70176-4

Bier! Das Lexikon
Autor: Jürgen Roth, Michael Rudolf
Verlag: Reclam Leipzig 1997
ISBN: 3-379-01611-X

Berliner Bier – Der Brauerei- und Kneipenführer.
Autor : Richter, Brigitta
Verlag: Elefanten Press
ISBN : 3-88520-460-6

Bier aus eigenem Keller
Autor : Vogel, Wolfgang
Verlag: Ulmer Eugen Verlag 1984
ISBN : 3-8001-6545-7

Bier brauen
Autor : Dave Laing, John Hendra
Verlag: Otto Maier

Bier Brauen – Das Praxisbuch
Autor : Udo Krause
Verlag: Ludwig. 1998
ISBN : 3-7787-3640-X

Bier International
Autor: Jackson, Michael
Verlag: Hallwag 1994
ISBN: 3-444-10432-4

Bier – Kulturgeschichte
Autor: Precht, Kai
Verlag: Edition Dia
ISBN : 3-86034-130-8

Bier – Mit 50 Rezepten aus aller Welt
Autor: Friedrich, Ernst
Verlag: Stuertz
ISBN: 3-8003-0480-5

Bier – über 1000 Marken aus aller Welt
Autor: Jackson, Michael
Verlag: Hallwag Verlag GmbH
ISBN: 3-444-70176-X

Bier und Hopfen im Bild
Autor: Dehne, Gunter
Verlag: Carl, Nürnberg
ISBN: 3-418-00343-5

Bier selbst gebraut – Hobbythek-Buch 7
Autor : Pütz, Jean
Verlag: Verlagsgesellschaft Schulfernsehen

Bier selbst gebraut
Autor : Arne Grunau / Thomas Klawunn.
Verlag: K. Schulz Verlag. 1997

Biere aus aller Welt
Autor: Delos, Gilbert
Verlag: Müller
ISBN: 3-86070-392-7

Bierbrauen für jedermann
Autor: Hlatky, Reil
Verlag: Stocker
ISBN: 3-7020-0711-3

Bierkult, Kultbier
Autor: Bachmann, Dörfl
Verlag: Müller, Rüschlikon
ISBN: 3-275-00169-8

Bier trinken
Autor: Paul Starck und Hans Ullrich
Verlag: Tomus, München 1994
ISBN: 3-8231-1003-9

Brauereimuseen in Deutschland, Österreich und der Schweiz
Autor : Anton Piendl, Wolfgang A. Mayer
Verlag: Hans Carl. 1996

Das Bier
Autor: Wilfried Rinke
Verlag: Paul Parey Verlag. 1967

Das Deutsche Bier
Ein Reiseatlas
Verlag: Hallwag, Ostfilden 1997
ISBN: 3-8283-0258-0

Das deutsche Bierlexikon
Autor: Gayer, Kurt
Verlag: Moderne-Verlags-GmbH

Das Dosenbier Buch
Autor: Jürgen Kron
Verlag: Eichborn, Frankfurt a.M. 1998
ISBN: 3-8218-3482-X

Das große Buch vom Bier
Autor: Jackson, Michael
Verlag: Hallwag Verlag GmbH

Der große Hopfenatlas 1994
Autor : H.J.Barth, C.Klinke, C.Schmidt

Das große Lexikon vom Bier
Verlag: VMA
ISBN: 3-928127-14-4

Das kleine Buch vom Bier
Autor: Rothenhäusler, Paul
Verlag: Sanssouci

Der Hopfen
Autor: H. Kohlmann, A. Kastner
Verlag: Hopfen Verlag

Der vollkommene Bierbrauer
Verlag: Reprint Verlag, Leipzig
ISBN: 3-8262-0201-5

Die Bier-Apotheke
Autor: Aljoscha Schwarz und Ronald Schweppe
Verlag: vgs Verlag, Köln 1998
ISBN: 3-8025-1365-7

Die Biere Deutschlands
Autor : Höllhuber, Dietrich / Kaul, Wolfgang
Verlag: Hans Carl
ISBN: 3-418-00364-8

Die Brauerei im Bild – Der Werdegang des Bieres
Verlag: Hans Carl
ISBN: 3-418-00731-7

Die Technologie der Gärung
Autor: Franz Weinfurtner
Verlag: Ferdinand Enke

Die Technologie der Malzbereitung
Autor: Ludwig Narziß
Verlag: Ferdinand Enke

Die Technologie der Würzebereitung
Autor : Karl Schuster
Verlag: Ferdinand Enke

Deutsche Bierspezialitäten.
Autor : Der große DLG-Bierführer
Verlag: DLG-Verlag. 1993

Deutschland deine Biere
Autor: Schumann, Uwe-Jens
Verlag: Zabert Sandmann
ISBN : 3-924678-59-6

Fränkische Schweiz. Ein Wanderführer für Biertrinker.
Autor: Höllhuber, Dietrich / Kaul, Wolfgang
Verlag: Hans Carl
ISBN: 3-418-00368-0

Frankenalb. Ein Wanderführer für Biertrinker.
Autor: Höllhuber, Dietrich / Kaul, Wolfgang
Verlag: Hans Carl
ISBN : 3-418-00369-9

Gebäck zum Bier – 52 tolle Rezepte.
ISBN: 3-7304-0361-3

Gutes Bier selbst gebraut
Autor: Christine & Michael Hlatky
Verlag: Gondrom Verlag, Bindlach 1998
ISBN: 3-8112-1589-2

Handbuch der Brauerei-Praxis
Autor : Karl-Ulrich Heyse
Verlag: Hans Carl

Hausbrauen heute
Autor : Clive La Pensèe
Verlag: Montag Publications. 1993

Hopfen und Malz – Pils, Bock, Ale & Co
Autor: Seidl, Conrad
Verlag: Deuticke
ISBN : 3-216-30128-1

Kölner Brauhaus Wanderweg
hrsg. von der Hans Sion Stiftung
Verlag: JP Bachem Verlag, Köln
ISBN: 3-7616-1311-3

Kölsche Bier- und Brauhäuser
Autor: Franz Mathar – Rudolf Spielgel
Verlag: Greven Verlag, Köln
ISBN: 3-7743-0248-0

Lehrbuch der Brauerei – Band 1
Autor: Jean de Clerck
Verlag: VLB Berlin

Lehrbuch der Brauerei – Band 2
Autor: Jean de Clerck
Verlag: VLB Berlin

Löwenbräu – Von den Anfängen des Münchner Brauwesen bis zur Gegenwart
Autor: Behringer, Wolfgang
Verlag: Süddeutscher Verlag GmbH
ISBN: 3-7991-6471-5

Mein Bierbuch – Kulinarisches um und mit Bier.
Autor: Kabel, Heidi
Verlag: Jung Michael
ISBN: 3-923525-91-5

München. Bier. Oktoberfest – Acht Jahrhunderte Bier- und Stadtgeschichte.
Verlag: Bayerland Verlags-Anstalt
ISBN: 3-922394-57-4

Das Münchner Bier – Wer's braut. Wie's schmeckt. Wo's fließt.
Autor: Merk, Gerhard / Sieber, Hannes
Verlag: Frisinga
ISBN: 3-88841-040-1

Noch ein Bier – Reisen zu den Stätten europäischer Braukunst.
Autor: Seidl, Conrad
Verlag: Deuticke Franz
ISBN: 3-216-30042-0

Selbstgemacht schmeckt besser
Autor: Krause, Udo
Verlag: Südwest
ISBN: 3-517-01707-8

Siebenundsiebzig Tricks, eine Bierflasche zu öffnen.
Autor: Stern, Brett
Verlag: Eichborn Verlag
ISBN: 3-8218-3318-1

Sprüche übers Bier
Autor: Fendl, Josef
Verlag: Ludwig Verlag
ISBN: 3-7787-3334-6

Steigerwald. Ein Wanderführer für Biertrinker.
Autor: Höllhuber, Dietrich / Kaul, Wolfgang
Verlag: Hans Carl
ISBN: 3-418-00494-6

Bierige Multimedia

Bier CD-ROM

Die Welt der Biere – CD-ROM
Verlag: Digital Publishing
ISBN: 3-930947-20-X

Bier – Journal Deutschland – CD-ROM
Autor : Jasper, Dirk
Verlag: tewi-verlag
ISBN: 3-89362-646-8

Bier online

http://www.bier.de
Alles, was Sie schon immer über Bier wissen wollten

http://www.biershop.de
Haus der 131 Biere – Beer of the month club

http://www.brauer-bund.de
Der Deutsche Brauerbund im Netz der Netze

http://www.binding-lager.de
Binding Lager Online

http://www.bitburger.de
Homepage der Bitburger Brauerei

http://www.flens.de
Flensburger Brauerei

http://www.gaffel.de
Kölner Privatbrauerei Gaffel

http://www.gatz.de
Gatzweiler Alt

http://www.holsten.de
Homepage der Holsten-Brauerei AG

http://www.warsteiner.de
Homepage von Warsteiner

http://www.veltins.de
Homepage von Veltins

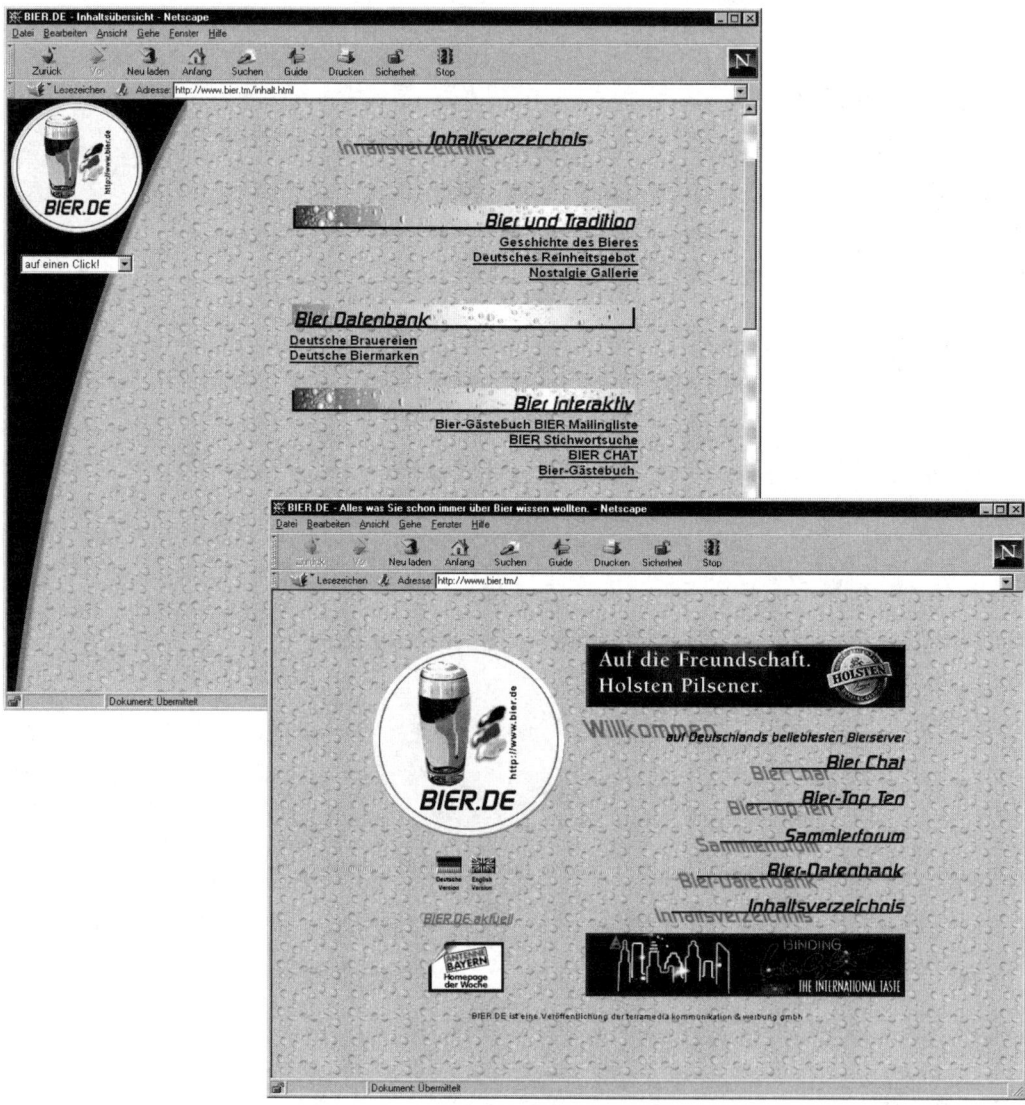

BIER.DE ist einer der besten Plätze im Internet, um Information über deutsches Bier zu erhalten.

Bezugsquellen für Heimbrauer

Brau-Partner
Firma K. Kling
Kastellstraße 14
74080 Heilbronn
Telefon: 07131/45353

Der Hobbybrauerversand
E. Schmeling-Krause
Satkau Nr. 1
29459 Clenze
Telefon: 05844/630

BIER-Company
Körtestr. 10
10967 Berlin
Telefon: 030/6932720

Albert Pfäffle
Spezialhaus für Kellereibedarf
Gymnasuimstr. 73
74072 Heilbronn
Telefon: 07131/84589

VIERKA-Friedrich Sauer GmbH & Co
Postfach 13 28
97628 Bad Königshofen
Telefon: 09761/91880

Beer-Kwik
Am Kippgarten 30
45739 Oer-Erkenschwick

Brauereimuseen

Bamberg

FBM – Fränkisches Brauereimuseum in der Bierstadt Bamberg e.V.
Michelsberg 10f
96049 Bamberg
Tel.: 0951/53016
Öffnungszeiten:
Dienstag – Freitag 13.00 – 16.00
Samstag, Sonntag & Freitag 13.30 – 16.00

Bayreuth

Brauerei- und Büttnerei-Museum
Gebr. Maisels »Alte Brauerei«
Kulmbacher Str. 40
95445 Bayreuth
Tel.: 0921/4010 oder 401234

Beilngries

Felsenkeller Labyrinth
Fa. J. B. Prinstner
Bräuhaus Str. 36
92339 Beilngries
Tel.: 08461/1033
Öffnungszeiten:
April – September – Gruppenführungen
Samstags ab 10.30
Ganzjährig nach Vereinbarung

Berlin

Biermuseum der Schultheiss Brauerei
Methfessel Str. 28-48
10965 Berlin-Kreuzberg
Tel.: 030/9609388

Bochum

Brauerei Kontor
Privatbrauerei Moritz Fliege
Scharnhorster Str. 19-25
44787 Bochum
Tel.: 0234/68980
Öffnungszeiten:
Dienstag u. Donnerstag
Nachmittags im Rahmen einer Brauereiführung

Cloppenburg

Museumsdorf Cloppenburg
Postfach 1344
49661 Cloppenburg
Tel.: 04471/2504

Dortmund

Brauereimuseum der Kronenbrauerei
Märkische Str. 85
44141 Dortmund
Tel.: 0231/5413-239
Öffnungszeiten:
Dienstag – Sonntag 10.00 – 13.00
An Feiertagen auf Anfrage

Einbeck

Urbock Keller als Museum
Einbecker Brauhaus AG
Pappen Str. 4/7
37574 Einbeck
Tel.: 05561/2045

Essen

Brauereimuseum in der Stauder-Brauerei
Stauder Str. 88
45326 Essen
Tel.: 0201/3616-0

Frankfurt am Main

Brauereimuseum im Henningerturm
Hainer Weg 37-53
60599 Frankfurt/Main
Tel.: 069/60630

Rothaus/Grafenhausen

Brauereimuseum der badischen Staatsbrauerei Rothaus AG
79865 Grafenhausen/Hochschwarzwald
Tel.: 07748/52209

Hagen

Westfälisches Freilichtmuseum technischer Kulturdenkmäler
Mäckingerbach
58091 Hagen
Tel: 02331/70044

Hersbruck

Hopfensammlung
Deutsches Hirtenmuseum
Eisenhüttlein 7
91217 Hersbruck/Mittelfranken
Tel.: 09151/2161
Öffnungszeiten:
täglich 09.15-10.15
und 14.15-15.15
Montags geschlossen

Höhr-Grenzhausen

Rastal-Sammlung historischer Trinkgefäße
Werner Sahm – Rastal Werke GmbH
Lindenstrasse
56203 Höhr-Grenzhausen
Tel.: 02624/161
Öffnungszeiten:
Nur für Fachbesucher

Irrsee

Klosterbrauerei Irrsee August Schegg KG
Klosterring 1 – 3
87660 Irrsee/Allgäu
Tel.: 03341/2309
Öffnungszeiten:
täglich 11.00-19.00
Gruppenführungen nach Terminabsprache

Jever

Friesisches Brauhaus zu Jever
Elisabethufer 18
26436 Jever
Tel.: 04461/13-711 oder 13-0
Öffnungszeiten:
November – März: Dienstag bis Donnerstag 10.30
April – Oktober: Montag bis Freitag 09.30, 10.30, 11.30, 12.30

Köln

Historische Braustätte der Küppers Brauerei
Küppers Kölsch AG
Alteburger Str. 155
50968 Köln (Bayenthal)
Tel.: 0221/37791-132
Öffnungszeiten:
Samstags von 11.0 bis 16.00

Kulmbach

Bayrisches Brauereimuseum Kulmbach
Hofer Str. 20
95326 Kulmbach
Tel.: 09221/805-10
Öffnungszeiten:
Dienstag bis Sonntag 10.00 – 17.00

Lüneburg

Brauereimuseum im historischen Kronen – Brauhaus zu Lüneburg (Anno 1485)
Heiligengeist Str. 39
21335 Lüneburg
Tel.: 04131/41021
Öffnungszeiten:
Täglich von 10.00 – 12.00 und von 15.00 – 17.00
Gruppenführung nach vorheriger Anmeldung

München

Deutsches Museum mit Abteilung über Mälzerei und Brauwesen
Museumsinsel
80538 München
Tel.: 089/21791

Regensburg

Römisches Brauhaus
Rest. »Zum Kuchlbauer«
Schwanenplatz
93047 Regensburg
Tel.: 0941/55581 und 55657
Öffnungszeiten:
während der Lokal Öffnungszeiten des Restaurant »Zum Kuchlbauer«
(außer Montags)

Stuttgart

Schwäbisches Brauereimuseum der Brauerei Robert Leicht AG
Hauptstr. 26
70563 Stuttgart
Tel.: 0711/7370-0
Öffnungszeiten:
Täglich außer Montag 10.30 – 17.30
(Rollstuhlgerecht)

Wolnzach

Deutsches Wolnzacher Hopfenmuseum
Im alten Lipphof – Gebäude
85283 Wolnzach

Inhaltsstoffe von 1 Liter Bier

Alle Angaben beziehen sich auf 1 Liter deutsches Pilsener Lagerbier

	Substanz	Menge
Grundelemente		
	Wasser	920,2 g / 1000g
	Kohlenhydrate	28,0 g / l
	Rohprotein	5,0 g / l
	Alkohol	5,07 ml/100ml
	Kohlendioxid	0,5 g/100g
Elemente, Mineralstoffe		
	Gesamt-Phosphor	319 mg / l
	Chlorid	174 mg / l
	Kalium	518 mg / l
	Calcium	35 mg / l
	Natrium	33 mg / l
	Magnesium	98 mg / l
	Sulfat	168 mg / l
	Kupfer	0,10 mg / l
	Mangan	0,16 mg / l
	Zink	0,06 mg / l
	Eisen	0,12 mg / l
Vitamine		
	Thiamin (B1)	29 µg / l
	Riboflavin (B2)	336 µg / l
	Phantothensäure (B3)	1490 µg / l
	Niacin	7738 µg / l
	Pyridoxin (B6)	619 µg / l

Quelle: Professor Dr. Anton Piendl, Institut für Brauereitechnologie und Mikrobiologie der Technischen Universität München, Freising-Weihenstephan

Nährwert des Bieres

Die Ursache für das Vorurteil »Bier macht dick« liegt vermutlich in der appetitanregenden Wirkung.

Verschiedene Energiegehalte (Kaloriengehalt):

	Kcal/100ml
Pils	42
Diät-Pils	32
Light	26
Bock	63
Weißwein	72
Orangensaft	48
Kaffee mit Milch + Zucker	45
Milch	61
Cola	45

Bier ist also kalorienarm. Der Alkoholgehalt liefert bei hellem Bier ca. zwei Drittel des Kaloriengehaltes. Das letzte Drittel errechnet sich aus den restlichen, unvergorenen Kohlenhydraten.

Danksagung

Wir möchten uns bei folgenden Organisationen und Firmen für ihre freundliche Unterstützung bei der Realisierung der deutschen Ausgabe diese Buches bedanken:

- ✔ PR-Abteilung der Binding-Brauerei AG, Frankfurt

- ✔ Marketing und PR-Abteilung der Holsten-Brauerei AG, Hamburg

- ✔ Centrale Marketing der Deutschen Agrarwirtschaft, Bonn

- ✔ Deutscher Brauer-Bund, Bonn

- ✔ Herrn Heinrich Becker, Geschäftsführer der Privatbrauerei Becker, Köln

Für alle historischen Plakatmotive (Seiten 19, 27, 30, 33, 34, 35, 37, 41, 47, 52, 53, 54, 55, 89, 91, 98, 171, 174, 176, 183, 194, 199) gilt:

Privatsammlung Heinrich Becker, Köln
aus dem Buch:

Litfass-Bier – Historische Plakate aus der Sammlung
Heinrich Becker, Hannover 1998 (Plakatkonzepte)
ISBN: 3-9803792
DM 79,– Hardcover, Umschlag, 232 Seiten, über 260 Abbildungen)

Vielen Dank!

Stichwortverzeichnis